LA
VIE DE PARIS

MAX BOUCARD

LA
VIE DE PARIS

Ouvrage honoré de souscriptions de la Ville de Paris
du Conseil général de la Seine, etc., etc.

NOUVELLE ÉDITION REVUE ET AUGMENTÉE

PARIS

PAUL OLLENDORFF, ÉDITEUR

28 *bis*, RUE DE RICHELIEU, 28 *bis*

1893

Il a été tiré dix exemplaires sur papier du Japon numérotés à la presse (1 à 10).

LA VIE DE PARIS

A M. Trarieux.

Sénateur de la Gironde.

INTRODUCTION

Combien y a-t-il, à Paris, de gens, parmi ceux qui pensent et qui réfléchissent, se rendant compte, même vaguement, de la somme incroyable de travail, d'efforts accumulés, de difficultés vaincues, représentés par les faits les plus ordinaires qu'ils voient s'accomplir à chaque instant devant leurs yeux ?

Quel Parisien, par exemple, s'est demandé comment il se fait qu'en tournant un robinet dans son appartement l'*eau* d'une source, captée à plus de 200 kilomètres de Paris, vienne docilement se mettre à sa disposition ?

Cela lui semble tout simple et naturel.

Quel promeneur s'est jamais fait une idée exacte du rôle

de ces innombrables *égouts* qui créent sous Paris une seconde cité? qui s'est intéressé à l'appropriation des pierres de diverses origines qui forment le *pavé* des rues, de l'asphalte, des cubes de bois ou des dalles de granit qu'il foule distraitement sous ses pas?

Nous tous Parisiens sommes très fiers de montrer aux étrangers les merveilles de notre métropole; nous vantons la bonne tenue de nos *rues*, la beauté de nos *promenades*, le goût qui a présidé à l'aménagement de nos *squares;* mais presque toujours nous ignorons comment cela se fait : nous ne savons généralement pas au juste qui s'en occupe, et, si l'un de ces étrangers, plus curieux que nous ne le voudrions, nous demandait à quel prix se taxe, chaque année, la fraîche toilette de la capitale, nous serions fort embarrassés pour lui fournir la moindre réponse.

On admire de confiance, sans savoir combien, en voyant un peu le fond des choses, on aurait plus encore sujet d'admirer et d'être fier de notre Paris.

Qui s'est expliqué, en voyant la masse énorme des denrées apportées aux *halles*, comment, chaque jour, l'approvisionnement est assuré, de façon que jamais Paris ne soit dépourvu ni de légumes, ni de lait, ni de poisson, ni d'aucune des fragiles marchandises propres à l'alimentation, qui arrivent cependant de tous les points de l'Europe, et même d'Afrique et d'Amérique?

Qui a jamais été voir le *marché aux bestiaux* et les *abattoirs?*

Même vous, lecteur, quand vous allez au *Parc Monceau*, aux *Champs-Élysées* ou au *Bois de Boulogne*, admirant les arbres verts, les plantes rares, les belles statues et les fleurs épanouies, avez-vous jamais pensé à celui qui, pour tenir toujours les corbeilles garnies de fleurs ou de plantes fraîches, pour disposer les bancs à l'ombre, pour maintenir les statues en bon état et les gazons toujours verdoyants, dessinait, cultivait, nettoyait, arrosait, en un mot créait et entretenait ces merveilles uniquement pour votre plaisir et votre santé?...

Je suis bien sûr que non.

Le but de ce livre est précisément de vous apprendre comment ce quelqu'un, qui s'appelle l'*Administration municipale de Paris*, arrive à faire son difficile ouvrage et à prévoir tous vos besoins.

Ce personnage mystérieux va, avant votre réveil, assurer l'arrivée des denrées aux *halles* et *marchés*, faire nettoyer les rues, enlever les détritus et laver les ruisseaux, arroser les gazons des *jardins* et *parcs* publics et renouveler les fleurs flétries, sans que personne y prenne garde.

La nuit, il éclaire les rues, veille à votre sécurité et tient des médecins à votre disposition.

Fait-il chaud, il abat la poussière des chemins et rafraîchit l'air par des arrosages fréquents.

Neige-t-il ou bien pleut-il, en quelques instants, il fait disparaître la boue des rues, fond la neige et brise la glace. Jamais sa tâche ne s'achève; toujours il s'occupe de vous.

Une *fête publique* doit avoir lieu : le voici dressant des mâts et des portiques, illuminant les monuments, empêchant les voitures de troubler la foule, organisant des spectacles gratis.

Il s'en va de même au logis des malades et des pauvres, leur *distribue des secours*, les soigne et donne des vêtements à leurs enfants.

C'est encore lui qui a bâti ces belles et claires *écoles* où vous, jeunes lecteurs, allez vous instruire; c'est lui qui paie vos maîtres, achète vos livres et vous offre des prix.

C'est lui, toujours lui, qui entretient les *hôpitaux* où les malades sont soignés gratuitement par les médecins les plus savants, par les plus habiles chirurgiens; les *hospices* où l'on recueille les vieillards malheureux; les *asiles* où les enfants infirmes ou convalescents vont se fortifier et recouvrer la santé; les *asiles de nuit* où les malheureux sans place, sans domicile, trouvent un lit propre, un repas réconfortant et un repos réparateur.

N'est-ce pas qu'il serait grand dommage de ne pas faire connaissance avec un génie aussi bienfaisant et aussi activement occupé de notre bien-être?

Ces chapitres vous feront connaître presque toutes ses œuvres, sauront vous faire apprécier ses nombreux services et vous intéresseront à son travail gigantesque.

Mais vous comprendrez facilement qu'il a fallu bien des années pour créer et organiser des *services* aussi complexes.

Nos ancêtres, nos aïeux, nos pères, ont lutté, peiné, travaillé pour instituer et développer l'*administration communale* : aussi, pour bien vous expliquer comment peut s'exécuter ce labeur énorme de chaque jour, il est indispensable de connaître le travail accompli par les anciens Parisiens, et il est nécessaire de vous conter sommairement l'*histoire de la vie de la capitale de la France ainsi que de l'organisation municipale de Paris.*

HORLOGE DE L'HÔTEL DE VILLE

CHAPITRE PREMIER

APERÇU HISTORIQUE

Paris avant la conquête romaine. — Camulken. — *Paris gallo-romain.* — Les Nautes de Lutèce. — Les Arènes. — Les Thermes. — Les voies romaines.

Paris après la grande invasion. — Le Moyen âge. — Le siège de 886 et les Douze. — Les Corporations et les Prévosts des Marchands. — La révolution d'Étienne Marcel. — La Maison aux piliers.

Paris et la Renaissance. — Les rentes sur l'Hôtel de Ville. — Le guet royal et le guet assis. — Les juges-consuls. — Le bureau de police. — Les Parisiens et la Fronde.

Paris, de Louis XIV à la Révolution. — Les premières grèves. — Les premiers réverbères. — Les Parisiens de 1789

Paris avant la cónquête rômaine.

Les vieilles civilisations, asiatiques et africaines, avaient déjà, depuis des milliers d'années, créé des villes immenses, bâti des temples gigantesques, que Paris n'existait encore qu'à l'état de simple bourgade, perdue sous les arbres, dans l'île qui se nomme actuellement la *Cité*, et qu'habitait alors une des tribus gauloises, les *Parises*, enclavée dans le territoire des Senones.

La race des Gaulois s'était formée du mélange de la première population descendue des hauts plateaux de l'Asie centrale — berceau de tous les peuples — et des Celtes qui, survenus plus tard avec la grande invasion des Aryas[1], se divisaient en deux races sœurs : les Celtes Gaëls et les Celtes Kymris, également puissantes.

Dans la forêt sans fin qui couvrait le sol de la future France, la bourgade qui devait devenir Paris n'était donc, à l'origine, qu'un groupe de pauvres chaumines de pêcheurs perdues dans une île verdoyante au bord de la Seine[2] (*Sequana*).

Un siècle environ avant l'ère chrétienne, le bourg des Parises avait grandi, et *Lutèce*, entourée de fortes palissades, était la place de sûreté de la petite tribu, son refuge en cas d'attaque subite.

Ce clan gaulois, probablement venu de la Belgique, s'étendait à peine sur une superficie de vingt lieues, et pouvait se réfugier tout entier dans son île, fortifiée à la hâte en cas de danger extrême. En temps de paix, l'île même n'était habitée que par quelques pêcheurs ou bateliers.

---

1. Les Aryas étaient originaires des monts Bolor, en Asie. Cette race, supérieurement douée, intelligente, brave, prolifique, eut une influence prépondérante sur l'humanité et opposa aux Touraniens, essentiellement conquérants, nomades et pillards, l'organisation de ses peuplades courageuses, pacifiques et civilisatrices.

2. Voir le beau livre d'E. QUINET : *Merlin l'Enchanteur*, l'excellent ouvrage de M. DELON : *Notre capitale Paris*, et l'*Histoire de Paris*, de DULAURE.

Cependant, cette humble bourgade, si heureusement située pour la défense, devint, peu à peu, un centre naturel pour le commerce d'échange qui se faisait en Gaule presque uniquement par eau. De tous les fleuves gaulois, la Seine, en effet, avec son cours paisible et son lit régulier, était le plus navigable, et les bateliers de la tribu des Parises firent bientôt de Lutèce, leur capitale, un lieu important de trafic et d'entrepôt.

Une grosse bourgade, centre de batellerie bien fortifiée, voilà ce qu'était Paris vers l'époque de la naissance de Jésus-Christ.

Mais voici la conquête romaine. La Gaule, vaincue par les légions et le génie de Jules César, se révolte contre l'envahisseur. Labiénus, le principal lieutenant de César, vient combattre les tribus confédérées réunies dans la plaine en avant de Lutèce [1].

Avant la bataille, la forteresse des Parises fut incendiée par le vieux chef gaulois Camulken [2], qui, en prenant position sur la rive méridionale de la Seine, détruisit les ponts et les bâtiments de l'île, pour ne pas laisser les Romains s'y établir. L'armée des tribus gauloises, après une lutte ardente, fut écrasée par les légions aguerries du lieutenant de César; et les Parises survivants, obligés de fuir, abandonnant leur pays, allèrent, quelque temps après, se faire exterminer au siège d'Alésia, la dernière place de guerre des Gaulois, en compagnie des valeureux contingents des Æduins et des Arvernes.

Ainsi se termine l'histoire du Paris des Gaulois.

---

1. La bataille eut lieu sans doute entre le fleuve et les collines, dans les plaines d'Issy.
2. Fils de Camul. Les Latins en firent Camulogène.

Paris sous la domination des Romains.

L'heureuse situation de Lutèce favorisa sa renaissance, et, bientôt, une nouvelle bourgade se forma dans l'île de la *Cité*.

Des cultivateurs ainsi que des pêcheurs gaulois, quelques bateliers romains, revinrent s'y établir et, renouant avec les autres cités la tradition commerciale si violemment rompue par la conquête, réussirent à refaire de Lutèce un centre de transport par bateaux, de commerce, d'échange, d'industrie et d'approvisionnement pour les légions et pour les pays environnants.

Ces bateliers gallo-romains formèrent vite une association que Rome, toujours habile politique, protégea, et qu'elle utilisa même pour le service d'approvisionnement de ses armées.

Ils s'appelaient : *les Nautes de Lutèce*. On peut encore voir, au Musée de Cluny, à Paris, un autel consacré par les Nautes aux principaux dieux de l'Empire, monument retrouvé à une grande profondeur en face de la Sainte-Chapelle, en 1784. Cette consécration eut lieu sous le règne de Tibère, c'est-à-dire cinquante ans après la conquête; ce précieux monument est donc un témoin irrécusable à la fois de l'importance relative de cette corporation et de la rapidité avec laquelle Lutèce avait su reconquérir un rang parmi les villes gallo-romaines.

Il semble, en effet, que la destinée de Paris est de renaître plus grand et plus beau après chaque catastrophe.

La première organisation municipale était en germe dans l'association des Nautes de Lutèce.

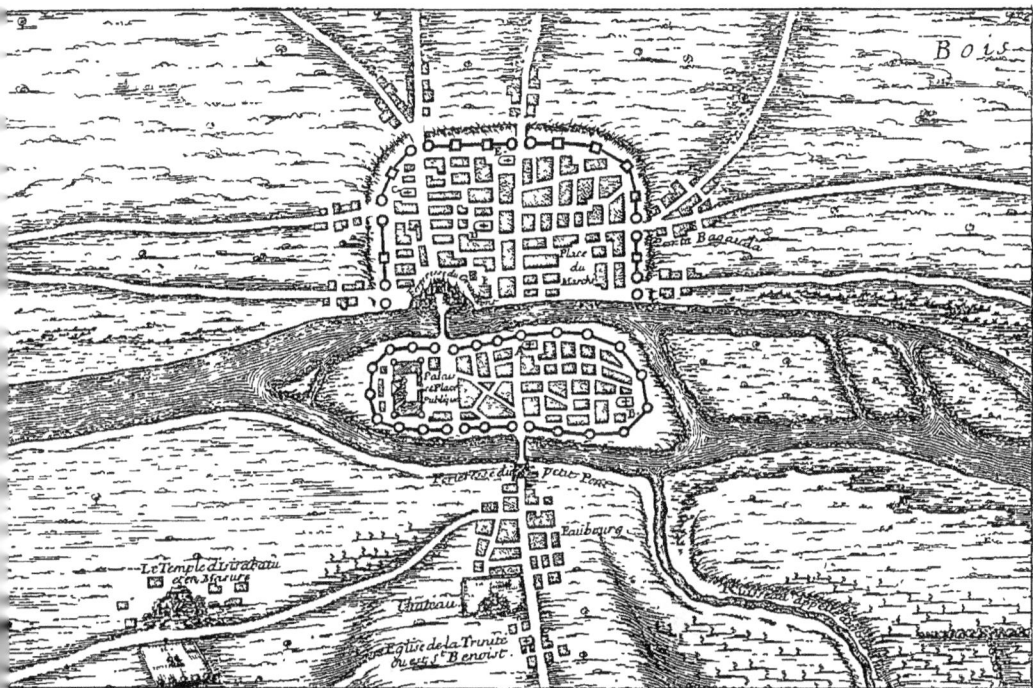

PARIS SOUS LES ROMAINS.

C'est à peu près vers cette époque que l'empereur *Claude* accorda, pense-t-on, en même temps qu'à plusieurs autres villes des Gaules, *le droit de cité* à Lutèce. Cette mesure fut d'une importance capitale pour le développement de la ville, et assura sa prospérité.

Les *citoyens* admis au droit de *cité*, sous l'empire des lois romaines, s'administraient, c'est-à-dire réglaient par eux-mêmes tout ce qui concernait l'organisation de leur ville. Ils constituaient un *municipe*. Les notables de la Cité formaient un conseil : *la Curie*, assemblée très comparable aux Conseils municipaux actuels, purement communale, dont la mission principale était de régler les dépenses de la Cité, de répartir les taxes afférentes à ces dépenses, et de veiller à la police intérieure de la ville.

Lutèce, cité gallo-romaine, sous la bienfaisante influence de cette organisation libérale, devint assez vite une ville relativement importante, dans une situation admirable.

Aussi, vers la fin du III⁰ siècle (ap. J.-C.), un ancien gouverneur des Gaules, devenu empereur, Constance Chlore[1], l'adopta comme résidence, et y fit construire un palais dont les ruines[2], conservées jusqu'à nous, attestent encore la magnificence et la grandeur.

Les Nautes parisiens[3] formaient à cette époque la corporation la plus puissante de la Cité, et leur influence était prédominante dans la Curie; habiles administrateurs et magistrats municipaux de Lutèce, ils y firent exécuter de vastes travaux de *voirie* et d'embellissement.

---

1. Et non l'empereur Julien.

2. Les ruines des Thermes ou bains de ce palais se voient de nos jours au square Cluny.

3. Il y avait des corporations de bateliers (Nautes) dans plusieurs autres lieux de la Gaule, notamment à Lyon.

Les rues principales de Lutèce [1] furent alignées et dallées, elles furent pourvues de *trottoirs* en terre foulée et cailloutée.

Un forum (ou place publique) pour les assemblées populaires, fut établi vers le milieu de l'île et, à l'occident de cette place, on éleva un palais, sorte d'hôtel de ville où demeurait le gouverneur romain et où se rendait la justice [2].

Un temple important occupait la place où devait, plus tard, s'élever l'église Notre-Dame.

De Lutèce, dont les faubourgs débordaient sur les deux rives opposées à la Cité — partaient cinq grand'routes, larges *voies romaines* conduisant aux limites de l'empire [3].

La voie de la Loire et du Midi, prenant du *petit pont*, jeté sur le bras du fleuve le moins large, longeait le palais impérial des Thermes et suivait presque exactement le parcours actuel de la rue et du faubourg Saint-Jacques. Elle traversait tout le quartier militaire romain et conduisait à Orléans.

Du *grand pont* jeté sur l'autre partie du fleuve, à l'emplacement du pont Notre-Dame actuel, partait une route considérable traversant le faubourg du nord et se divisant, à sa sortie de Lutèce, en quatre embranchements qui formaient autant de *voies*. L'une conduisait en Belgique, c'était la *voie du Nord ;* une seconde se détournait vers la Germanie, sa trace subsiste de nos jours dans la rue et le faubourg Saint-Martin ainsi que dans la rue d'Allemagne, établis sur son emplacement ; une troisième, la *voie de l'Est*, descendait vers le cours de la Marne, tandis qu'à l'opposé, la *voie de la Mer,*

1. La rue de Lutèce, près du Marché aux fleurs, est située exactement sur l'emplacement d'une de ces voies gallo-romaines.
2. Sur l'emplacement du Palais de Justice actuel.
3. Voir C. DELON, *Notre capitale Paris*. G. Maurice, 1888.

fuyant à l'occident sous la colline de Mars [1], conduisait à la Manche et à l'Océan.

Cependant, Lutèce, comparée aux autres cités gallo-romaines, n'est encore qu'une petite ville de province ; mais, à cause du séjour des empereurs, elle a, comme l'importante capitale des Gaules, Lyon, comme l'opulente Arles et l'active Marseille, ses *arènes* en amphithéâtre où elle peut convier, grâce aux vastes proportions du monument, toutes les populations des environs. Les ruines de ces arènes ont été retrouvées en 1869, rue Monge ; une portion de cet antique monument, mise au jour en 1887, a été, en partie restaurée.

Voilà donc ce qu'était Lutèce sous la domination romaine : une cité provinciale, jouissant d'une administration communale dans laquelle le plus important corps de métier, « les Nautes », avait une influence prépondérante.

Paris après la grande invasion des Barbares.
Le Moyen Age.

Les derniers gouverneurs romains avaient fortifié Lutèce. Quand les Barbares envahirent l'empire, poussés les uns par les autres, les Goths, les Burgondes et les Germains ravagèrent la Gaule du midi, puis se répandirent au nord et pillèrent les environs de la ville sans s'y fixer cependant.

Mais, derrière eux, accourait, avec ses hordes féroces et innombrables, le farouche chef des *Huns*, Attila, faisant un désert de tout pays où il passait et exterminant les peuples vaincus.

1. Un fragment du pavage de ces voies composé de gros blocs, polis à la surface, a été reconstitué au Musée de Cluny.

Pour une raison inconnue, les Huns respectèrent Paris.

Les Parisiens avaient d'abord, si l'on en croit la poétique légende catholique, projeté de fuir en abandonnant leur ville ; mais une jeune bergère de *Nanterre*, Geneviève, leur fit adopter une plus virile résolution, et, peut-être pour la première fois, Attila, le fléau de Dieu, vit une cité de second ordre braver ses hordes fécoces et s'apprêter à leur résister,

Fut-ce surprise, indifférence ou hâte? Quoi qu'il en soit, Attila passa sans s'arrêter à brûler Paris. Tous crurent alors que si la ville avait été épargnée, c'était grâce à un miracle dû à la piété de l'héroïque bergère ; si bien que le nom de sainte Geneviève resta en vénération aux Parisiens dont elle devint la patronne.

Paris fut assiégé plus tard par les *Francs.* Sous eux il devint alors une petite capitale barbare sans autre importance que sa situation stratégique qui la faisait fort rechercher par les premiers rois mérovingiens.

Des métairies, des châteaux, des églises, des couvents, des abbayes se bâtirent à l'intérieur et à l'extérieur de la ville. Les premiers rois francs avaient, vis-à-vis des prêtres, la main facilement ouverte et leur abandonnaient, sans calculer, une forte part des trésors pillés dans leurs expéditions, des terres enlevées aux misérables habitants des campagnes. De riches couvents, de somptueuses abbayes se créèrent ainsi dans la capitale franque et dans les faubourgs, augmentant peu à peu l'importance de la ville.

Sous les *Carlovingiens*, Paris est encore plus délaissé. La ville, en dépit des vieilles fortifications romaines, délabrées à la vérité, fut pillée et rançonnée deux fois par les *Normands*, qui revinrent, en nombre dérisoire, une troisième fois, dépouiller la riche abbaye de Saint-Denis. Les descendants abâtardis de Charlemagne laissaient faire et payaient tribut à ces hardis pirates sans songer même à s'en défendre.

Mais en 886, quand les pirates normands, encouragés par leurs précédents succès, revinrent en grand nombre, le comte *Eudes* et l'évêque *Gozlin* relevèrent en hâte les murailles, construisirent des tours pour la défense du fleuve et tinrent courageusement avec tous les habitants, non pas, comme aux précédentes invasions, contre quelques centaines de barbares, mais contre une armée véritable, forte de 30000 hommes et commandée par un chef fameux, nommé Siegfried.

C'était la première fois qu'une ville franque résistait aux Normands, et c'était Paris qui donnait l'exemple du courage, en se sacrifiant virilement pour le pays tout entier.

Les Normands, surpris, offrirent en effet de respecter la ville, ne demandant plus que le libre passage afin d'aller, avec leurs grandes barques, rançonner le pays plus loin ; mais les Parisiens refusèrent. Siegfried dut s'arrêter et assiéger Paris combattant avec une énergie extraordinaire, non plus pour lui, mais pour la patrie. Une grande tour de bois, qui défendait le Petit-Pont, se trouva isolée de la ville, par suite d'une crue subite, et réduite à une garnison de douze défenseurs. Ces douze héros[1] résistèrent une journée en-

---

1. Le nom des Douze a été conservé, et la Ville a consacré récemment leur souvenir de la façon suivante :

« L'an mil huit cent quatre-vingt-neuf, le samedi seize novembre,

« Nous soussigné Joseph-Antoine Bouvard, architecte de l'Administration centrale de la ville de Paris.

« Certifions avoir fait apposer, en exécution d'une délibération du Conseil municipal de Paris, en date du 20 juillet 1888, et d'un arrêté de M. le préfet de la Seine, en date du 13 août 1888, sur la façade d'une maison sise place du Petit-Pont, 2, et appartenant à l'Assistance pu-

tière aux assauts furieux des Normands; et, le soir, quand les pirates parvinrent à incendier la tour, au lieu de livrer passage, *les Douze*, blessés, épuisés, combattirent encore sur les débris du pont rompu qu'ils incendièrent. Tous périrent les armes à la main, vendant chèrement leur vie, pour permettre à l'armée du roi, signalée aux environs, d'accourir au secours de Paris.

La lâcheté de Charles le Gros rendit vaine cette héroïque défense. Mais, si les Normands purent passer, du moins, ne souillèrent-ils pas le sol de la vaillante cité; ils durent éviter le fleuve, transportant leurs longues barques à dos d'hommes, et le nom d'Eudes, le comte de Paris qui avait dirigé cette action valeureuse, devint si populaire par toute la France que le prestige de cette défense admirable sacra mieux ses descendants : les Capétiens, pour la nation enfin réveillée de sa honteuse torpeur, que toutes les cérémonies religieuses et tous les édits.

blique à Paris, consentante, une plaque portant une inscription commémorative conçue et disposée comme il suit :

A la tête du petit Pont
S'élevait la tour de bois
Que défendirent
Contre les Normands
Pendant le siège de 886
Les douze héros parisiens

ERMENFROI	HERVI	HARDRÉ
HERVÉ	ARNAUD	GUY
HERLAND	SEUIL	AIMARD
OUACRE	JOBERT	GOSSOUIN.

« L'opération a été constatée par MM. Edgar Mareuse, secrétaire du Comité des inscriptions parisiennes, et Paul Le Vayer, inspecteur des Travaux historiques de la ville de Paris.

« En foi de quoi nous avons rédigé et signé le présent procès-verbal.

Signé : J. BOUVARD.

Paris redevint capitale ; mais la ville dépeuplée, en ruines, se releva lentement de tant de désastres accumulés. Le clergé presque seul construisait[1] et un grand nombre d'églises datent de cette époque qui vit fleurir le style roman : Sainte-Geneviève, Saint-Martin-des-Champs, Saint-Germain-des-Prés subsistent encore aujourd'hui.

L'obscurité qui entoure cette période du moyen âge enveloppe également l'histoire de Paris.

Autour de la ville proprement dite, les grands seigneurs, abbés ou chefs de guerre, avaient bâti des châteaux, des *moustiers* ou monastères, des tours, le tout bien défendu et fortifié car on était en guerre perpétuelle.

Des bourgs se formèrent à l'abri de ces lieux de refuge et notre Paris actuel en a conservé le souvenir dans des noms de rues et de quartiers ; le bourg Saint-Marcel, le grand bourg Saint-Germain, le bourg l'Abbé, le bourg Saint-Martin[2], le beau Bourg et le bourg Thiboust ou Thibour.

Ces quartiers nouveaux, en s'étendant, se soudèrent entre eux et nécessitèrent la création de nouvelles défenses. On fortifia d'abord, sous Louis VI, avec le concours des *bourgeois* et des *corps de métiers*, la rive droite de la ville. Les tours de bois, qui, auparavant, défendaient les deux ponts, mettant la « Cité » en communication avec les « faubourgs », furent remplacées par de petits châteaux forts ou *châtelets* :

1. L'an mil ayant été annoncé partout comme devant marquer la fin du monde, cette prédiction, paralysant l'activité des populations, avait enrichi l'Église de tous les biens des dévots qui croyaient s'assurer le paradis en abandonnant leurs richesses aux représentants de Dieu.

2. Voir la nomenclature des rues, publiée par les soins de la direction des travaux de Paris et, pour les détails concernant l'architecture, les mœurs et les coutumes de l'ancien Paris, les ouvrages de DULAURE et BATISSIER : *Histoire de Paris.*

PARIS SOUS PHILIPPE-AUGUSTE

le Grand Châtelet sur la rive droite[1], et le Petit Châtelet en tête du petit pont, sur la rive gauche.

Ces deux forteresses ont subsisté assez tard, en dépit des révolutions et des bouleversements dont Paris fut le théâtre. Le Grand Châtelet ne fut détruit qu'en 1803, vingt ans après la démolition du Petit Châtelet.

Philippe-Auguste dota Paris d'améliorations considérables. Batailleur, mettant sans cesse des troupes nombreuses en mouvement, il voulut avoir des chemins praticables dans sa capitale d'où le vieux dallage romain, cependant si solide, avait disparu presque en entier.

Aux chemins boueux et puants, aux ruelles étroites et tortueuses, il ordonna de substituer des rues régulières, *pavées* ou cailloutées et munies de rus ou ruisseaux.

Malheureusement, dès que les voies principales, celles qui étaient surtout utiles aux mouvements des troupes royales, eurent été faites, comme le roi se désintéressa de la transformation des autres rues et que les frais de pavage restaient à la charge des habitants, l'inertie des Parisiens laissa les vieilles ruelles subsister si longtemps que, sous Louis XV, une grande partie des rues étaient encore conformes aux anciens plans du temps de Philippe-Auguste.

En même temps qu'il créait des voies relativement somptueuses, le roi Philippe-Auguste enfermait toute la ville dans une enceinte continue, se développant sur plus de 5 600 mètres et enfermant environ 252 hectares.

Le plan reproduit (p. 13) indique 'clairement le tracé de cette enceinte que les Parisiens mirent trente années à achever, qu'ils payèrent entièrement de leurs deniers et que, cependant, le roi déclara ensuite sa propriété particulière.

---

1. La place du Châtelet en indique l'emplacement exact.

Le roi, lui, se bâtissait, hors de Paris, une forteresse, appuyée sur la ville : le *Louvre*.

On en peut voir le tracé exact sur le sol de la petite cour du Louvre actuel.

Les trois grands cercles concentriques marqués dans le pavage indiquent l'emplacement de la *grosse tour*, siège féodal de la puissance du roi; tout fief de France « *étant mouvant* de la tour du Louvre ».

Le donjon du *Palais*, le *Temple* avec la tour de la Commanderie, monument orgueilleux de l'ordre mystérieux des Templiers, datent aussi de cette époque.

L'église *Notre-Dame*, commencée par l'évêque Maurice de Sully sous Louis VII (1160), fut terminée vers 1226. Mais, à la suite d'incendies et d'autres circonstances, le monument fût remanié et complètement modifié. L'état de restauration où nous le contemplons actuellement est l'œuvre de l'architecte Viollet-le-Duc, qui a su rétablir la cathédrale comme elle fut au temps de sa splendeur, vers la fin du xiiie siècle, au moment du triomphe du style gothique[1].

RENAISSANCE DE L'ORGANISATION MUNICIPALE. — LES CORPORATIONS DE MÉTIERS ET LES PRÉVÔTS DES MARCHANDS.

Cependant, la ville, enserrée dans sa nouvelle enceinte, gênée par d'énormes enclaves aux mains des associations religieuses, ne modifia guère sa physionomie intérieure jusqu'à la grande impulsion qui, après la bataille de Poi-

---

1. Voir les belles pages de Viollet-le-Duc dans le *Dictionnaire d'architecture*, pour la restitution architecturale; et, pour l'évocation artistique, le chef-d'œuvre de V. Hugo : *Notre-Dame de Paris*.

tiers, secoua toute la nation et suscita la révolte d'Étienne Marcel, le fameux prévôt des marchands.

La ville n'était, en effet, jusque-là, que l'ensemble disparate de la *Cité*, de ses *dépendances* et de plusieurs *bourgs* réunis dans l'enceinte de Philippe-Auguste.

Chaque bourg appartenait à son seigneur. Isolés ou réunis en *quartiers*, chacun avait son gouvernement et son maître, souvent ennemi du voisin.

Tel est à l'abbé de Saint-Germain-des-Prés, tel aux chanoines de Saint-Germain-l'Auxerrois, tel au Prieuré de Saint-Martin; le quartier qui environne la forteresse du Temple est aux Templiers; la Cité est en partie au roi, en partie à l'évêque. D'un côté de la rue, on est soumis au jugement du *bailli* de l'évêque, de l'autre, c'est au *prévôt* du roi qu'on doit rendre compte de ses actes et demander protection.

Et non seulement il y a cet enchevêtrement de pouvoirs divers et de lois différentes; mais les diverses corporations elles-mêmes ont leurs franchises et privilèges. Les étudiants — clercs ou escholiers — ne sont justiciables que de l'*Université*, les bourgeois ne reconnaissent d'autre autorité que celle du prévôt du roi, les membres des corps des gens de *métiers et marchandises* que celle du prévôt des marchands, leur élu, et parfois des échevins ses compères.

Comme le commerce et l'industrie étaient alors, pour le peuple, les seules carrières où il lui fût permis de jouir d'un peu de liberté, l'importance de la *Confrérie de la marchandise de Paris*, faible et obscure à son origine, devait bientôt devenir considérable par un accroissement continuel de privilèges et d'attributions. Le rôle prépondérant dans la ville finit même par lui appartenir et, après avoir fait sanctionner par l'autorité royale ses règlements de métiers, elle devint véritablement *corps municipal*, réglant et régentant les bourgeois parisiens, administrant la Ville avec et quelquefois même contre le monarque.

Une des premières réformes réalisées par les mandataires des corps de métiers, eut pour but la sécurité de la Ville. Le roi n'avait, en effet, que son *Guet*, composé de vingt sergents d'armes à cheval et de vingt gendarmes à pied, sous les ordres du Chevalier du Guet. A cette *police* insuffisante le prévôt des marchands adjoignit le *Guet des bourgeois*, composé des membres de chaque corporation qui, à tour de rôle, faisaient, en armes, dans tous les quartiers, des rondes régulières. Tel fut, en germe, la *police municipale de Paris*.

Paris de Philippe IV à Louis XI.

LA RÉVOLUTION DE 1357. — ÉTIENNE MARCEL[1].

Charles, dauphin de France, fils aîné du roi Jean, ayant été, après le désastre de Poitiers (1356), nommé à vingt ans lieutenant du royaume ; sans troupes, sans conseil, sans argent, assembla à Paris, le 17 novembre 1356, les États généraux, pour en obtenir des conseils et surtout des subsides.

Ces États élurent, pour *diriger* le jeune prince, un conseil de 36 membres : 12 nobles, 12 prélats et 12 bourgeois. Ce conseil d'État, élu en dehors de la cour, fit demander, par les États, le renvoi et le châtiment des ministres, l'organisation des taxes et plusieurs autres réformes qui déplurent

1. Voir sur Étienne Marcel les ouvrages de MM. Noël VALOIS et ceux de M. Jules TESSIER ainsi que la *Revue de l'enseignement secondaire et de l'enseignement supérieur.*

2

si fort au Dauphin qu'il se retira à Metz et congédia les États.

Il avait laissé à Paris son frère, le duc d'Anjou, qui demanda à créer, pour les besoins de la guerre aux Anglais, et pour ceux de la cour, une nouvelle monnaie, d'une valeur fictive.

Étienne Marcel, prévôt des marchands, s'opposa à ce projet avec la plus grande énergie, et le Dauphin étant revenu de Metz, il lui fit savoir, en termes véhéments, qu'il ne consentirait jamais à *partager la honte de cette iniquité*. Les Parisiens, appuyant l'opinion de leur prévôt d'une façon menaçante, le Dauphin, effrayé, sacrifia son projet, autorisa l'arrestation des ministres et magistrats, auteurs du plan avorté, et promit le rappel des États généraux. La cour pliait devant les bourgeois de Paris représentés par Étienne Marcel.

Alors se forma, à Notre-Dame, une *confrérie laïque*, dont Étienne Marcel se déclara le chef, qui avait pour unique objet d'assurer l'exécution des promesses du Dauphin Charles et des réformes réclamées par le hardi prévôt au nom des Parisiens.

Ce fut alors que, suivant l'expression de Dulaure, « *pour la première fois depuis l'origine de la monarchie, on osa mettre en question la puissance illimitée des rois* » dans une assemblée où les représentants du peuple avaient autorité.

Ces idées d'indépendance ne pouvaient malheureusement être comprises des masses ignorantes de l'époque.

Le prévôt des marchands soumit aux États généraux et à la couronne tout un plan de réformes.

Secondé par un prince de la maison royale, Charles, roi de Navarre, surnommé *le Mauvais*, il osa tenter, alors que tout le monde en France s'abandonnait et désespérait, une véritable réorganisation de la constitution du royaume. En même temps, il arma les gens de métiers et les bourgeois, les exerça, et, pour garder Paris des Anglais qui menaçaient de l'investir, fit relever et agrandir les fortifications de la capitale qui tombaient en ruine.

Mais le Dauphin Charles résistait de son mieux à ces empiétements et, à la suite de scènes sanglantes et d'émeutes, effrayé des projets d'Étienne Marcel, il s'enfuit de sa capitale pour la deuxième fois. Alors, il rassembla une armée, non contre l'Anglais, mais contre les Parisiens.

Charles de Navarre leva des troupes et vint défendre la capitale à la fois contre l'Anglais et contre la couronne. Mais ces luttes intestines lassèrent les gens des corps de métiers et les bourgeois parisiens, incapables de saisir la grandeur des conceptions du prévôt des marchands et fatigués d'une guerre *où fust tout le pays gasté, jusqu'à huit et dix lieues,* comme le notent les *Grandes Chroniques,* et où les soldats du Dauphin *coururent les pays et ardirent* [1] *les villes, moustiers et métairies.* Inconstants, mécontents d'avoir pour chef militaire Charles le Mauvais, les Parisiens abandonnèrent Étienne Marcel dont les grandes idées de rénovation nationale, forcément confuses, n'étaient appréciées que d'une très petite élite, et l'infortuné réformateur, privé de son appui naturel, se jeta dans les bras des partisans du roi de Navarre et du parti anglais. C'est ce qui le perdit.

Le prévôt des marchands ne pouvait avoir sur le patriotisme que les idées étroites de son époque. Pour assurer l'exécution envers et contre tous de ses plans de réforme, il projeta — cela n'a cependant pas été clairement prouvé — de faire entrer dans Paris, pendant la nuit du 31 juillet au 1er août 1358, des troupes anglaises et navarraises et de

---

1. Brûlèrent.

faire passer la couronne de France au roi de Navarre. Mais le dauphin Charles avait conservé à Paris de nombreux partisans et, à la suite d'une bagarre, le prévôt Étienne Marcel, accusé de vouloir se faire livrer une des portes, fut tué, ses partisans massacrés ou jetés en prison. Le Dauphin, rappelé, rentra à Paris.

La ville fut alors bloquée par Charles de Navarre, ce qui causa la ruine et la mort d'un grand nombre d'habitants. Froissart rapporte qu'un tonnelet de harengs s'y vendait trente écus d'or et que, dans le seul *Hôtel-Dieu*, il mourait jusqu'à quatre-vingts personnes par jour.

Pour comble de maux, le roi d'Angleterre vint, l'année suivante (novembre 1359), assiéger Paris, dévastant tout sur son passage et brûlant les environs alors que le Dauphin, *tranquille dans l'enceinte fortifiée par Étienne Marcel*, au lieu de combattre, se bornait à faire, de son côté, incendier les faubourgs Saint-Marceau, Saint-Jacques, Notre-Dame-des-Champs et Saint-Germain.

Paris ne recouvra quelque tranquillité qu'après la paix de Brétigny. La population, pendant cette période de troubles et de famines, en y comptant celle de tous les faubourgs, descendit à 50 000 habitants.

Paris, du temps d'Étienne Marcel et du roi Jean, avait trente-neuf collèges. La plupart ne se composaient que d'un principal, de quelques maîtres enseignant et flagellant une douzaine d'escholiers misérables, souvent obligés, pour manger, de demander l'aumône, de voler ou de se louer à gage en dehors des heures de leçons, prises en plein air la plupart du temps.

La rue du *Feurre* ou du *Fouarre*[1] tenait lieu de salle de

---

1. La rue jonchée de foin.

cours à la *Faculté des arts*. Le Dante y vint étudier.

C'est à la suite des troubles qui ensanglantèrent Paris pendant la captivité du roi Jean, que le couvre-feu, sonné à huit heures en toute saison, devint un usage parisien, et que l'habitude de munir certaines rues de grilles et de chaînes s'établit.

L'*hôtel Saint-Paul*, dont plusieurs bâtiments ont été seu-

LA BASTILLE

lement démolis lors du percement du boulevard Henri IV, date du roi Charles V, qui en fit supporter les frais de construction par les Parisiens. Charles V fit également améliorer l'enceinte restaurée trop hâtivement par Étienne Marcel ; il réédifia, probablement sous l'impression des guerres contre les bourgeois parisiens et contre le prévôt Étienne Marcel, la *Bastille* et le *Châtelet*, sinistres monuments qui jetèrent longtemps leur ombre sur la capitale.

Charles V forma dans la *tour de la Librairie*, au Louvre, une *bibliothèque* de 900 volumes, collection immense pour le temps et qui fut le germe de la *Bibliothèque nationale*.

C'est en 1357 que les bourgeois de Paris, devenus puissants, achetèrent une maison, située place de Grève, pour s'y réunir et y loger leur prévôt des marchands. Cette habitation fut ensuite remplacée par une autre maison, supportée par une suite de grosses piles et qui prit le nom de *Maison aux piliers*. Telle est l'origine de l'*Hôtel de Ville*, et ce fut là que, jusqu'en 1532, les *échevins* tinrent leurs assemblées et que résida, pendant la durée de son office, le prévôt des marchands.

Sous le règne de Charles VI, les Parisiens coururent en foule aux *mystères* que les *Confrères de la Passion* commencèrent à jouer dans leur théâtre du bourg Saint-Maur-des-Fossés (1398).

La représentation de ces *mystères* et *moralités* n'avait lieu que les dimanches ou jours de fête, et le prix des places était de deux sols par personne. Les confrères de la Basoche commencèrent peu de temps après à admettre le public aux représentations des *sotties* ou *farces*, qu'ils composèrent à l'origine pour s'amuser entre eux.

Paris, sous la domination anglaise, avec le duc de Bedford pour gouverneur, se modifia peu. Le joug anglais pesa lourdement sur la ville, et la population diminua très notablement.

Sous Charles VII, Jeanne d'Arc, guidant l'armée royale, vint en tenter le siège, le 8 septembre 1429. Cette première attaque échoua; la Pucelle fut blessée par un trait qui lui traversa la jambe [1]. L'écuyer, qui portait son étendard, fut

---

1. Quelques-uns pensent que ce fut près de l'enceinte Ouest, à l'endroit occupé actuellement par les Tuileries; mais cette opinion n'est pas généralement admise.

égorgé à ses côtés ; Richmond et Dunois ne forcèrent la ville que longtemps après, le 13 avril 1436.

Charles VII y fit son entrée triomphale le 12 novembre 1437. Oublieux de celle qui releva le courage de ses compagnons, et lui permit de reconquérir son royaume, il ne tenta même pas de la délivrer.

Louis XI n'embellit guère sa capitale Paris ; mais il aimait à y résider. Ce monarque étrange, protecteur des savants, compère des gens du peuple et des artisans, donna, le 21 avril 1475, à Pierre Scheffer, formé par les leçons de Furst et de Gutenberg, des lettres patentes qui, par la suite, permirent d'établir à Paris plusieurs librairies et imprimeries particulières. Dès 1470, on installa à la Sorbonne des presses, qui n'étaient rien moins que l'embryon de l'*Imprimerie nationale*, et qui éditèrent les premiers livres en langue française.

Une famille d'imprimeurs parisiens, les *Estienne*, par leurs talents, par l'érudition de plusieurs de ses membres, se mit hors pair et a laissé un renom universel.

Robert Estienne fut le plus habile imprimeur et l'un des hommes les plus remarquables de son siècle. Tout le monde, dans sa docte maison, parlait couramment le grec et le latin, et les servantes mêmes entendaient fort bien la langue latine dont les Estienne se servaient entre eux constamment.

La population de Paris a été estimée devoir être alors d'environ 120 000 âmes, au maximum.

Paris de Charles VIII à Louis XIV.

LA RENAISSANCE

Fort négligé par les successeurs de Louis XI, Paris prit

néanmoins une large part au mouvement admirable de la
renaissance française.

Comme monument, l'*Hôtel de Cluny* ne le cède en rien,
sous le rapport de la beauté, aux principaux édifices pré-
curseurs de la renaissance. La tentative curieuse de substituer le plein cintre à l'ogive, tout en gardant le caractère
gothique, faite à *Saint-Eustache*, et enfin la gracieuse
Fontaine des Innocents sont de précieux témoignages de
la part de Paris dans cette admirable révolution intel-
lectuelle qui rénova les lettres, les sciences et les arts,
en scellant la tombe du moyen âge ignorant et barbare.

Sous François Ier l'enceinte de Paris est agrandie, les
remparts presque entièrement restaurés et l'on ferme le
côté des Tuileries par un grand bastion. C'est à cette époque que furent créées les *rentes sur l'Hôtel de Ville*, origine
de la dette publique.

Paris fut doté également du *Collége de France*, fondé en 1529,
et dont les deux premières chaires furent consacrées à l'enseignement du grec et de l'hébreu. Les titulaires des chaires
du Collège de France, bientôt au nombre de douze, prennent le titre de lecteurs royaux et reçoivent le traitement,
magnifique pour l'époque, de 200 écus d'or chaque année.

On commença aussi, en 1533, les bâtiments de l'*Hôtel de
Ville*; mais quand les deux premiers étages furent à peu
près montés, vers 1549, Dominique Bocador présenta à
Henri II un nouveau projet dont l'adoption fit recommen-
cer l'édifice en entier.

Le *Bureau des pauvres*, situé place de Grève (comme
l'administration de l'Assistance publique actuelle dont il
fut l'origine), a été établi en 1544 par le prévôt Jean Morin,
qui obtint du roi le droit, pour la ville, de lever une taxe
d'aumône, à la charge d'administrer tous les hôpitaux de

Paris, sauf l'Hôtel-Dieu, les Petites-Maisons et la Trinité, régis par des administrateurs particuliers.

Le Louvre ancien fut démoli et Pierre Lescot, abbé de Clagni, fut chargé de réédifier ce palais. Les travaux de la partie nommée aujourd'hui le *vieux Louvre* furent rapidement menés et achevés sous le règne de Henri II.

L'ORGANISATION MUNICIPALE SOUS LA RENAISSANCE

La ville étant alors divisée régulièrement en 16 *quartiers*, son administration fut simplifiée. La police et l'administration urbaine furent confiées à deux magistrats : le prévôt de Paris, commandant pour le roi, et le prévôt des marchands, magistrat populaire élu.

Le prévôt de Paris avait sous ses ordres le *guet royal* devenu fort nombreux et composé de 500 hommes de pied et de 3 compagnies d'archers, arbalétriers et arquebusiers. L'élu des bourgeois régentait la *garde bourgeoise* ou *guet assis* qui avait 16 chefs ou quarteniers, un par quartier, assistés de 40 cinquanteniers et de 256 dizainiers ou chefs de 10 gardes. Les deux guets étaient commandés par un seul capitaine, le chevalier du guet dont les rondes d'enfant parlent encore :

. . . .
Au guet, guet, bon chevalier.

Le Parlement avait cependant la surintendance de la police parisienne en même temps que, d'accord avec les deux prévôts, il réglait les mesures d'administration urbaine et d'*approvisionnement*.

A intervalles irréguliers, il envoyait deux de ses membres pour s'assurer du bon ordre dans chaque quartier, et, dans les époques troublées, quand éclataient des émeutes, il

tenait de grandes assemblées de police municipale où il
débattait avec l'évêque, le chapitre, les deux prévôts, les
échevins, les quarteniers et quelques notables, les mesures
à prendre contre la populace.

D'importants règlements concernant l'administration de
la capitale furent faits sous Louis XII, François Ier et Henri II.
C'est ainsi qu'il fut interdit de *bâtir en saillie* sur les rues,
que *l'enlèvement des boues et immondices* fut assuré grâce à
l'établissement d'une taxe et qu'on chercha même à organiser un système d'éclairage général.

Beaucoup de ces édits restèrent en vigueur jusqu'en 1857.
Quelques-uns sont encore observés.

Sous Charles IX, Paris ne s'améliora guère. La lutte sanglante entre catholiques et protestants, qui eut pour principal épisode dans la capitale le lâche massacre de la Saint-
Barthélemy, consuma toutes les forces de la bourgeoisie
parisienne.

Il faut cependant mentionner l'établissement de la *Juridiction des Juges et Consuls*, établie près l'église Saint-Merry[1]
— on ne disait plus Saint-Médéric — dans un « franc logis »,
grand bâtiment acquis par les six corps des marchands.

Cette institution populaire, où les marchands étaient
jugés par des marchands, fut créée en 1563, par le chan-
celier Michel de l'Hospital.

Affranchissant le commerce des caprices, des injustices,
et des lenteurs qu'il rencontrait dans les justices royales ou
féodales, cette institution éprouva de très vives oppositions
de la part du Parlement, qui redoutait l'esprit novateur
chez la bourgeoisie marchande. Cette juridiction fut cependant établie, reconnue et acceptée. D'abord composée de

1. La rue garde encore le nom de : *rue des Juges-Consuls.*

cinq marchands français, établis à Paris, dont un remplissait les fonctions de juge, et les quatre autres celles de Consuls, elle s'est maintenue jusqu'à nous, et porte aujourd'hui le nom de *Tribunal de commerce.*

L'*Arsenal,* que François Ier avait établi dans des granges appartenant à la ville, prit feu en 1563. Il contenait vingt milliers de poudre, ce qui amena une explosion désastreuse. Charles IX le fit rebâtir sur un plan plus vaste. Ce roi essaya également, pour remédier aux désordres et aux brigandages dont Paris était périodiquement le théâtre, de créer un *bureau de police,* précurseur de la préfecture de police actuelle ; mais, en butte aux récriminations des corps privilégiés, du Parlement, des deux prévôts, des ecclésiastiques qui avaient réussi à conserver leur droit spécial et même leurs prisons particulières, le bureau de police, créé en 1572, fut supprimé l'année suivante.

Sous Henri III, la physionomie de Paris ne se modifia guère.

Les *corps de métiers,* jusque-là au nombre de sept : *les changeurs, les drapiers, les épiciers, les merciers, les pelletiers, les bonnetiers* et *les orfèvres-argentiers,* s'augmentèrent d'un huitième corps, les *marchands de vin.* Mais les troubles de la Ligue, en perpétuant le désordre, firent disparaître le corps des changeurs.

Le Conseil des Seize qui, au nom du roi, gouvernait en réalité Paris pour la Ligue, se réunissait d'abord aux Jésuites Saint-Antoine, aujourd'hui l'église Saint-Pierre et Saint-Paul ; après la fuite de Henri III, il s'assembla à l'Hôtel de Ville même.

A la nouvelle de l'assassinat de Henri de Valois par Jacques Clément, les Parisiens, excités par le clergé, allumèrent plusieurs feux de joie ; mais, bientôt, le siège terrible

qu'eut à supporter Paris de la part d'Henri IV et les guerres
qui suivirent semèrent de ruines Paris et les faubourgs.

La population diminua de près de moitié, et lorsque
Henri IV entra dans Paris, la ville et ses environs étaient
dans un état que décrit ainsi une chronique contemporaine :

*Il y avait peu de maisons entières et sans ruines... elles
étaient la plupart inhabitées. Le pavé des rues était à demi
couvert par les herbes.*

*Quant aux dehors, les maisons des faubourgs étaient toutes
rasées.*

Sous Henri IV, on créa à Paris les hôpitaux Saint-Louis
et Sainte-Anne, et l'importante manufacture de tapisserie
dite *de la Savonnerie*, au quai de Billy, qui, réorganisée par
Colbert, fut réunie plus tard aux *Gobelins*.

Le *Pont-Neuf* fut achevé complètement en 1607 ; mais il
fut rendu praticable dès 1604.

Le palais du Louvre et celui des Tuileries furent conti-
nués et Henri IV projeta de consacrer la partie inférieure
de la galerie d'Apollon, qu'il fit réparer et peindre en partie, *à l'établissement des diverses manufactures et au logement
des plus experts artisans de toutes les nations.* C'est l'idée
première du conservatoire des *Arts et Métiers.*

La *place Royale* date de cette époque et les bâtiments qui
l'entourent étaient également destinés, en partie, dans la
pensée du roi populaire, à des manufactures nationales.

François Miron, élu prévôt des marchands en 1604,
seconda le goût de Henri IV pour l'embellissement de Paris.
Le quai de l'Arsenal établi et quelques autres commencés, des abreuvoirs, des fontaines, des égouts, quelques
rues élargies et pavées, la façade de l'Hôtel de Ville et
d'autres édifices parisiens, sont dus en partie aux soins et à
la sollicitude éclairée de ce magistrat, qui contribua à

PARIS EN 1620.

changer la physionomie moyen âge que la capitale conservait encore.

A la demande des échevins parisiens, en 1609, le roi rendit une ordonnance relative à la propreté et à la salubrité de la capitale. Chaque propriétaire dut payer, pour ce service, un écu par an à la prévôté de Paris.

Cependant il restait fort à faire. La plupart des rues n'étaient pavées que d'un côté ou ne l'étaient pas du tout: l'on y rencontrait, de loin en loin, des cloaques puants, des amas de gravois et d'immondices. Cette partie de la police ne fut pas mieux administrée sous le règne suivant. On construisait de vastes et magnifiques édifices, mais ils étaient, pour ainsi dire, inabordables, par suite de l'état détestable des voies publiques. Les palais royaux eux-mêmes étaient dans cette situation.

Pendant tout le règne de Louis XIII Paris assista en spectateur indifférent aux luttes, sanglantes parfois, de la noblesse contre le cardinal de Richelieu. Il semble que la bourgeoisie, qui n'avait qu'à gagner à l'affermissement du pouvoir royal, ait eu plutôt des sympathies pour le terrible ministre que de l'aversion. Paris fut matériellement tranquille.

Le luxe de la cour et des nombreux gentilshommes dont, comme le roi, le premier ministre s'entourait, assura la prospérité de beaucoup de marchands et rétablit la richesse des corps de métiers et des artisans. Alors, ce que les bourgeois parisiens paraissaient craindre par-dessus tout, c'était tout genre de trouble dans cette bienheureuse renaissance de quiétude égoïste.

C'est ainsi qu'aux mauvais jours de la guerre de Trente ans on *trouva facilement pour guerroyer des hommes partant volontairement parmi le peuple, mais point d'argent chez les bourgeois* [1]. L'idée de patrie n'était pas encore très nette dans ces cervelles de riches marchands et artisans, ils n'avaient d'affection que pour leur corporation et pour leur ville, comme leurs aînés, les bourgeois des communes du moyen âge et des cités flamandes.

Dans son *Histoire de Paris* [2], Théophile Lavallée estime que c'est sous le ministère de Richelieu que Paris commença seulement à devenir une ville moderne, à acquérir vraiment la qualité de capitale. Une enceinte nouvelle, avec fossés, bastions et courtines plantées d'arbres, remplaça la vieille muraille d'Étienne Marcel. De la Porte Saint-Denis, elle suivait l'emplacement occupé maintenant par les rues Sainte-Apolline, Beauregard, des Jeûneurs, Saint-Marc, etc.; elle enferma dans Paris le palais et le jardin des Tuileries.

Une sorte de fièvre de construction s'empara des riches seigneurs et des opulents bourgeois.

Le quartier du Marais se construisit d'hôtels particuliers et l'île Saint-Louis fût entièrement bâtie par une association de propriétaires dont le directeur donna son nom au *pont Marie*. Le quartier Saint-Roch, la rue Richelieu, le faubourg Saint-Germain, datent de ce moment dont le grand Corneille, dans le *Menteur* peut faire dire justement à Géronte :

> Toute une ville entière, avec pompe bâtie,
> Semble d'un vieux fossé, par miracle sortie...

Le Palais-Cardinal, construit par Richelieu, s'entoura des demeures somptueuses de ses partisans, rue Neuve-des-Petits-Champs, rue Vivienne et rue des Bourdonnais.

Le célèbre *hôtel de Rambouillet*, où les grâces de la mar-

1. Mémoires de Montglat.
2. 1er vol. p. 61.

quise de Rambouillet et de la *divine* Julie d'Augennes, sa
fille, firent naître l'art charmant de la conversation, qui
assura à Paris le sceptre incontesté de l'esprit, du goût et
de la politesse, se trouvait dans le voisinage de ces nouvelles
demeures, rue Saint-Thomas du Louvre, voie aujourd'hui
détruite. On sait qu'après avoir eu la plus heureuse influence
sur les mœurs et les lettres françaises, ce cercle savant...
et galant, tomba dans l'afféterie, la prétention et la précio-
sité. Molière le tua par ses justes moqueries ; mais l'élan
des plaisirs intellectuels était donné et le goût des choses
de l'esprit demeura parisien.

LES PREMIÈRES DÉRIVATIONS D'EAU DE SOURCE

La rive gauche manquait d'eau potable, les jardins et le
palais du *Luxembourg* aménagés pour la reine Marie de
Médicis ainsi que ceux de l'abbaye du Val-de-Grâce, que
faisait construire Anne d'Autriche, se desséchaient. On construisit, sur les vestiges d'un ancien ouvrage romain, l'*aqueduc d'Arcueil* qui amena l'eau de Rungis et desservit —
après les palais royaux et les hôtels des nobles — les habitants de la rive gauche à l'aide de quelques fontaines
publiques.

Mais, en même temps que Paris se développe ainsi, les
fondations religieuses pullulent et menacent de couvrir le
quart de la capitale.

Paris présentait alors un aspect très pittoresque par le mélange des monuments anciens et des bâtiments modernes.

La police était toujours fort mal faite ; en dépit de tous
les édits, les duels étaient encore nombreux, et le vol, la
mendicité, la truanderie ou la galanterie continuaient à

être les seuls moyens d'existence de près d'un cinquième de la population de Paris.

Les *promenades* étaient peu nombreuses, encore, presque toujours, étaient-elles réservées aux grands et à la cour. C'était : le *Cours-la-Reine*, fermé par des grilles aux deux extrémités, les jardins des palais Cardinal et des Tuileries et le jardin du Temple. Toutes ces promenades existent encore à présent; mais elles ont été beaucoup améliorées et rendues publiques.

Le *Théâtre-Français*, formé par une troupe régulière de comédiens, qui hérita des deux privilèges des Confrères de la Passion et des Enfants-sans-Souci, date de cette époque. Il fut vite en concurrence avec les *bouffons* ou comédiens italiens, et avec les troupes ambulantes des foires Saint-Laurent et Saint-Germain. Cette rivalité contribua à hâter les progrès des œuvres dramatiques.

Les troubles de la Fronde ramenèrent la guerre civile dans la capitale. Au point de vue parisien, ils eurent pour unique résultat la confiscation des antiques franchises municipales par le roi, à titre de représailles contre l'esprit d'indépendance de la haute bourgeoisie et du Parlement. Les ferments d'indépendance, si longtemps contenus par l'autorité de Richelieu, agirent furieusement quand, le 26 août 1648, la cour fit arrêter le conseiller de ville Broussel, qu'une sédition populaire remit violemment en liberté. Paris soutint, secrètement poussé par le parti des seigneurs, la pseudo-révolution de la Fronde. Ce fut une sorte de revanche de l'esprit de sédition. Au début, la ville resta calme. *Cinq mois durant, pas un homme n'y a été tué; personne n'y a été pendu ni fouetté* [1]. Mais l'influence des sei-

1. Guy Patin.

gneurs transforma vite un mouvement où, à l'origine, certains déclaraient vouloir établir une République *comme celle d'Angleterre*, en une mutinerie sanglante et ridicule d'une partie de la noblesse contre l'autorité royale.

La bataille du 2 juillet 1652, où le canon de la Bastille força les troupes royales, commandées par Turenne, à se retirer, sembla mettre Paris entre les mains de Condé ; mais le surlendemain, une grande réunion de magistrats, de conseillers de ville, de délégués des corps de métiers et de curés se montra favorable au retour du roi, bien que l'Hôtel de Ville, où se tenait l'assemblée, fût environné de *bateliers et gagne-deniers* stipendiés par Condé. Ces bandits envahirent le palais municipal et massacrèrent 45 magistrats et notables aux cris de : « Mort aux mazarins ! » Ils incendièrent et saccagèrent plusieurs salles. De ce jour, Paris ne fut plus avec les partisans de Condé et abandonna la cause de la Fronde.

L'anarchie dura encore quatre mois ; mais les habitants finirent, lassés, par s'armer contre Condé, qui dut s'enfuir de Paris, le 14 octobre 1652, en jurant de se venger des Parisiens dont il avait été si longtemps l'idole.

Rentré dans Paris, le roi lui imposa garnison, et abolit tous les privilèges et les magistratures populaires. Louis XIV garda toujours rancune à Paris, qu'il délaissa du reste presque constamment pour Marly, Versailles et Fontainebleau, de sa participation à la querelle de la Cour et des Frondeurs.

Durant son long règne, on n'y fit que très peu d'améliorations purement municipales.

La police s'améliora beaucoup ; mais la sécurité ne commença guère qu'après l'établissement, en 1666, d'un *lieutenant de police* ayant privilège de ne recevoir ses ordres que du roi, avec lequel il travaillait directement.

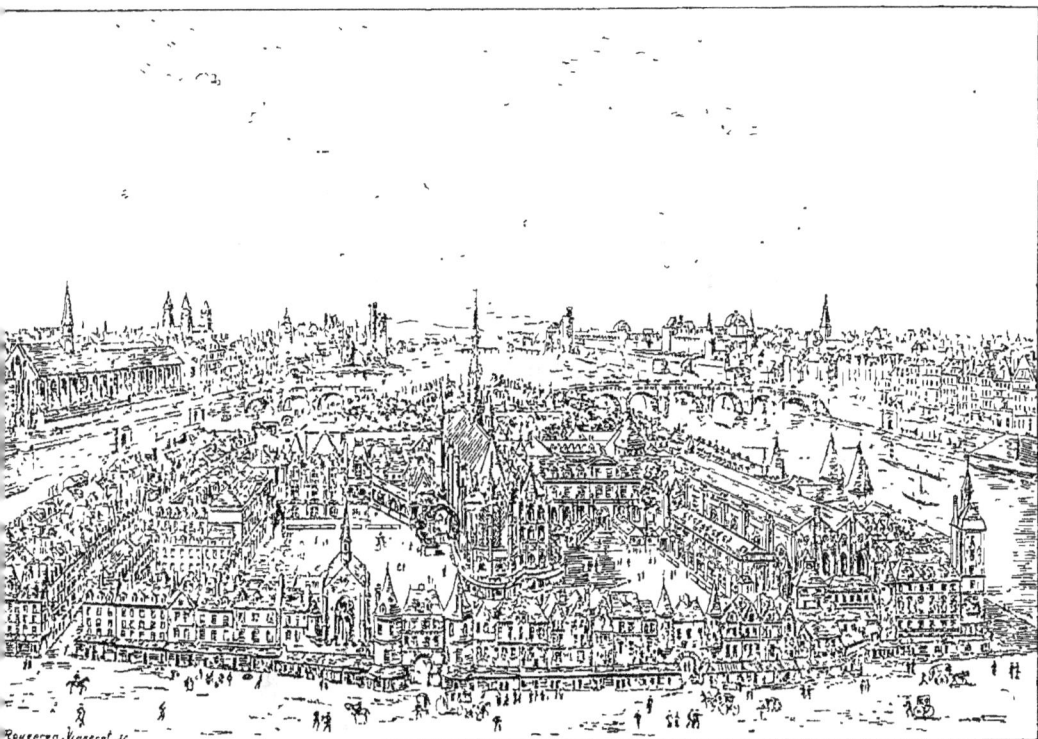

LE PALAIS DE JUSTICE (1650.)

Les deux premiers lieutenants de police, La Reynie et d'Argenson, délivrèrent la ville de cette multitude de mendiants, filous, bretteurs, voleurs, etc.; qui, surtout depuis la Fronde, en rendaient le séjour insupportable. La suppression des 22 justices seigneuriales ou ecclésiastiques qui fut la conséquence de cette institution de la lieutenance de police de la Prévôté de Paris renforça l'administration de la police urbaine.

Tous les règlements de police furent revisés, complétés, codifiés[1] et sévèrement appliqués, même aux princes de sang royal.

On augmenta le nombre des fontaines publiques, on prit des mesures pour l'assainissement des vieux quartiers et l'on entreprit d'éclairer la plupart des rues au moyen de 6 500 lanternes à chandelle. Enfin, l'on établit, à côté du guet royal (les milices parisiennes ayant été abolies, il n'y avait plus de guet bourgeois), des rondes de gardes-françaises. La trace de cette double organisation subsiste encore de nos jours dans le service des gardiens de la paix et de la garde de Paris.

Un almanach du temps relate l'établissement des *fiacres* et de trois lignes de « carrosses à cinq sols, » qui se nomment aujourd'hui *omnibus*. L'une de ces lignes allait du Louvre à la porte Saint-Antoine; la seconde de l'église Saint-Roch à la place Royale, et la troisième du Luxembourg à la porte Montmartre.

La population de Paris, sous Louis XIV, paraît avoir été de 415 000 à 525 000 habitants, d'après les documents du temps. Il y avait alors 500 rues, sans compter les ruelles ni

---

1. Voir le curieux *Traité de la police*, par M. DELAMARE, conseiller commissaire du roy au Châtelet de Paris. A Paris, chez Michel Brunet, grande salle du Palais. Au Mercure Galant, 1722.

les culs-de-sac; sur les 22 000 maisons, 4 000 possédaient porte cochère.

Paris de Louis XV à 1789.

Les malheurs qui marquèrent la fin du règne de Louis XIV avaient amené dans Paris un accroissement considérable de la misère ; aussi, durant le règne de Louis XV la ville fut-elle matériellement moins tranquille.

On sait quelle frénésie d'argent fit naître dans la capitale le système de Law. On s'arrachait les actions de la banque Law rue Quincampoix, place Vendôme, à l'hôtel de Soissons et jusque dans les jardins du Palais-Royal. La chute du système amena des ruines incalculables et des émeutes terribles. Dans l'une d'elles, seize personnes furent étouffées par la foule devant le Palais-Royal, demeure du Régent.

Cette crise financière hâta cependant la mobilisation de la richesse, auparavant entre les mains d'un très petit nombre de nobles. « Aujourd'hui, relate Barbier dans son intéressant *Journal* [1], tout est confondu à Paris. Les artisans aisés et les marchands riches sont sortis de leur état ; *ils ne comptent plus au nombre du peuple.* »

Durant toute cette période, alors que l'agiotage enrichissait subitement tant de Parisiens, le prix de tous les objets de luxe et même des articles de consommation courante décupla. « *Une paire de bas de soie vaut 40 livres ; le drap fin 70 à 80 livres l'aune ; un train de carrosse, qui valait 100 écus, vaut 1 000 livres* [2]. »

1. Voir : *Journal historique* de BARBIER, avocat au Parlement de Paris.
2. *Id.* t. I, p. 42.

Ce renchérissement subit fut cause des premières *grèves*
parisiennes. Les ouvriers en bas, qui étaient 4 000 à Paris,
voulurent gagner 6 livres au lieu de 4 livres 10 sous et agirent tout comme dans nos grèves actuelles. « Ils ont menacé
de coups de bâton ceux d'entre eux qui consentiraient à la
diminution, et ils ont promis un écu par jour à ceux qui ne
pourraient pas vivre sans cela[1]. »

Mais on fit mettre en prison, au pain et à l'eau, une douzaine de ces artisans ; alors la corporation céda devant cette
répression et les menaces du lieutenant de police.

Il y eut encore un grand nombre d'émeutes, les unes causées par les convulsionnaires du cimetière Saint-Médard,
d'autres par le tirage au sort de la milice, pendant les
guerres de 1740 et 1756 ; et même quand, à la suite de la
disparition de plusieurs enfants, le bruit courut que le roi
ravivait ses sens blasés par des bains de sang humain. L'é-
motion fut si vive chez les Parisiens qui, peu d'années auparavant se précipitaient en masse dans leurs églises pour
prier Dieu de rendre la vie au Roi *Bien-Aimé*, qu'ils assié-
gèrent le lieutenant de police dont l'hôtel fut sur le point
d'être pris d'assaut.

Le *pacte de famine*, de 1769 à 1772, suscita une misère
atroce. Les pauvres furent traqués, jetés en masse dans
des geôles infectes où ils expirèrent en foule. Mercier[2]
ajoute, en relatant ces incroyables abus d'autorité : « Le
prétexte était que l'indigence est voisine du crime et que
les séditions commencent par cette foule d'hommes qui
n'ont rien à perdre ; et comme on allait faire le commerce
des blés (c'est-à-dire l'accaparement), on craignit le déses-

1. *Journal historique*, t. II, p. 411.
2. *Tableaux de Paris*.

poir de cette foule de nécessiteux... On dit : Étouffons-les d'avance, ET ILS FURENT ÉTOUFFÉS. »

Paris[1] resta matériellement sous Louis XV à peu près ce qu'il avait été sous Louis XIV ; néanmoins on lui adjoignit le *bourg du Roule*, on planta les boulevards du midi, on commença à bâtir la *Chaussée d'Antin*.

Quelques améliorations furent réalisées par *Turgot*, alors prévôt des marchands, et par *Sartines*, lieutenant de police. Ainsi, en 1728 on commença à indiquer le nom des rues à l'aide d'écriteaux ; avant, les rues ne portaient aucune indication et la tradition seule conservait leurs noms. On tenta un numérotage général des maisons ; mais on se heurta au refus des nobles qui croyaient que leurs portes cochères seraient dégradées si on les numérotait. On força les marchands à enlever des rues les potences gigantesques où se balançaient leurs enseignes encombrantes.

L'éclairage de la ville fut amélioré par la substitution des *réverbères* à huile aux lanternes à chandelle, et en 1774, sur 8 000 lanternes, il y avait déjà 1 200 de ces réverbères. Pour améliorer la sécurité, on résolut de réformer le guet, composé de 170 cavaliers et de 730 fantassins, en lui donnant un uniforme et en l'exerçant militairement.

Les monuments de cette époque sont peu nombreux, ce sont l'*Ecole Militaire*, la *Halle au Blé*, aujourd'hui transformée en Bourse du Commerce, la *Monnaie*, le *Panthéon*, alors église Sainte-Geneviève, et la place de la *Concorde*, alors place Louis XV, qui, remarque Th. Lavallée, a vu autant de cadavres que les plus fameux champs de bataille, cadavres restés dans le tumulte des fêtes ou tombés sous la hache des révolutions.

---

1. Théophile LAVALLÉE, *Histoire de Paris*, Ier vol., p. 97.

Mais les hôtels des financiers, des grands seigneurs, devinrent d'une recherche et d'une somptuosité incomparable. Mercier s'écrie : « On a bâti 600 hôtels dont le dedans semble l'ouvrage des fées. »

Il ne se fit presque aucune fondation religieuse, un édit royal de 1748 ayant interdit au clergé l'acquisition de nouveaux biens.

Le nombre des théâtres s'accroît et souvent la scène, devenue tribune, prend un rôle politique ou frondeur.

La Comédie-Française, transférée d'abord de l'hôtel du Petit-Bourbon au Palais-Royal, puis au jeu de paume de la rue Mazarine, s'installa en 1688 rue des Fossés-Saint-Germain, en face du célèbre café Procope, rendez-vous [des philosophes et des beaux esprits; elle y demeura jusqu'en 1770, et c'est là que la foule se pressait pour applaudir les tragédies de Voltaire et le *Turcaret* [de Le Sage. L'Opéra resta jusqu'en 1782 au théâtre du Palais-Royal. L'Opéra-Comique prit la place des bouffons italiens en 1762 et, au boulevard du Temple, qui commençait à attirer la foule populaire, on montrait des *marionnettes* à l'*Ambigu-Comique* et des danseurs de corde, des escamoteurs et des singes savants à la *Gaîté*. Ceux qui dédaignaient les *guinguettes* des Porcherons, du Pré-aux-Clercs ou du Wauxhall, pouvaient aller le soir au feu d'artifice des frères Ruggieri dans la Chaussée d'Antin, ou au *Colisée* du faubourg du Roule.

Sous le règne suivant, pendant les quinze années qui précédèrent la Révolution, sous la pression de l'opinion publique réclamant des réformes et des améliorations sociales, Paris est doté de beaucoup d'institutions utiles ou bienfaisantes, qui, réorganisées ou transformées, existent encore presque toutes.

Tels sont le Mont-de-Piété, les pompes à feu de Chaillot
et du Gros-Caillou, le pont Louis XVI, aujourd'hui de la
Concorde, les Écoles des ponts et chaussées, des mines, de
chant et de déclamation. L'abbé de l'Epée fonde l'École des
sourds-muets et Haüy l'Institution des aveugles.

On construisit beaucoup, malgré les embarras financiers
de la cour et de la ville; les Écoles de droit [et de médecine, les galeries du Palais-Royal, le Palais-Bourbon où
siège la Chambre des députés, l'Élysée où réside [le Président de la République, datent de cette époque. On bâtit
également l'Odéon, la salle actuelle des Français, les
théâtres de la Porte-Saint-Martin, Favart où était l'Opéra-
Comique, brûlé en 1887, etc., etc.

On combla les fossés des anciens remparts, on ouvrit
soixante-dix nouvelles rues, on fit disparaître les masures
qui surchargeaient les ponts; on transporta même les cimetières, alors autour de certaines églises, au dehors de la
nouvelle enceinte. Cette nouvelle enceinte fut la conséquence d'une mesure financière qui régularisa l'*Octroi* et
en vertu de laquelle on construisit un mur d'octroi percé de
56 *barrières*, lequel annexa à Paris les Porcherons, le Gros-
Caillou et Chaillot en donnant à la capitale à peu près
l'étendue qu'elle garda jusqu'en 1860. Mais cette dernière
création, faite dans un but fiscal, fit fort crier et l'on fit ce
vers :

Le mur murant Paris rend Paris murmurant....

pour exprimer le mécontentement des Parisiens.

La spéculation alors, comme plus tard sous le règne de
Napoléon III, éleva subitement des quartiers entiers; mais
cette fureur de construction eut au moins cette conséquence
de faire établir un plan général d'alignement de toutes les

rues de la ville. Cette ordonnance, de 1783, prise sur les
conseils de Verniquet, est restée la base du plan général
d'embellissement de Paris.

Necker évaluait à cette époque la population de Paris à
620 000 habitants. Il n'y avait que 51 000 familles imposées,
la plupart de commerce et d'industrie, ce qu'on nommait
les petits bourgeois. Les nobles ne payaient rien.

Mercier [1] fait un portrait flatteur de ces marchands parisiens. Quant au peuple, le peuple de Paris, courbé sous
le poids éternel des fatigues et des travaux, abandonné à
la merci de tous les hommes puissants, écrasé comme un
insecte dès qu'il veut élever la voix, est le peuple de la
terre qui travaille le plus, qui est le plus mal nourri et qui
paraît le plus triste. Les écoles publiques n'étaient encore,
en 1788, qu'au nombre de 90.

Le 28 mars 1789, Louis XVI enjoignit au prévôt de Paris
et au prévôt des marchands, en vue de la tenue « *des États
libres et généraux de son royaume,* de convoquer les habitants de Paris *pour conférer et communiquer ensemble, tant
des remontrances, plaintes et doléances que des moyens et avis
qu'ils auront à proposer en l'assemblée générale des susdits
États; et, ce fait, élire, choisir et nommer des députés de
chaque ordre, lesquels seront munis de pouvoirs généraux
et suffisants,* etc., etc. » Le clergé et la noblesse devaient
élire dix nobles et dix ecclésiastiques et le tiers état vingt
représentants.

La Révolution sortit de cette convocation.

1. *Tableaux de Paris*, vol. III.

HOTEL DE VILLE

CHAPITRE II

LES FINANCES PARISIENNES

La dette municipale. — Le budget de Paris. — Les revendications du Conseil municipal contre l'État. — La progression des dépenses. — Les dépenses extraordinaires. — Le budget supplémentaire. — Les comptes. — Le receveur municipal. — La paperasserie.

LE BUDGET MUNICIPAL. — LA CAISSE MUNICIPALE. LE CONTROLE

Paris, pour payer ses dépenses et recouvrer les taxes qui alimentent sa caisse, a une organisation financière qui est très considérable, comme on peut penser, puisque son budget annuel dépasse celui de plusieurs nations.

Comment fonctionne cette grande machine à dévorer des millions, aux rouages nombreux et compliqués, nous l'allons examiner.

LE BUDGET DE PARIS

L'administration préfectorale dresse, chaque année, la liste des dépenses que la *caisse municipale* aura à payer l'année suivante pour le service de la *dette municipale*, c'est-à-dire pour acquitter les coupons échus et les lots remboursables des obligations émises à chacun des emprunts et pour assurer le *fonctionnement des différents services :* préfectures, mairies, travaux, instruction, assistance publique, halles, marchés et abattoirs, etc., etc.

En regard, l'administration évalue également toutes les recettes qu'elle aura à encaisser.

La principale de ces recettes est tirée de l'octroi, qui, en 1889, a donné à la Ville un revenu de 151 406 000 francs ; ses autres revenus sont formés à l'aide de taxes et d'impositions que la Ville a été autorisée à établir à son profit, de locations et redevances des halles, entrepôts, abattoirs, marchés, etc.

Ce résumé des *recettes* et des *dépenses*, qu'on nomme le *budget primitif*, est soumis, par le préfet, au Conseil municipal, vers le mois de juin de l'année précédant l'exercice auquel il s'applique. On ne s'occupe, dans ce *projet de budget*, que des opérations de recettes ou de dépenses propres à l'année en vue de laquelle il est préparé.

On distingue les budgets les uns des autres en leur donnant la date de l'année dont ils résument les opérations, et l'on dit couramment : le budget de 1878, de 1885, etc., pour les villes comme pour l'État.

Les prévisions du budget primitif de 1889 s'élevaient à 319 207 909 fr. 29, en y comprenant une somme de 50 millions à provenir de la troisième émission de l'emprunt de 1886; pour celui de 1893, voir le détail exact, pages 46 et 47, chapitre par chapitre, d'abord de recettes, ensuite des dépenses; mais seulement pour les chapitres qui constituent le budget ordinaire.

On peut voir que, pour les recettes, il n'y a pas d'écart sensible entre les propositions du préfet et les votes du Conseil municipal, aussi tous les chiffres résultant de ces votes ont été sanctionnés par l'administration supérieure et constituent les *fixations admises*.

Mais il n'en est pas de même pour les dépenses. Au chapitre 11, le Conseil n'avait pas voté les 2658000 francs réclamés pour la garde républicaine non plus qu'au chapitre 22 les 23675000 pour la Préfecture de police (on verra pourquoi, quand nous examinerons comment est organisée la garde républicaine et comment fonctionne la police parisienne); le ministre de l'intérieur a fait *inscrire d'office* ces crédits au budget de la Ville, en vertu des lois qui mettent les communes sous la tutelle supérieure de l'État.

Il faut retenir cette distinction, car elle constitue le fond de la vieille querelle entre la majorité des conseils municipaux qui se sont succédé depuis 1878, et le Préfet-maire représentant le gouvernement.

Jusqu'à présent nous ne nous occupons toujours que du budget ordinaire; tout à l'heure nous examinerons les chapitres qui constituent les *recettes et dépenses extraordinaires* de la Ville, c'est-à-dire celles qui ne peuvent être considérées comme normales, régulières, revenant presque dans les mêmes conditions chaque année; mais qui résultent, soit de grands travaux d'aménagement de la ville constituant une grosse dépense à faire une fois pour toutes, soit de nécessités temporaires de la vie municipale comme, par exemple, la reconstitution des actes de l'État civil détruits lors des incendies qui marquèrent la fin de la Commune en 1871.

CHAPITRES.	NATURE DES RECETTES. (OPÉRATIONS PROPRES A L'EXERCICE 1893)	RECETTES A FAIRE.	
		PROPOSITIONS du préfet.	VOTE du Conseil municipal et fixations admises.
	RECETTES ORDINAIRES	fr. c.	fr. c
1	Centimes communaux. Impositions spéciales. Taxe sur les chiens.	32 425 100 »	32 425 100 »
2	Part revenant à la Ville dans le produit de diverses amendes et des permis de chasse. Intérêts de fonds placés au Trésor. Recouvrement sur les porteurs d'obligations municipales des droits avancés pour leur compte.	6 097 000 »	6 097 000 »
3	Octroi.	145 252 447 85	149 764 447 85
4	Droits d'expédition d'actes et prix de vente d'objets mobiliers.	250 000 »	250 000 »
5	Halles et marchés.	8 056 991 01	8 088 516 »
6	Poids public.	318 800 »	334 300 »
7	Abattoirs	3 110 000 »	3 110 000 »
8	Entrepôts	3 090 950 »	3 090 950 »
9	Produits des propriétés communales. .	1 934 000 »	1 995 277 20
10	Taxes funéraires.	881 610 »	910 010 »
11	Concessions de terrains dans les cimetières.	2 337 965 »	2 338 265 »
12	Legs et donations pour les œuvres de bienfaisance.	29 534 »	31 428 »
13	Locations sur la voie publique et dans les promenades publiques.	3 380 000 »	3 408 700 »
14	Voitures publiques.	5 916 900 »	5 916 900 »
15	Droits de voirie.	900 000 »	900 000 »
16	Vente de matériaux provenant du service des travaux. Cession des parcelles de terrain retranchées de la voie publique	330 500 »	415 500 »
17	Contributions dans diverses dépenses de voirie, d'architecture, de pavage, de nettoiement, d'éclairage, etc.	4 247 325 »	4 255 716 20
18	Contributions de l'État et du département de la Seine dans les frais d'entretien et de nettoiement du pavé de Paris	3 900 000 »	3 900 000 »
19	Taxe du balayage.	3 020 000 »	3 020 000 »
20	Redevances diverses payees par la Compagnie parisienne d'éclairage et de chauffage par le gaz.	18 830 000 »	18 100 000 »
21	Abonnements aux eaux de la Ville. Produit des canaux et de divers immeubles dependant des établissements hydrauliques. .	14 377 650 »	14 377 650 »
22	Exploitation des voiries. Vidanges. Égouts.	2 248 300 »	3 013 600 »
23	Recettes et rétributions perçues dans divers établissements d'instruction publique. Legs et donations.	4 806 085 »	4 772 513 »
24	Contribution de l'État dans les dépenses de la police municipale.	7 982 575 »	10 489 950 »
25	Recettes diverses et imprévues. . . .	2 224 985 »	2 247 185 »
	TOTAL DES RECETTES ORDINAIRES. . .	275 948 717 86	283 253 008 25

CHAPITRES.	NATURE DES DÉPENSES. (OPÉRATIONS PROPRES A L'EXERCICE 1893)	DÉPENSES A FAIRE.	
		PROPOSITIONS du préfet.	FIXATIONS admises.
	DEPENSES ORDINAIRES	fr. c.	fr. c
1	Dette municipale	110 488 572 40	110 488 572 40
2	Charges de la Ville envers l'Etat. — Frais de perception par les agents du Trésor. — Restitution de sommes indûment perçues.	6 307 100 »	6 226 700 »
3	Octroi	8 690 127 80	8 793 499 80
4	Administration centrale de la Préfec ture. — Caisse municipale. — Mairies d'arrondissement	7 665 044 20	* 9 283 626 »
5	Pensions et secours.	1 201 537 32	1 305 041 »
6	Dépenses des mairies d'arrondissement.	874 950 »	874 450 »
7	Frais de régie et d'exploitation du do maine de la Ville, des halles, mar- chés, etc.	1 465 050 »	1 486 018 20
8	Cultes	» »	» »
9	Inhumations	1 333 725 »	1 250 088 »
10	Affaires militaires. — Sapeurs-pompiers. — Postes de sûreté. — Corps de garde et casernes.	981 570 »	921 670 »
11	Garde républicaine.	2 658 800 »	2 658 800 »
12	Travaux de Paris (personnel et maté- riel de la direction).	5 139 090 »	4 772 565 »
13	Architecture et beaux-arts	4 604 670 »	* 4 202 070 »
14	Voirie	2 152 000 »	1 237 765 »
15	Voie publique.	21 367 900 »	20 238 015 »
16	Promenades et plantations. — Eclai- rage. — Voitures, etc.	12 117 025 »	11 703 875 »
17	Eaux et égouts. — Vidanges et exploi- tation des voiries.	8 158 800 »	8 029 410 »
18	Collège Rollin. — Bourses dans les lycées et dans divers établissements spéciaux. Subventions à des etablisse- ments d'enseignement supérieur. . .	1 533 606 »	1 553 706 »
19	Instruction primaire et écoles supé- rieures	24 896 210 »	24 848 075 50
20	Assistance publique. — Aliénés. — En- fants assistés. — Établissements de bienfaisance.	24 691 525 50	* 24 964 780 50
21	Dépenses diverses.	356 484 15	3 587 984 15
22	Préfecture de police.	24 500 000 »	29 278 064 40
22 bis	Dépenses des services des sapeurs- pompiers	2 674 641 09	2 609 314 56
22 ter	Laboratoire municipal de chimie. . . .	370 840 »	283 250 »
22 qua	Commission d'examen pour la constata tion, par la Préfecture de police, de la capacité professionnelle des cochers.	» »	27 500 »
23	Fonds de réserve.	1 419 449 40	2 618 167 10
	TOTAL DES DÉPENSES ORDINAIRES . .	275 948 717 86	283 243 00 01

L'AUGMENTATION DES BUDGETS

Comme il est naturel de se l'imaginer, le budget de la Ville n'est pas toujours le même; nous ne parlons ici que des dépenses ordinaires, normales, qui se répètent chaque année[1], et il est même assez intéressant de noter les différences qui sont à relever depuis 1872, soit sur l'ensemble du budget, soit sur certains chapitres :

En 1872 le total du budget communal se montait à   194 667 823 fr.
En 1876 il atteignait déjà la somme de. . . . . . .   201 540 210 »
En 1880 il a été réglé à. . . . .   248 571 970 »
En 1883   —   —   . . . .   254 008 610 »
En 1886   —   —   . . . .   251 892 230 »
En 1889   —   —   . . . .   263 653 352 »
En 1890   —   —   . . . .   263 462 872 »
Pour 1893, il a été établi à. . . . .   283 253 008 »

Ce petit tableau accuse des écarts assez sensibles sur l'ensemble des budgets; si nous faisons cette comparaison chapitre par chapitre, elle révèle des mouvements encore plus tangibles.

Le chapitre 1er (Dette municipale), qui était en 1876 de 99 352 805 francs, était en 1887 de 105 089 000, et en 1893 de 110 488 572 francs.

Les frais généraux de perception (ch. 2) étaient en 1872 de 3 950 370; en 1876, de 4 069 000 francs; en 1887, de 5 637 000, en 1891 de 5 931 000 francs et en 1893, de 6 226 700.

L'administration centrale et les mairies coûtaient en 1876 la somme de 4 303 625 francs; en 1887 celle de 6 244 035 en 1890 plus de 7 430 000 francs et en 1893, de 9 179 000.

Les dépenses pour les divers services du Conseil municipal, mises à part en 1880, absorbaient alors 365 000 francs; en 1887, elles passaient à 745 800, pour atteindre 1 112 000 fr.

---

1. C'est ce qu'on nomme service ordinaire

en 1889, y compris 130000 francs pour les fêtes données dans les salons de l'Hôtel de Ville; en 1893 elle ont redescendu à 978000 francs.

L'entretien des voies publiques coûtait en 1876, en chiffres ronds, 13600000 francs; en 1887, 20428000; en 1891, la dépense a été 20697400 francs, et en 1893 elle a été de 20238015.

La progression pour les promenades, l'éclairage, les égouts, etc., est à peu près la même et s'explique par l'augmentation continuelle de la population, ainsi que par la transformation de certaines parties de la Capitale, comme les quartiers de la Plaine-Monceau, de Marbeuf, de Grenelle, etc.; il faut enfin tenir compte de la dépréciation constante du numéraire et de l'augmentation des salaires.

C'est surtout pour ses écoles [1] que la Ville a, sans compter, augmenté ses subsides. Ces dépenses sont inscrites aux chapitres 18 et 19.

Elles atteignaient : pour le collège Rollin, les bourses et les subventions aux établissements d'enseignement supérieur.

En 1876. . . . . 750407 fr.
En 1880. . . . . 1146000 »
En 1887. . . . . 1531584 »
En 1890. . . . . 1382290 »
En 1893. . . . . 1553706 »

Les dépenses pour l'instruction primaire et les écoles supérieures ont été les suivantes :

En 1872 . . . . 8180000 fr.
En 1876. . . . . 9143000 »
En 1887 . . . . 23635090 »
En 1891 . . . . 22477414 »
En 1893 . . . . 24858075 »

---

1. Voir au chapitre de l'*Enseignement*.

Jusqu'à présent nous n'avons examiné que les variations et la composition du budget ordinaire, voici l'énumération des chapitres qui forment le *budget extraordinaire*.

Nous continuons à prendre comme exemple le budget de 1893, qui peut être considéré comme budget d'une année normale.

Voici le tableau des *recettes extraordinaires*

NUMÉROS des chapitres.	RECETTES EXTRAORDINAIRES.	SOMMES PROPOSÉES, votées par le conseil municipal.
	1° FONDS GÉNÉRAUX.	Fr. c.
27	Contributions dans les frais de reconstitution des actes de l'état civil. . . .	46 500
28	Produit de placements temporaires de fonds provenant de ressources extraordinaires	300 000
30	Produit des ventes d'immeubles du domaine de la Ville.	326 000
31	Produit de la vente d'immeubles et de matériaux de démolition provenant d'opérations de voirie non créditées sur fonds d'emprunt.	400 000
33	Recettes diverses extraordinaires. . .	190 000
	2° FONDS SPÉCIAUX.	
35	Produit de l'emprunt de 1886.	17 000 000
36	Produit de la vente d'immeuble et de matériaux provenant d'opérations de voirie sur l'emprunt de 1884.	100 000
37	Produit de l'emprunt autorisé par la loi du 22 juillet 1892.	30 000 000
	TOTAL.	48 362 500

Enfin chaque année, on porte en recette et en dépense, pour régulariser ce qui peut être reçu ou payé ayant rapport aux comptes précédemment arrêtés, une somme de 110 000 francs, qui permet d'effectuer les recettes et les dépenses concernant les *exercices clos*. C'est une simple formalité d'écritures.

Quant aux *dépenses extraordinaires* en voici également la nomenclature pour 1893.

NUMÉROS des CHAPITRES.	DÉPENSES EXTRAORDINAIRES.	SOMMES PROPOSÉES, votées par le CONSEIL MUNICIPAL.
	1° FONDS GÉNÉRAUX.	fr. c.
26	Reconstitution des actes de l'état civil	85 500 »
28	Acquisitions immobilières à terme	589 600 »
37	Dépenses diverses	587 400 »
	TOTAL DES DÉPENSES EXTRAORDINAIRES SUR FONDS GÉNÉRAUX.	1 262 500 »
	2° FONDS SPÉCIAUX.	
41	Emploi du produit de l'emprunt autorisé par la loi du 13 juillet 1886	17 000 000 »
42	Emploi du produit de la vente d'immeubles et de matériaux de démolition provenant d'opérations de voirie créditées sur les fonds de l'emprunt de 1886.	100 000 »
43	Emploi du produit de l'emprunt autorisé par la loi du 22 juillet 1892	30 000 000 »
	TOTAL DES DÉPENSES EXTRAORDINAIRES SUR FONDS SPÉCIAUX.	47 100 000 »
	REPORT DES DÉPENSES EXTRAORDINAIRES SUR FONDS GÉNÉRAUX	1 262 500 »
	TOTAL GÉNÉRAL DES DÉPENSES EXTRAORDINAIRES.	48 362 500 »

Nous devons ici placer une importante observation critique.

En principe, et aussi bien pour les villes que pour l'État, toutes les ressources extraordinaires ne devraient servir qu'à payer des dépenses ne pouvant pas prendre place parmi celles que l'on doit faire régulièrement et qu'on répète chaque année.

Malheureusement, en fait, on a quelquefois profité des ressources des emprunts pour faire payer, par ces fonds extraordinaires, des dépenses qu'on aurait dû considérer comme dépenses d'entretien.

Cela est d'autant plus regrettable, qu'un tel système, en faussant le contrôle qui résulte de la comparaison des diverses années entre elles, a contribué à pousser les administrations publiques à contracter des emprunts trop rapprochés, dont tout le poids grève la génération actuelle, et à créer des besoins artificiels de travaux publics dont savent profiter une foule d'agents et d'intermédiaires plus ou moins scrupuleux, lorsqu'il faut procéder à des expropriations.

Quand le Conseil municipal a examiné les propositions de l'administration préfectorale, et qu'il a voté sur chacune d'elles, soit en les maintenant, soit en leur faisant subir des augmentations ou des diminutions, le budget est fixé et arrêté, puis transmis par le préfet aux ministres des finances et de l'intérieur pour approbation.

En exposant le fonctionnement du Conseil municipal, nous reviendrons sur cette discussion du budget par les conseillers, et nous en ferons ressortir toute l'importance; c'est le principal acte du contrôle des élus municipaux, car aucune dépense ne peut être faite si elle ne figure au budget, et elle n'y peut figurer qu'après un vote du Conseil ou un décret motivé du président de la République.

Mais on comprend aisément que, quelque soin qu'on apporte à dresser ces prévisions de recette et de dépense, il y ait des choses oubliées, que d'un autre côté il y ait des dépenses plus considérables qu'on ne l'avait pensé pour certains chapitres ou des recettes moindres qu'on ne l'avait espéré. Il y a donc des modifications nombreuses aux chiffres adoptés en *prévision*, et ces changements sont notés dans le *budget additionnel*.

Ce budget additionnel comprend deux parties distinctes : 1° le *budget de report;* 2° le *budget supplémentaire*. Le budget de report fait passer d'un exercice à l'exercice suivant les opérations de recettes et de dépenses constatées au compte, comme créances et dettes parfaitement admises, dûment établies, pour lesquelles il ne reste à effectuer que les encaissements et les paiements.

Par exemple, un constructeur a élevé des bâtiments pour lesquels un crédit était ouvert en 1888 ; mais, au cours de cet exercice, il n'a touché que des acomptes, et la Ville, au 31 décembre, reste lui devoir 100 000 francs pour solder le prix de ces travaux. On reporte ces 100 000 francs à l'exercice de 1889. La même chose a lieu pour les sommes dues à la Ville et non payées en temps utile pour figurer à l'exercice où leur encaissement était primitivement prévu.

Le *budget supplémentaire* proprement dit comprend deux genres d'opérations.

D'abord il autorise le renouvellement des crédits de l'exercice précédent pour les opérations de longue haleine, à continuer pendant plusieurs années.

Ensuite, il ouvre les crédits nécessaires, soit pour compléter les dotations allouées au budget primitif et reconnues insuffisantes, soit pour permettre d'exécuter des opérations nouvelles auxquelles on n'avait pas pensé lors de l'établissement du budget primitif.

Enfin, quand tout a été ainsi réglé, on résume les opérations qui ont été faites dans le cours d'une année dans des *comptes généraux*.

Le compte général des recettes et des dépenses clôt la série des documents financiers pour chaque exercice.

Les *budgets* énoncent les prévisions. Les *comptes* enregistrent les résultats réels.

Si jamais la curiosité vous poussait à aller demander à la bibliothèque de la Préfecture, à l'Hôtel de Ville, le compte de telle ou telle année, faites bien attention que ce document très curieux est publié en deux parties. La première, qui est de la comptabilité pure, est aride et se borne à fournir des résultats chiffrés ; elle ne vous dira pas grand'chose ; mais la seconde partie, qui contient les *développements justificatifs* à l'appui des recettes et des dépenses effectuées, est souvent fort amusante à parcourir et mérite un examen attentif de nos représentants communaux. Mais je crains fort que, si curieux qu'on les suppose, beaucoup ne prennent jamais la peine de compulser les 3 000 pages d'impression que représente chaque année l'ensemble des documents financiers publiés par la Ville de Paris.

LA CAISSE MUNICIPALE

Maintenant que nous avons exposé le mécanisme de l'établissement du budget de la capitale, voyons comment fonctionne la *caisse municipale*, c'est-à-dire de quelle façon la Ville encaisse effectivement les sommes qu'elle a à recevoir et paie celles qu'elle a à débourser.

Pour l'administration de la Ville, il n'y a, quant aux dépenses, que les préfets de la Seine et de police qui aient qualité légale comme ordonnateurs. Il est établi, en principe, dans toutes nos administrations françaises, que les fonctions d'administrateur et d'ordonnateur sont incompatibles avec celles de comptable, afin d'assurer toujours un contrôle réel des maniements de fonds.

A Paris, les fonctions de comptable des deniers municipaux sont exercées par un *receveur municipal* nommé par le ministre des finances, sur présentation du Conseil municipal, du préfet et du ministre de l'intérieur. Cet agent financier prête serment et verse un cautionnement de 400 000 francs. Il dirige la caisse municipale, dont le personnel, composé de 260 employés, répartis dans huit bureaux, est exclusivement sous ses ordres.

Quelques-unes des recettes de la Ville[1] sont faites par les receveurs-percepteurs, ce sont celles portées sur les feuilles de contributions. D'autres sont recouvrées directement par le receveur municipal, ce sont les taxes de pavage et de trottoirs, les droits de voirie et de stationnement et le prix des diverses locations ou concessions du domaine municipal, de concession dans les cimetières, etc., etc.; bref, les redevances que la Ville perçoit directement.

Le receveur municipal est personnellement responsable de ces recouvrements. Pour les exécuter, il peut décerner directement des contraintes par porteurs assermentés et même recourir au commandement par ministère d'huissier.

1. Les centimes additionnels aux quatre contributions directes, dont le produit est acquis à la Ville, et les taxes municipales sur les chiens et de balayage, curage d'égouts, eaux vannes et stationnement sur la voie publique.

Il peut encore procéder à la saisie-exécution des meubles ; mais le débiteur de la Ville a, dans ce dernier cas, la faculté de recourir au préfet, qui peut donner l'ordre au receveur municipal de surseoir à la vente et de suspendre les poursuites. Mais cet ordre doit être donné par écrit, et, pour des créances importantes ou pour des sursis prolongés, le préfet doit en référer au Conseil municipal.

Pour ses paiements, en échange de l'argent qu'il verse au nom de la Ville, le receveur municipal reçoit des *mandats* de paiement signés du préfet, indiquant les noms, prénoms et qualités des titulaires de la créance et constatant que la dette que la caisse municipale doit acquitter est régulièrement justifiée. Ces documents forment décharge pour le Receveur municipal devant la Cour des comptes.

Le receveur municipal, qui n'est que comptable, n'a pas à apprécier la valeur de ces pièces justificatives des dépenses qu'il solde. Il suffit, pour qu'il ait à en effectuer le paiement, du visa de l'ordonnateur : le préfet.

Toutes les recettes et toutes les dépenses de la Ville sont effectuées sous la responsabilité du receveur municipal, et les receveurs et percepteurs de l'octroi, des halles, marchés, entrepôts et abattoirs, les secrétaires, chefs des bureaux des mairies, tous les détenteurs de caisses relevant de la Ville, ne sont que des comptables subordonnés, tenus de lui adresser, dans les cinq premiers jours de chaque mois, le relevé des opérations faites par eux le mois précédent.

On voit combien est grande la responsabilité du receveur municipal. Aussi a-t-il un traitement considérable : 40 000 francs par an, divisé en deux parties. La première constitue un traitement proprement dit de 20 000 francs, et la deuxième est une indemnité de responsabilité également de 20 000 francs.

LES CONTRÔLES

La gestion du receveur municipal fait l'objet d'un *contrôle* chargé de prévenir toute dissimulation de recette, toute fausse déclaration de dépense, aussi bien que d'assurer la conservation des encaisses et du portefeuille de la caisse municipale.

A côté de cette vérification qui ne paraît être d'une véritable utilité qu'en ce qui touche aux encaisses et au portefeuille, les autres opérations, recettes ou dépenses, se vérifient naturellement par la comptabilité ; il existe, pour les comptables subordonnés, une surveillance spéciale dite *inspection des caisses*. Trois chefs de bureau, inspecteurs des caisses municipales, doivent, à toute époque de l'année, viser les registres, compter l'argent et les valeurs, pointer les pièces comptables des agents municipaux ayant un maniement de fonds.

Ces inspecteurs ont également à vérifier la sincérité des comptes des sociétés ou compagnies qui, comme la Compagnie du Gaz ou celle des Omnibus, ont à partager leurs bénéfices avec la Ville.

Les précautions les plus minutieuses sont prises pour assurer un fonctionnement régulier, irréprochable, des rouages financiers de la Ville de Paris.

Il faut se hâter d'ajouter que la fidélité et la probité du personnel supérieur ou subalterne est exemplaire, à tel point que la plus petite irrégularité fait scandale.

Nos fonctionnaires ont mille défauts, dont le plus désagréable pour le public est l'amour de la paperasserie et de complications inutiles ; mais il nous est agréable de constater qu'ils n'ont pas d'égaux comme probité.

CHAPITRE III

L'OCTROI

Le revenu de l'octroi de Paris. — La question de la suppression de l'octroi. — Ce qu'on ne peut pas frapper à l'entrée. — Le droit sur les vins. — Comment fonctionne l'octroi. — Ceux qui ne payent pas de taxes d'octroi. — Le droit d'entrepôt. — Les fraudes. — L'octroi et les chasseurs parisiens.

La principale ressource de la Ville de Paris est fournie par l'Octroi. En 1889, les recettes perçues aux portes de Paris ont été de plus de 149 000 000; en 1890, elles ont atteint 140 750 000 francs; en 1892 elles ont dépassé 148 millions.

Dans notre historique, nous avons rappelé la création du

mur d'enceinte fait en vue de l'octroi, perçu alors par les fermiers généraux en même temps que les autres droits généraux d'aides. On mettait alors en fermage les droits à l'entrée de la Ville, et le dernier bail, passé en 1787, avait produit aux traitants le joli bénéfice de 5 910 859 livres, leur redevance annuelle étant de 30 millions de livres et le produit perçu ayant atteint 35 910 859 livres. Cette somme paraît misérable à présent.

Cette redevance de 30 millions se partageait entre le Trésor, la Ville et certains hôpitaux parisiens.

La Révolution abolit l'octroi « pour dégager le commerce de toute entrave ». Malheureusement, en 1798, la pénurie du Trésor municipal le fit rétablir, en dépit de cet excellent principe.

Un certain nombre d'économistes demandent, à juste titre, l'abolition des octrois. Plusieurs villes importantes ont déjà réalisé cette réforme en France et à l'étranger, et s'en trouvent parfaitement bien; mais l'énormité du produit qu'en tire Paris, et la pesanteur excessive des charges de la dette municipale rendent les solutions du problème excessivement ardues. Il est à craindre qu'en dépit de travaux très remarquables sur cette question, on ne soit encore réduit à garder encore bien longtemps cette imposition d'un autre âge, qui majore artificiellement le prix de la vie à Paris, et frappe injustement les consommateurs pauvres.

En France, les droits d'octroi ne peuvent taxer que les objets destinés à la consommation locale et, quand ils ont été adoptés par les Conseils municipaux, la perception ne peut en être commencée qu'autant qu'elle est autorisée par décrets rendus en Conseil d'État.

C'est une première garantie qu'ont les habitants des

villes, en tant que consommateurs, contre les fantaisies
que pourraient se permettre certaines assemblées communales. Les négociants et industriels en ont une seconde
dans la règle, imposée par la loi, que l'octroi ne doit fournir
aux industries de la Ville aucune protection contre leurs
concurrents des autres villes françaises.

L'utilité de cette règle s'explique aisément; si on laissait
les communes libres de frapper lourdement l'entrée des
produits non fabriqués chez elles, on aurait vite fait de rétablir les douanes intérieures brisées par la Révolution française, et de créer un renchérissement artificiel des objets
de consommation de production nationale.

A Paris, déjà l'octroi a fait émigrer dans la banlieue
beaucoup d'industries, notamment toutes les usines d'épuration d'huiles. Il est à désirer que jamais on n'y vote plus
aucune taxe nouvelle ni aucune aggravation des taxes existantes.

Les blés et farines ne sont frappés d'aucune taxe; les
objets imposés à l'entrée sont distingués par leur classement dans les 5 divisions suivantes :

I. Boissons et liquides (vins, alcools, huiles, essences, etc.).

II. Comestibles (viandes fraîches et préparées, beurres,
fromages, poissons, etc., bétail).

III. Combustibles (bois, charbons, anthracite, lignite,
tourbe, coke).

IV. Fourrages (avoines, foins, pailles et orges) [1].

V. Matériaux (pierres, chaux, fers, bois de construction,
briques, asphaltes, etc.).

---

1. Il est question d'établir, sur le maïs en grain, un droit égal à celui
dont est frappée l'avoine, les grandes compagnies de voitures ayant pris
l'habitude de nourrir leurs chevaux avec du maïs dans ces dernières
années.

La progression des droits d'entrée est extraordinaire.

La moyenne des dix années 1801 à 1810 a été.	17 298 000 fr.
La moyenne des dix années 1821 à 1830 a été.	27 652 000 —
La moyenne des dix années 1841 à 1850 a été.	32 562 000 —
Après l'annexion à Paris des communes suburbaines en 1860, le produit de l'octroi atteint.	77 277 000 —
Pendant l'année de l'Exposition de 1878, il va à.	132 182 000 —
Pour atteindre, en 1889, l'énorme total de.	149 000 000 —
Les recettes admises pour 1890 ont été fixées à.	140 758 000 —
Et les prévisions pour 1893 à.	149 764 000 —

Ce sont les boissons, notamment les vins en fûts, qui fournissent la plus forte part de ces recettes d'octroi[1]. La taxe est uniforme, et il en résulte que le vin le plus médiocre paye tout autant que le plus fin bourgogne, le bordeaux le plus exquis ou le meilleur champagne.

Plusieurs études ont été faites dans le but d'arriver à transformer cette taxe en un tarif *ad valorem*; mais l'obstacle principal est précisément l'énorme quantité des vins amenés chaque jour. Paris reçoit, en effet, environ 2 042 000 pièces de vin par an, ce qui fait une moyenne de plus de 170 000 pièces par mois, et de 6 000 par jour.

---

1. En 1879, les vins ont payé 73 477 000 francs sur les 136 358 000 francs du produit total; la proportion est restée la même sur l'ensemble des produits de l'octroi.

Si l'on considère que, dans certaines saisons, les apports sont peu importants, qu'il n'entre presque pas de fûts les dimanches et jours fériés, on voit, qu'en réalité, l'octroi a des journées où il a à recevoir 8 et 10 000 pièces de vin. Comme, d'un autre côté, ces entrées se font par un très petit nombre de portes, il résulterait de l'établissement d'un tarif gradué suivant les qualités, la nécessité d'un personnel considérable de gourmets dégustateurs, d'employés, de comptables, sans parler des lenteurs d'un tel service ni des entraves apportées ainsi aux transactions commerciales.

Les frais de perception de l'octroi ont été, en 1890, de 8 207 210 francs, dont 7 711 010 francs pour le personnel, et 496 000 francs pour le matériel.

L'octroi est dirigé par un *directeur* et trois *régisseurs* formant un conseil d'administration et de discipline. En cas de difficultés ou de contestations, c'est à ce conseil qu'il faut s'adresser. Son siège est avenue Victoria, 4, en face de l'Hôtel de Ville.

Un arrêté du 19 avril 1879 réorganisa la commission consultative de l'octroi, chargée d'étudier les mesures à prendre pour améliorer le service de l'octroi. Cette commission, présidée par le préfet de la Seine — ou, à son défaut, par le secrétaire général — se compose de quatre conseillers municipaux, du directeur des contributions indirectes de la Seine, du directeur et des régisseurs de l'octroi. C'est à elle qu'il faut adresser les demandes ayant pour objet d'augmenter, de diminuer ou d'abolir les taxes.

En dehors des inégalités de tarif, la taxe de l'octroi est une des plus égalitaires, en ce sens que la perception se fait sur tous les consommateurs.

Il y a cependant une exception unique en faveur des ambassadeurs et ministres plénipotentiaires pour les vins et spiritueux qu'ils reçoivent.

LES ENTREPÔTS

En vue de favoriser le commerce et l'industrie à l'intérieur de Paris, on a donné aux commerçants la facilité d'emmagasiner temporairement leurs marchandises, sans acquitter de suite les droits auxquels elles sont assujetties; c'est ce qu'on nomme la faculté d'entrepôt.

L'entrepôt est réel ou fictif.

Les *entrepôts réels* sont, à Paris :

A. — L'entrepôt Saint-Bernard pour les liquides;

B. — Les trois entrepôts de Bercy (Grand-Bercy, Petit-Bercy et Petit-Château), également pour les liquides;

C. — L'entrepôt Pajol pour les matières premières destinées à la fabrication dans les usines;

D. — L'entrepôt du Pont-de-Flandre pour les matières premières destinées à la fabrication dans les usines.

Les *entrepôts fictifs* sont constitués par les magasins mêmes des commerçants ou industriels qui ont obtenu la faculté d'y conserver des marchandises dont ils doivent compte à l'octroi.

En dehors de ces facilités d'entreposer, l'octroi rembourse encore, *après reconnaissance à la sortie*, les droits perçus sur certaines marchandises, pour des quantités déterminées, à la condition qu'elles n'aient subi aucune détérioration.

Il consent aussi des réductions de tarif, par *abonnement*, pour les combustibles employés aux bains, lavoirs, ou fabrications industrielles.

L'abonnement est annuel.

On ne peut contracter d'abonnement annuel sur les com-

bustibles pour moins de 50 000 kilogrammes de houille ou
de coke, 200 stères de bois à brûler.

Cette facilité a été créée afin de conserver dans Paris certaines grandes usines consommant beaucoup de combustible.

LES FRAUDES ET LES FRAUDEURS

A Paris, la fraude est considérable, non par la valeur des
objets non déclarés, mais par la grande quantité de menues quantités prestement passées en fraude par tout le
monde sous le nez des *gabelous*. Il n'est pas un Parisien sur
cent qui ne considère comme un bon tour le passage sous
les yeux des agents de l'octroi de quelque marchandise,
sans réfléchir aux ennuis considérables qu'il risque de s'attirer, car la loi du 21 juin 1873 peut vous faire condamner
de six jours à six mois d'emprisonnement. Parfois, des
fraudeurs hardis ont imaginé de dissimuler dans des pièces
de bois, dans des pierres de taille, dans des caisses de voitures, des récipients plus ou moins considérables pour passer
en fraude des alcools.

D'autres ont évidé des bûches qui entraient comme bois
à brûler, etc., etc.; mais le plus ingénieux est celui qui
avait fait installer à l'arrière de sa voiture un superbe nègre,
artistement modelé, dont le corps contenait plus de 150 litres
d'alcool.

Hélas! comme les autres, il fut dénoncé et pris.

Quand on s'est fait prendre, le mieux est d'acquitter le
double droit et l'amende... si la somme n'est pas trop importante. Dans le cas où la contravention vient de votre
ignorance ou même dans celui où l'amende est considé-

rable, on fait sagement de s'adresser au directeur de l'octroi, afin de solliciter une transaction qui est rarement refusée pour un premier délit.

L'insoumission envers les employés de l'octroi amène généralement 150 à 200 francs d'amende, indépendamment de la confiscation; en cas d'injures, on est déféré au procureur de la République.

On voit qu'il vaut bien mieux acquitter les droits; mais que celui qui n'a jamais rien dérobé aux regards de l'octroi jette la première pierre aux pauvres fraudeurs en peine!

Le droit unique ou de remboursement perçu aux entrées de Paris par l'octroi sur les boissons et liqueurs tient lieu de toutes les autres taxes dues dans les autres communes au Trésor.

Ce droit s'ajoute aux droits d'octroi. Il frappe les vins en cercles et en bouteilles, les alcools, cidres, poirés, bières, hydromels, huiles, vinaigres et les acides acétiques.

En dépit des nombreuses tentations auxquelles sont en butte les agents de l'octroi, il est assez rare qu'ils se laissent aller à favoriser les fraudes, Quelques faits regrettables ont eu lieu aux entrepôts; mais on peut dire que le corps de l'octroi de Paris possède une tradition d'intégrité absolument inattaquable.

En terminant, un petit conseil aux chasseurs. Pour éviter les longues attentes aux gares, les soirs où, fatigués, ils rentrent avec leur gibecière bien garnie. ils n'ont qu'à acheter d'avance, aux receveurs d'octroi des gares, des cartes créées à leur intention. Les gens qui ont battu le bois ou la plaine une dizaine d'heures apprécieront fort cette amélioration [1].

---

1. Voir également page 112 pour les Entrepôts

ÉCOLE BOULLE

CHAPITRE IV

L'ENSEIGNEMENT

Transformation de l'enseignement parisien depuis 1871. — Les écoles maternelles et enfantines. — Les écoles primaires élémentaires de garçons et de filles. — Le travail manuel dans les écoles. — Les leçons ménagères. — Les jeux de plein air. — Les écoles primaires supérieures. — Les établissements municipaux d'enseignement professionnel pour les jeunes filles et les jeunes garçons. — L'enseignement commercial.

On a dit avec raison que ce qui marquera l'action de la troisième République pendant la période qui suivit les désastres de 1870-1871, c'est le nombre incroyable de belles et claires écoles bâties, l'impulsion vigoureuse donnée à l'enseignement primaire, rendu par elle obligatoire.

Nous ne nous occuperons pas des lycées non plus que des grandes écoles nationales qui existent à Paris, ce serait sortir de notre cadre, et nous ne passerons en revue que les établissements consacrés *par la Ville* à l'instruction publique communale.

Ces établissements forment quatre groupes bien distincts :

Les écoles *maternelles* ;

Les écoles *primaires élémentaires;*

Les écoles *primaires supérieures;*

Les écoles *techniques* et *professionnelles.*

Quand nous serons au terme de cet examen, vous pourrez vous rendre compte de l'immensité de l'œuvre scolaire accomplie par les divers conseils municipaux depuis 1871, œuvre qui n'offre que des défauts insignifiants, minuscules, et qui fait le plus grand honneur et aux élus dont l'initiative a été souvent très intelligente et très heureusement hardie, et à l'administration communale chargée de l'exécution de ce programme grandiose.

Les Écoles maternelles.

Autrefois, les petits enfants, trop jeunes encore pour être admis aux écoles communales, étaient envoyés dans des *salles d'asile* ou dans des *garderies* jusqu'à ce qu'ils eussen' atteint l'âge de sept ans.

Gamins et bambines y apprenaient fort peu de chose. Ils en sortaient sachant à peu près épeler et ils y occupaient leur temps — sous la surveillance de braves femmes n'ayant

aucune des connaissances nécessaires à l'instruction ni à
l'éducation de ce petit monde — à chanter l'A B C D sur des
airs de complaintes ou à exécuter des rondes en battant des
mains.

Aujourd'hui, on a remplacé les abominables hangars où
se tenaient les classes d'asile par des écoles véritables où
les jeunes enfants des deux sexes reçoivent, de deux à sept
ans, de véritables institutrices, tous les soins d'instruction
et d'éducation que réclame leur développement moral et
physique. C'est une transformation très importante à laquelle on n'a pas prêté grande attention; mais qui aura —
qui a même déjà — une grande influence sur le niveau de
l'enseignement primaire à Paris, sur la capacité intellec-
tuelle des enfants de nos travailleurs parisiens.

La réorganisation des salles d'asile date de 1881, et le
décret qui a procédé à cette transformation a institué des
comités de patronage « chargés de veiller à l'observation
des prescriptions de l'hygiène, à la bonne tenue de l'établissement et au bon emploi des fonds et des dons en nature recueillis en faveur des enfants ».

Bien que ces comités de patronage des écoles maternelles fonctionnent à peu près régulièrement dans chacun
des arrondissements de Paris, dans la pratique, ils rendent
peu de services. Ce serait cependant une excellente chose
que d'aider indirectement ainsi les familles nombreuses,
en distribuant des vêtements chauds, du linge, de la bonne
chaussure aux bébés des écoles maternelles des quartiers
populeux. Le public riche ne s'en occupe pas assez et il a
tort. Il y a là du bien à faire intelligemment, autant avec
son cœur qu'avec sa bourse.

Depuis 1885, le personnel des écoles maternelles de Paris
est tout entier pourvu du brevet élémentaire, et ces insti-

tutrices (les écoles maternelles sont exclusivement desservies par des femmes) sont entièrement assimilées aux autres institutrices publiques communales.

Les bébés confiés à leurs soins sont initiés progressivement à la connaissance du langage, à celle des objets usuels, à la lecture, à l'écriture, au dessin, au calcul et ils en reçoivent même des leçons sur les éléments rudimentaires de l'histoire naturelle. Ne riez pas, tout cela se fait le mieux et le plus gentiment du monde, et forme ces petites intelligences beaucoup plus que vous ne pouvez l'imaginer. J'en ai eu personnellement des preuves étonnantes.

Visitez un jour, pour vous en rendre compte, une de nos nouvelles écoles, où les bébés de deux à six ans — être à l'école à deux ans! — sont divisés en deux sections, suivant leur âge et leur intelligence. Vous entendrez de jeunes maîtresses d'écoles conter de belles histoires comportant des explications à la portée de ces petites têtes, sur le vêtement, l'habitation, l'alimentation, la connaissance des couleurs, des formes, des saisons, de la division du temps, de l'heure, etc., etc., le tout appuyé d'objets ou de tableaux bien faits. Outre la *lecture* et *l'écriture*, on habitue les tout petits à *compter*, d'abord de 1 à 10, puis de 1 à 100 ; les « grands » abordent même les quatre opérations... appliquées à la première dizaine seulement.

On leur dit comment pousse le blé, d'où viennent la viande, le vin, le bois, le fer, et on leur en montre des spécimens.

De plus, on vous mettra à même de constater qu'on travaille à dégourdir leurs petits membres et leurs doigts mignons en même temps que leur cerveau, par des *exercices manuels*, consistant à tresser, tisser ou plier des brins de paille, des bandes de papier ou d'étoffe ; vous pourrez même admirer, parmi les fillettes de cinq à sept ans, d'ha-

biles petites tricoteuses. Mais, cependant, ne craignez pas,
pour ces intéressants écoliers, un surmenage physique ou
intellectuel. Les travaux de couture et tous ceux de nature
à fatiguer les enfants sont interdits formellement ; c'est une
règle que devraient bien respecter les couvents.

Les leçons ne dépassent jamais cinq, dix à quinze minutes ; elles atteignent au maximum une durée de vingt
minutes et elles sont toujours séparées les unes des autres
par des chants, des exercices gymnastiques ou des promenades et récréations ; les maîtresses dirigent les jeux et
initient leurs bambins aux douceurs de la queue du loup,
de cache-cache ou du chat perché.

Il y a, à Paris, 130 écoles maternelles pouvant recevoir
environ 24000 petits enfants, auxquels 125 directrices et
310 institutrices donnent leurs soins.

En comparant cette situation à celle de 1871, on constate
que la République a créé 36 nouvelles écoles maternelles et
plus de 7000 places, tout en améliorant considérablement
les conditions hygiéniques des anciens asiles, transformés
en écoles véritables et dotés d'un personnel capable.

Les écoles primaires élémentaires.

De l'école maternelle, l'enfant passe à l'école primaire
élémentaire de filles ou de garçons.

On a, dans un certain milieu pédagogique, beaucoup
prôné le système de l'enseignement en commun ; c'est-à-
dire la continuation du mélange des enfants, filles et garçons, dans les écoles publiques. Mais cette théorie, vivement
combattue par d'illustres pédagogues, n'est pas appliquée à
Paris, où, à partir de sept ans, les enfants sont envoyés à

l'école des garçons ou à l'école des filles. Cependant, sur les
191 écoles de garçons, 17, réservées exclusivement à des
enfants de sept à huit ans, ne comprenant que des classes
du cours élémentaire et dites *enfantines*, sont placées sous
la direction d'institutrices. Il y a également des classes annexées à certaines écoles maternelles.

Le nombre des écoles primaires de garçons s'élève actuellement au chiffre de 191, contenant un total de 70 700
places d'élèves. Le nombre des écoles primaires élémentaires
de jeunes filles est de 175, contenant 60 600 places d'élèves.

L'enseignement comprend : l'instruction morale et civique, la lecture et l'écriture, la langue et les éléments
de la littérature française ; la géographie, particulièrement
celle de la France ; l'histoire, surtout celle de la France
jusqu'à nos jours ; quelques notions usuelles de droit et
d'économie politique ; les éléments des sciences naturelles,
physiques et mathématiques, leurs applications à l'agriculture, à l'hygiène, aux arts industriels ; *les travaux manuels
et l'usage des outils des principaux métiers ;* les éléments du
dessin, du modelage et de la musique ; la gymnastique et,
pour les garçons, quelques exercices militaires. Pour les
filles, les travaux à l'aiguille, *les travaux usuels du ménage*
dans certaines écoles dont nous reparlerons bientôt[1].

L'enseignement, dans les écoles primaires, est partagé en
trois cours : cours élémentaire, cours moyen, cours supérieur. Chacun de ces cours est divisé en autant de classes

[1]. On a pu voir, à l'Exposition de 1889, figurer dans l'exposition des
services scolaires de Paris, l'installation d'une cuisine pour l'enseignement de l'économie domestique appliquée aux travaux du ménage, telle
qu'on la donne dans quelques écoles primaires. On ne peut que louer cette
tendance qui consiste à s'occuper, en dehors de l'instruction, de l'éducation pratique des enfants de Paris, surtout des filles, parfois si peu ini-
tiées aux choses du ménage dans leurs familles.

que l'exige le nombre d'élèves. L'effectif moyen d'une classe
ne doit pas dépasser le chiffre de 35 à 40 élèves.

Il y a naturellement, pour le service d'un si grand nombre
d'écoles, un personnel considérable ; plus de 3 000 maîtres
et maîtresses ainsi répartis :

    175 directeurs.
    1180 instituteurs titulaires (adjoints),
    145 instituteurs stagiaires.
    195 directrices.
    1130 institutrices titulaires (adjointes),
    185 institutrices stagiaires.

La comparaison entre la situation actuelle et celle qui
existait en 1871 fait ressortir les résultats suivants :

Le nombre des écoles de garçons et de filles était, en
1871, de 243, fournissant un total de 73 579 places. Il est
aujourd'hui de 370, contenant un total de 131 875 places.

Le nombre des écoles de garçons et de filles s'est donc
élevé de 127 depuis l'époque qui nous sert de comparaison,
et 58 450 places nouvelles ont été mises à la disposition des
élèves de ces écoles. A côté des classes consacrées à l'enseignement primaire proprement dit, il existe, dans un
certain nombre d'écoles publiques de garçons et de filles,
des cours complémentaires (cours d'enseignement primaire
supérieur), institués conformément à la loi. Ces cours
sont au nombre de 16 pour les écoles de garçons, et de 32
pour les écoles de filles. L'effectif des cours complémentaires de garçons est de 806 élèves. Celui des cours complémentaires de filles est de 1 244 élèves (fin de l'année
scolaire 1889).

Il est regrettable que les enfants ne fréquentent pas en
plus grand nombre ces cours complémentaires; mais cela
tient à ce que les parents ont trop souvent besoin, dans les

familles parisiennes, du gain de l'enfant dès son temps d'école terminé. Les patrons devraient encourager les jeunes gens à les suivre assidûment. Pour parer à cet inconvénient et pour permettre aux enfants de plus de treize ans de compléter leur instruction, la Ville de Paris a institué des *cours du soir*, dénommés : *cours pour les apprentis et les adultes.*

· Des cours spéciaux, ou classes de demi-temps, sont ouverts, dans un certain nombre d'écoles primaires, aux apprentis des deux sexes qui, aux termes de la loi du 19 mai 1874, ne peuvent être employés dans les établissements industriels sans fréquenter une école pendant un certain nombre d'heures chaque jour.

L'enseignement, dans les classes de demi-temps, est donné conformément au programme des écoles primaires élémentaires.

Les cours destinés aux adultes (hommes ou femmes) ont lieu le soir de 8 à 10 heures.

Ils comprennent :

1° Des cours d'enseignement primaire dont le programme est semblable à celui des écoles communales ;

2° Des cours de chant ;

3° Des cours de dessin ;

4° Des cours d'enseignement professionnel.

Nous examinerons plus loin, d'une façon détaillée, l'organisation des cours de dessin et d'enseignement professionnel dont le but est de mettre à la portée des enfants, qui ont besoin de compléter ou de continuer leur instruction, des leçons sérieuses et faites d'après les méthodes auxquelles ils ont été habitués à l'école.

Mais, en se montrant disposée à encourager les cours particuliers, la Ville risque souvent de gaspiller inutilement ses ressources. Il serait nécessaire d'exercer sur les cours qu'elle aide de sa bourse une surveillance plus attentive.

Si l'on a construit un grand nombre de belles, claires et gaies écoles, contrastant avec les sombres et laides prisons où l'on nous enfermait il y a une trentaine d'années, une transformation également intelligente a été faite du *mobilier scolaire*. On a remplacé les lourdes tables et les bancs incommodes par des pupitres faits à la taille des enfants, espacés deux à deux, munis de dossiers et toujours parfaitement éclairés. Plusieurs autorités médicales ont attribué, avec raison, à la fatigue éprouvée par les yeux des écoliers, l'effrayante augmentation de la myopie chez les enfants des grandes villes. De même, sur les murs des classes, les cartes, tableaux, dessins, images qui servent aux leçons sont clairs et facilement visibles de loin. On a pourvu chaque école d'un *préau couvert*, qui sert de lieu de récréation en cas de pluie, et de salle de gymnastique ainsi que de réfectoire pour ceux des élèves qui déjeunent à l'école ; pour ces derniers, on y installe parfois de petites tables. Nous examinerons tout à l'heure l'organisation des *cantines scolaires*, qui permettent de procurer à tous les enfants, riches ou pauvres, des aliments chauds et sains à des prix fabuleux de bon marché pour ceux qui peuvent payer, et gratuitement pour les autres.

Toutes les écoles seront bientôt également pourvues de lavabos[1], et l'on joindra prochainement, aux appareils de gymnastique, les *jeux scolaires* destinés à donner à nos petits Parisiens le goût des exercices physiques si bienfaisants pour leur santé.

_____

1. Il en reste fort peu à installer. Toutes les écoles sont également pourvues de filtres système Pasteur, de manière à empêcher la transmission de maladies contagieuses par l'eau que boivent les enfants.

LE TRAVAIL MANUEL A L'ÉCOLE PRIMAIRE

Une place a été faite, depuis quelques années, dans toutes les écoles primaires de garçons et de filles, au *travail manuel*, et cette innovation mérite d'être relevée. Comme le faisait observer l'administration dans la brochure[1] qui servait d'annexe à son catalogue spécial de l'Exposition de 1889, cet enseignement n'a pas pour but de remplacer l'apprentissage. Il importe de le bien faire comprendre.

Le travail manuel à l'école a exclusivement pour objet d'habituer tous les enfants au maniement des outils les plus usuels et de développer chez eux la justesse du coup d'œil en disciplinant la dextérité des mains. C'est une excellente préparation à l'apprentissage[2] dont cet enseignement scolaire pourra abréger la durée. Nous partageons surtout cette opinion qu'en inspirant à tous les enfants indistinctement, riches, aisés ou pauvres, dès leur plus jeune âge, le respect du travail manuel, ces leçons ont une portée morale élevée qui devrait les faire introduire dans toutes les écoles primaires de nos grandes villes; elles sont, de plus, un exercice éminemment salutaire pour les jeunes garçons des grands centres, soumis à de si nombreuses causes d'étiolement par la vie sédentaire.

Dans les écoles de garçons, ce n'est qu'à partir de l'âge de dix ans que les élèves doivent fréquenter l'atelier de travail manuel. Les exercices y sont dirigés sous la sur-

1. Notice sur les objets et documents exposés par les divers services de la Ville de Paris. Chaix, 1889.
2. V. plus loin *Écoles professionnelles*, p. 49.

veillance des instituteurs, par des *maitres de travail* choisis
parmi les ouvriers présentant les garanties nécessaires, non
seulement au point de vue de la compétence technique,
mais encore à celui de la moralité. Les élèves vont tous les
deux jours à l'atelier, le matin, de 7 heures à 8 heures et
demie, ou le soir, de 4 heures à 5 heures et demie, en
dehors des heures de classe, de façon que les leçons
n'empiètent pas sur les autres études. Les leçons ont pour
objet, dans toutes les écoles de garçons : le travail du bois
(menuiserie et tour), et dans quelques-unes où l'on a pu
établir une petite forge, le travail du fer (lime et marteau).

Dans les écoles primaires de filles[1], l'enseignement du
travail manuel ne comporte généralement que la couture,
la coupe et l'assemblage des vêtements ; on tente pourtant
maintenant, dans quelques écoles, d'initier les plus grandes
filles à l'art du raccommodage et de la cuisine.

Deux heures par semaine sont occupées par le travail
manuel. Comme pour les garçons, il va sans dire qu'on
n'espère pas former ainsi des spécialistes : couturières, cui-
sinières ou confectionneuses. Le but est plus simple :
mettre toute fillette, confiée à l'école communale, en mesure de faire elle-même, plus tard, ses repas, ses vêtements
et ceux de sa famille. De plus, cet enseignement est une
excellente préparation à l'apprentissage de toutes les professions féminines, dont la couture est la base, car, trop
souvent, à Paris, la petite apprentie n'étant surtout employée qu'à faire des courses et à porter des paquets,

1. On a, au commencement, pris des ouvrières comme professeurs;
mais, à présent, l'administration préfectorale recrute, dans le personnel
même des institutrices primaires, les maîtresses auxquelles est confié
l'enseignement de la coupe et de la confection, et deux cours normaux
préparent les institutrices à cet enseignement.

doit apprendre son métier au hasard de ses rares loisirs.

En résumé, on s'est efforcé de donner à l'enfant, à l'école primaire, tous les éléments d'instruction indispensables, et l'on peut dire qu'un élève bien doué et studieux, en quittant l'école primaire parisienne, possède un petit bagage intellectuel capable de le mener à des situations auxquelles ses aînés de la « mutuelle » n'auraient jamais pu songer.

Les Écoles primaires supérieures.

Avant 1871, la Ville de Paris ne possédait que deux établissements d'enseignement primaire supérieur pour les garçons : l'école *Turgot* et l'école *Colbert*. Elle n'en avait aucune pour les filles.

On a créé, depuis, trois écoles de même nature : *Lavoisier*, située rue Denfert-Rochereau (Ve arrondissement); *J.-B. Say*, située rue d'Auteuil (XVIe arrondissement); *Arago*, située place de la Nation (XIIe arrondissement).

Quatre de ces écoles sont des externats; seule l'école J.-B. Say, qui ne reçoit que des internes, n'est pas gratuite. L'enseignement, dans ces écoles primaires supérieures, porte sur les matières suivantes : l'enseignement moral et civique, des notions sommaires d'économie politique, de droit usuel et de droit commercial; l'étude de la langue française et des notions d'histoire littéraire; l'écriture; l'histoire (notions d'histoire générale et d'histoire de France jusqu'à nos jours); la géographie physique, politique, administrative, industrielle et commerciale; les langues vivantes; les mathématiques (arithmétique théorique et pratique, géométrie plane et ses applications, principes d'algèbre, principes élémentaires de trigonométrie rectiligne, notions élémentaires de géométrie dans l'espace et applications) ; la comptabilité et la tenue des livres ; la physique (phénomènes les plus importants et principales théories de la physique) ; la chimie ; l'histoire naturelle ; le dessin (dessin géométrique, dessin d'après le relief, figure d'après la bosse) ; le chant ; la gymnastique ; le travail manuel (fer, bois, etc.).

A côté de ces cinq établissements, il convient de mentionner le *Collège municipal Chaptal.*

C'est un établissement mixte comme l'on devrait bien en créer plusieurs en France en vue de l'instruction des jeunes gens se destinant aux carrières commerciales et industrielles.

Au collège Chaptal, les premières divisions sont consacrées à l'enseignement primaire supérieur, mais dans lequel les études reçoivent de plus grands développements et peuvent conduire les élèves jusqu'aux écoles spéciales de l'État (École polytechnique, École centrale, École militaire de Saint-Cyr).

La gratuité de l'enseignement primaire supérieur est établie à Paris depuis le 1er octobre 1882. Les places d'externat gratuit, dans les écoles de cette catégorie, sont obtenues à la suite d'un concours. Bien entendu, cette gratuité n'a pas été étendue à l'internat existant à l'école J.-B. Say et au collège Chaptal ; mais un système de bourses, distribuées à la suite de concours spéciaux, rend l'internat accessible à tous les élèves doués d'aptitudes suffisantes.

Le nombre des élèves qui fréquentent actuellement les écoles primaires supérieures de garçons (y compris le collège Chaptal) s'élève environ à 3 800.

Pour les jeunes filles, la Ville a créé en 1882, une première école primaire supérieure, l'école Sophie-Germain, située rue de Jouy, 9 (IVᵉ arrondissement). Cette école reçoit actuellement 384 élèves. On en construit une seconde, et, à bref délai, une autre école semblable sera installée rue des Martyrs, 63 (IXᵉ arrondissement).

Dans les écoles primaires supérieures, l'enseignement du dessin, confié à des professeurs spéciaux, comprend, avec le dessin à vue (ornement et figure), exécuté d'après le relief ou la ronde bosse, le dessin géométrique (dessin d'architecture, de machines, de lavis, épures de géométrie descriptive, théorie des ombres, etc.).

On voit que la Ville de Paris possède tout un ensemble complet d'établissements scolaires qui peut prendre l'enfant à partir de deux ans pour l'amener jusqu'au seuil des grandes écoles de l'État ; elle a même un collège communal ordinaire, le *Collège Rollin*, dont l'enseignement n'offre rien de particulier.

Mais, à côté de cet enseignement général, on a pensé qu'il convenait de remédier à la disparition de plus en plus complète de l'apprentissage à Paris et le Conseil municipal a créé, dans ce but, plusieurs *écoles professionnelles*.

C'est une œuvre appelée à rendre des services considérables à l'industrie parisienne, en formant une élite d'ouvriers manuels instruits théoriquement et pratiquement dans toutes les branches de leur profession et ayant ainsi des idées d'ensemble que la division extrême du travail ne leur eût guère [permis d'acquérir s'ils avaient fait leur apprentissage dans les usines et manufactures parisiennes.

Les Écoles professionnelles de garçons et de filles.

Il y a, à Paris, six écoles professionnelles de garçons et six écoles professionnelles de filles.

RÔLE DES ÉTABLISSEMENTS SPÉCIAUX D'ENSEIGNEMENT PROFESSIONNEL

Ainsi que je l'ai déjà indiqué, une séparation complète est établie entre l'enseignement du travail manuel dans l'école primaire, enseignement d'ordre général, et l'*enseignement professionnel*.

Celui-ci, dans les établissements de la Ville de Paris, ne peut être abordé que par des élèves ayant terminé leurs études primaires.

Les principes qui ont présidé à Paris à l'organisation des établissements d'enseignement professionnel ont été exposés dans un rapport rédigé par M. Tolain, sénateur, au nom d'une commission administrative qui avait été instituée par le préfet de la Seine pour l'étude des questions relatives à l'enseignement professionnel, rapport qui figurait parmi les documents divers placés dans l'Exposition de la Ville de Paris, en 1889.

On en retrouvera l'application dans la plupart des écoles dont nous examinerons plus loin l'organisation ; ils peuvent se résumer ainsi :

Les établissements d'enseignement professionnel de la Ville de Paris sont destinés à préparer, non des contre-maîtres, mais des ouvriers d'élite possédant les connaissances théoriques et les connaissances techniques nécessaires pour l'exercice intelligent et raisonné de la profession à laquelle ils se destinent et dans laquelle ils devront maintenir les traditions d'ingéniosité, de bon goût, de correction qui ont assuré jusqu'ici le succès des produits de l'industrie française et plus spécialement de ceux de l'industrie parisienne. Ils doivent constituer, en quelque sorte, des écoles normales des professions manuelles les plus fréquentes à Paris.

Ils n'ont pas pour objet de se substituer à l'apprentissage privé ni d'aborder toutes les spécialités industrielles.

Ils doivent être surtout consacrés aux industries qu'on peut appeler les *industries mères*, c'est-à-dire à celles qui embrassent plusieurs professions ou spécialités ayant de nombreux points de ressemblance, employant fréquemment des procédés de travail analogues et, en grande partie, le même outillage.

La préparation donnée dans les écoles professionnelles, tout en restant essentiellement technique, doit avoir un caractère général permettant aux élèves que ces écoles ont formés de choisir entre plusieurs spécialités et d'apporter, dans celle qu'ils auront préférée, les connaissances raisonnées, les procédés méthodiques dont l'enseignement devient de plus en plus difficile dans l'apprentissage privé, en raison de la division des industries en spécialités chaque jour plus nombreuses.

D'autre part, en même temps qu'ils acquièrent les connaissances nécessaires à l'exercice de leur profession, les élèves des écoles municipales doivent, non seulement conserver, mais encore compléter l'instruction générale qu'ils ont acquise à l'école primaire.

Le programme doit faire une certaine place, à côté des

études techniques, aux études purement classiques, qui, en
développant l'intelligence de l'élève, ne peuvent que con-
tribuer à lui rendre plus faciles les études spéciales exigées
par sa profession, et, pour les industries artistiques, affiner
son goût et développer son imagination.

L'*École Diderot*, 60, boulevard de la Villette, est la plus ancienne école professionnelle parisienne; elle est destinée à
former des ouvriers pour les *industries du fer et du bois :*
forgerons, ajusteurs et tourneurs en bois et métaux, me-
nuisiers, modeleurs, mécaniciens, fondeurs et serruriers.

Tous les élèves sont externes, ne peuvent être admis
avant 13 ans ni après 16 ans, et ne sont reçus qu'à la suite
d'un examen. L'enseignement est gratuit, et l'on a même,
pour encourager les familles pauvres à y envoyer leurs enfants, institué des bourses de déjeuner dont profitent la
plupart des élèves.

Les études y durent trois ans. Pendant la première année, tous les élèves passent successivement dans l'atelier du
fer et dans celui du bois, afin d'acquérir tout d'abord la
souplesse et la sûreté de la main. A l'entrée en deuxième
année, l'élève fait choix d'une spécialité.

Alors seulement commencent les travaux d'exécution
réelle, mais la théorie n'est jamais sacrifiée à la pratique[1].
Aucune pièce, aucune machine n'est entreprise à l'école
avant d'avoir été l'objet d'un croquis et d'une épure, de
façon que l'élève se rende un compte exact des proportions
et des assemblages, et qu'il ait la pleine intelligence de
tout ce que sa main exécute.

En dehors des études techniques, les élèves sont tenus

1. L'école vient d'être réorganisée.

d'assister à des cours réguliers de langue française, de langues vivantes (anglais ou allemand), de mathématiques, de sciences physiques et naturelles (éléments de chimie, de physique, de mécanique, de technologie, d'histoire (notions d'histoire générale, géographie industrielle), de dessin (dessin à main levée, dessin géographique, industriel et d'ornement), de droit usuel. Le nombre des élèves admis chaque année s'élève à environ 130, de façon à former, pour les trois années, un effectif total de 300 élèves.

Un certificat d'apprentissage est délivré aux élèves à la fin de la troisième année; à ceux qui ont satisfait à toutes les épreuves des examens de sortie, la Ville accorde des primes de 300 francs. Au 1er janvier 1889, l'école Diderot comptait, au total, 313 élèves ; le nombre moyen est de 300.

J'ai eu l'occasion de visiter ce bel établissement en compagnie de plusieurs délégués ouvriers étrangers envoyés à Paris pour étudier l'Exposition, et tous m'ont paru émerveillés, non seulement de l'organisation, mais des résultats obtenus comme travail.

L'École Boulle, qui doit son nom à l'artiste ébéniste fameux distingué par Louis XIV, est une école professionnelle d'ameublement[1].

Elle a été provisoirement ouverte, le 1er septembre 1886, dans un immeuble situé 25, rue de Reuilly, où elle est fort à l'étroit; mais elle va être rebâtie sur un terrain situé au 57 de la même rue, dans des proportions plus satisfaisantes.

Le but de l'école est de former des ouvriers habiles et

1. Boulle (Ch.-André), né à Paris en 1642, mort en 1732, a créé un genre d'ébénisterie artistique auquel il a donné son nom. Il fut nommé, par Louis XIV, graveur des sceaux royaux, et logé au Louvre où le roi lui installa des ateliers.

instruits, capables de maintenir les traditions artistiques de *l'industrie de l'ameublement* en France. L'enseignement est professionnel et classique. L'enseignement professionnel comprend les cinq principaux métiers de l'ameublement : l'ébénisterie, la sculpture sur bois, la menuiserie en sièges, la tapisserie. Le programme de l'enseignement classique comprend : la langue française, l'histoire et la géographie, l'arithmétique, la géométrie, la technologie, l'histoire de l'art, le dessin à vue, le modelage et le moulage. Les élèves sont externes. L'enseignement est gratuit et comprend quatre années d'études. L'école reçoit actuellement 101 élèves, il y aura place pour près du double dans la nouvelle installation en voie de construction.

Les travaux des élèves de cet établissement occupaient l'une des trois salles de l'Exposition des écoles professionnelles au pavillon de la Ville de Paris en 1890, et les objets exposés faisaient véritablement honneur aux maîtres de cette jeune école... bien que je soupçonne ces professeurs d'avoir fortement contribué à la fabrication de certains meubles artistiques exposés.

L'École municipale de chimie et de physique industrielles, bien que ne préparant pas, à proprement parler, à des métiers, à des professions manuelles, n'en est pas moins un établissement professionnel.

Elle a été fondée en 1881 et a déjà formé plus de 250 élèves.

Cette école, établie provisoirement rue Lhomond (Ve arrondissement), est destinée à servir de complément aux écoles d'enseignement primaire supérieur, et à fournir aux jeunes gens sortant de ces écoles le moyen d'acquérir des connaissances scientifiques spéciales qui leur permettent d'obtenir dans l'industrie privée des emplois d'ingénieur ou de chimiste, naguère presque exclusivement occupés par des Allemands ou des Suisses.

L'enseignement donné dans cette école est essentiellement pratique. Sa durée est de trois années.

Les élèves de première année suivent en commun des cours de physique et de mécanique, de chimie théorique et pratique et de mathématiques.

Après la première année, les élèves se spécialisent et sont divisés en élèves physiciens et en élèves chimistes.

En deuxième année, les élèves de chaque catégorie, indépendamment des cours spéciaux qu'ils ont à suivre, passent chaque jour un certain nombre d'heures dans les laboratoires pour se livrer aux manipulations.

A partir de la troisième année, ils continuent à suivre un ou deux cours par jour, mais la plus grande partie de leur temps doit être consacrée au laboratoire.

Le nombre des élèves a été fixé à 90. Ils sont admis chaque année au nombre de 30, à la suite d'un concours, et peuvent recevoir une indemnité de 50 francs par mois pendant tout leur séjour à l'école.

Il semble qu'un tel établissement devrait plutôt être entretenu par l'État que par la Ville de Paris, et il paraît assez logique de le demander.

Cependant, il a réussi à créer une émulation bienfaisante entre ses élèves et ceux de l'École centrale et, à ce titre, il a rendu encore de véritables services.

Les jeunes gens formés par cette école sont très recherchés par nos grands établissements tels que : distilleries, teintureries, fabriques de produits chimiques, sucreries, raffineries de sucre, d'huiles, de pétrole, etc., etc.

L'*École Estienne*, de fondation plus récente, est uniquement consacrée aux *industries du livre*. Provisoirement installée dans les bâtiments de l'ancien collège Rollin, on lui bâtit un somptueux palais au boulevard d'Italie et rue de Gentilly, où elle pourra s'organiser définitivement.

Comme pour les autres écoles professionnelles l'enseignement est gratuit. Les élèves, recrutés par la voie du concours, sont externes; mais des bourses de déjeuners et de goûters sont instituées à l'école pour les élèves apprentis.

La durée des études est de quatre ans.

Pendant la première année, comme cela se pratique à l'école Diderot, tous les enfants passent par tous les ateliers de l'école, afin d'avoir une idée d'ensemble exacte de leur profession. Ils sont ensuite répartis, suivant les aptitudes reconnues par le conseil de l'école — et non suivant leur choix — dans les ateliers où ils feront leur apprentissage.

Le concours d'admission comprend trois épreuves écrites : 1° une dictée; 2° deux problèmes d'arithmétique; 3° un dessin d'ornement simple d'après la bosse.

Pour être admis à concourir, l'enfant doit être Français et domicilié à Paris, avoir au moins 12 ans accomplis et n'avoir pas plus de 15 ans à la rentrée des classes. Il doit être pourvu du certificat d'études primaires.

Les enfants dont les familles sont domiciliées dans les communes de la banlieue peuvent être admis à l'École municipale Estienne en raison du rang obtenu par eux au concours, à la condition toutefois que les communes suburbaines auxquelles appartiendront les enfants admis s'engagent à rembourser, pour chaque enfant, une somme annuelle de 200 francs.

Un certificat d'apprentissage est délivré aux élèves à leur

sortie et des primes sont accordées à ceux des apprentis qui ont satisfait à toutes les épreuves des examens de sortie.

Voici le programme de l'enseignement de la première année, celui qui est commun pour tous les élèves et qui résume l'ensemble des études.

Fonderie de caractères. — Premières notions sur les moules à main, les machines à fondre les caractères, la mise en pages.

Typographie. — Notions sommaires sur les caractères, le matériel, la composition, l'impression (fonctionnement des presses à bras), la clicherie, la galvanoplastie.

Brochage. — Reliure. — Dorure. — Papeterie. — Brochage : étude des formats, pliure, glaçage, couture, etc.

Dorure : Premiers éléments de dorure sur tranches, dorure sur cuir au balancier et aux petits fers; marbrure.

Papeterie : Fabrication du papier, réglure, cartonnage, fabrication des registres, comptabilité appliquée à la papeterie.

Gravure sur bois, sur cuivre en creux et en relief et sur pierre. — Dessin et écriture lithographique.

Photographie et procédés. — Opérations photographiques nécessaires pour l'obtention de clichés destinés à la gravure. Photogravure en creux et en relief; phototypie; tirages de ces sortes de travaux.

Écoles Germain-Pilon et Bernard-Palissy.

Ces deux écoles sont plus spécialement des écoles d'art industriel; mais la nature de l'enseignement qu'on y donne et qu'on s'efforce de rendre le plus pratique qu'il se peut, permet cependant de les ranger parmi les écoles professionnelles.

L'école de *dessin pratique* (école Germain-Pilon) a été établie rue Sainte-Élisabeth (IIIᵉ arrondissement).

Les études y conservent un caractère théorique, puisqu'elles né comportent aucune application à la matière même ; mais elles doivent être spécialement dirigées en vue de cette application. L'enseignement, dans cette école, comprend : les mathématiques appliquées, le dessin d'après le relief, la bosse et le modèle vivant, la sculpture et la peinture décoratives, le dessin architectural et l'histoire de l'art, l'histoire et la composition de l'ornement.

La seconde école (école Bernard-Palissy), qui est le complément de la première, a été ouverte rue des Petits-Hôtels (Xᵉ arrondissement). Elle comprend quatre ateliers d'application, destinés : l'un à la céramique, le second à la peinture décorative, le troisième à la sculpture, et le quatrième aux dessins pour étoffes et ameublement. Ces industries sont celles qui sont les plus importantes dans le quartier où l'école est placée, et c'est pour cette raison qu'elles ont été choisies.

Nous avons passé en revue toutes les écoles professionnelles de garçons et nous arrivons aux écoles professionnelles et ménagères de filles.

Les Écoles professionnelles et ménagères.

Rue Fondary, 20.

Le but de cette école est de fournir aux jeunes filles, qui désirent se préparer aux métiers manuels, un enseignement technique approprié à la profession qu'elles veulent embrasser et, à côté de cet enseignement, les compléments d'instruction primaire nécessaires pour qu'elles conservent et augmentent les connaissances générales acquises à l'école primaire.

Outre l'enseignement technique et l'enseignement théorique, les jeunes filles admises à l'école professionnelle de la rue Fondary doivent y trouver un enseignement non moins utile : celui des connaissances nécessaires aux femmes pour tenir un ménage avec ordre et économie.

Les cours d'enseignement général et d'instruction ménagère sont communs à toutes les élèves et obligatoires pour toutes, quelle que soit la profession à laquelle elles se destinent.

Les cours d'instruction générale comprennent les matières du cours supérieur de l'enseignement primaire, c'est-à-dire la langue française (orthographe, rédaction), l'arithmétique, l'histoire et la géographie, auxquelles s'ajoutent la comptabilité, des notions de législation usuelle et le dessin envisagé au point de vue de ses applications industrielles.

Quant à l'instruction ménagère, elle comprend les soins du ménage, la cuisine, le blanchissage et le repassage, la couture usuelle et le raccommodage. Ces exercices pratiques sont complétés par un cours d'hygiène.

Au point de vue professionnel, l'école est divisée en six ateliers répondant aux spécialités suivantes : lingerie, repassage, confection, corsets, fleurs artificielles et broderie pour costumes et ameublement.

Les limites d'âge pour l'admission sont au minimum 13 ans, et 15 ans au maximum, toutes les postulantes doivent avoir leur certificat d'études primaires ou subir un examen d'entrée équivalent.

L'enseignement y est éminemment pratique; ainsi, pour

l'instruction ménagère, les élèves sont, tour à tour, chargées pendant une semaine de tous les travaux relatifs au
ménage ; elles vont acheter les denrées au marché, font la
cuisine, les lavages, etc.

Cette école peut recevoir 180 élèves au maximum.

L'école située 12, rue Bossuet, a remplacé des *ateliers
d'apprentissage* fondés en 1879 et installés provisoirement
79, rue du Faubourg-Saint-Denis à titre d'expérience d'un
enseignement professionnel purement municipal pour les
jeunes filles. Outre les matières réglementaires dans les
écoles communales, l'enseignement de la comptabilité,
d'une langue étrangère, du dessin linéaire et d'ornement,
on y a installé des ateliers pour les fleurs, les plumes, la
lingerie, la confection, la peinture sur porcelaine, faïence,
verre et émaux, éventails et écrans. L'école reçoit actuellement 210 élèves.

L'école professionnelle de la *rue Bouret*, 11, comprend
deux séries de cours : les *cours généraux*, obligatoires pour
toutes les élèves et dont le programme comprend l'instruction primaire, la comptabilité, l'économie domestique, la
coupe et l'assemblage, la gymnastique ; les *cours spéciaux*
répondant à la profession choisie par chaque élève. Les
ateliers sont au nombre de six : couture, corsets, lingerie,
modes, broderies, fleurs. La durée de l'apprentissage est
de trois ans. L'école reçoit 110 élèves.

L'école professionnelle située *rue Ganneron*, 26, était un
établissement libre qu'un arrêté préfectoral du 7 avril 1884
a communalisé. Comme dans les deux écoles ci-dessus, l'enseignement primaire se continue à côté des études tech-

niques, et les apprenties sont de même exercées aux travaux du ménage.

L'école de la rue Ganneron compte dès à présent 155 élèves réparties entre les professions suivantes : peinture sur porcelaine et faïence, broderie pour robes et ameublement ; fleurs et plumes ; confection ; cours commercial pour former des comptables.

L'école professionnelle située *rue de Poitou*, 7, ancienne école libre (fondation Élisa Lemonnier) a été communalisée par une délibération du Conseil municipal du 2 août 1886. Cette école a pour but d'enseigner une profession aux jeunes filles qui y sont admises, tout en leur permettant de compléter les études générales faites à l'école primaire. L'enseignement, comme dans les autres écoles professionnelles, comprend deux séries de cours : les cours d'instruction générale, les *cours généraux* suivis par toutes les élèves et les *cours spéciaux* répondant à la profession choisie par chaque élève. Dans l'école de la rue de Poitou, ces cours sont au nombre de quatre : confection ; broderie pour robes et ameublement ; peinture sur porcelaine, sur faïence, sur éventails ; cours commerciaux comprenant l'étude de deux langues étrangères, l'anglais et l'allemand. La durée de l'apprentissage est de trois ans, sauf en ce qui concerne les cours de peinture et de dessin industriel, pour lesquels quatre années sont nécessaires. L'école reçoit 180 élèves.

Cette dernière école était fort mal installée matériellement ; mais on vient de la reconstruire, et l'aménagement y est maintenant très suffisant.

Enfin, on a ouvert en octobre 1890 une sixième école ménagère dans le XIVᵉ arrondissement, rue de la Tombe-Issoire, 77.

L'ouverture des cours de cette dernière école profession-nelle et ménagère a eu lieu à la rentrée d'octobre 1891.

L'enseignement est gratuit. (Des bourses d'entretien pourront être accordées, après enquête, aux jeunes filles appartenant à des familles nécessiteuses et dont les notes de travail et de conduite seraient satisfaisantes.)

Les élèves sont externes. Elles entrent à l'école à 8 heures du matin et en sortent à 5 heures et demie du soir, tous les jours de la semaine. La durée de l'apprentissage est de trois ans, sauf pour la profession de blanchisseuse-repasseuse qui n'exige qu'un apprentissage de deux années.

Le programme comprend deux séries de cours;

1º Les cours d'enseignement primaire qui ont lieu le ma-tin de 8 heures et demie à 11 heures;

2º Les cours techniques répondant à la profession choisie par l'élève; ils ont lieu de midi et demi à 5 heures et demie.

Les cours suivants : pour couturières, corsetières, blanchis-seuses-repasseuses, sont ouverts depuis la rentrée d'octo-bre 1890. Ceux pour modes, broderie d'ameublement et de confection, confection de vêtements pour enfants, ne seront ouverts que lorsque le nombre des inscriptions sera jugé suffisant.

En dehors de l'enseignement professionnel, il y a, dans cette nouvelle école, des cours généraux qui sont obliga-toires pour toutes les élèves. Ils comprennent : enseigne-ment primaire; notions de comptabilité; dessin; économie domestique; coupe et assemblage; gymnastique.

Un certificat d'apprentissage et des livrets de caisse d'épargne variant de 50 à 200 francs pourront être accordés aux élèves à la fin de la troisième année, lorsque ces jeunes filles auront satisfait à toutes les épreuves des examens de sortie.

Les élèves sont admises à l'école par voie de concours. Les jeunes filles qui veulent se faire inscrire pour ce concours doivent être âgées de 13 ans au moins, et de 15 ans au plus. Toutefois, les élèves pourvues du certificat d'études primaires sont admises dès l'âge de 12 ans.

Comme pour l'école du Livre, les enfants dont les familles sont domiciliées dans la banlieue peuvent être admises à l'école professionnelle en raison du rang obtenu par elles aux concours. Les communes suburbaines auxquelles appartiendraient les enfants admises auraient à rembourser, pour chaque enfant, une somme annuelle de 200 francs.

Il est fort utile de faire connaître ces diverses écoles au grand public et d'encourager les ouvriers à y envoyer leurs enfants.

Les pièces à produire pour l'inscription des élèves sont :

1° Le bulletin de naissance ;

2° Le certificat de vaccination ;

3° Le certificat d'études primaires (pour les jeunes filles ayant moins de 13 ans) ;

4° Un certificat constatant que les parents sont domiciliés à Paris ou dans le département de la Seine ;

5° Une pièce établissant que les parents sont Français.

Nous avons passé en revue tous les établissements scolaires municipaux proprement dits. Nous avons insisté longuement sur cet important sujet, parce qu'il a été reconnu qu'en général la population parisienne n'a pas encore une idée bien nette des divers modes d'instruction et d'éducation mis à sa disposition avec une générosité incompa-

rable par la Ville. Il semble donc que la tâche de la Ville
devrait être terminée. Il n'en est rien. De nombreuses institutions sont entretenues, soit entièrement, soit partielle-
ment, par les subsides votés chaque année par le Conseil
municipal, et forment comme les anneaux de l'œuvre
scolaire de la Ville de Paris. Toutefois, en terminant ce
long exposé, nous exprimerons le vœu que la Ville
augmente, dans une proportion importante, les écoles et
cours d'enseignement commercial secondaire et supérieur.
En France, notre enseignement commercial est loin d'être
à la hauteur de celui de nos voisins[1].

1. Voir à ce sujet l'intéressant ouvrage : *Les attachés commerciaux* de
M. G. CADOUX. Quantin éditeur.

LE HÉRAUT DE FRÉMILT

CHAPITRE V

LES BEAUX-ARTS

Les beaux-arts et la Ville de Paris. — Les achats aux Salons.
Les concours musicaux. — Les publications historiques.

Le rôle de la Ville, en ce qui concerne les beaux-arts comparé à celui de l'État, peut paraître très secondaire. Cependant, Paris doit une grande partie de son charme, de la physionomie spéciale de ses promenades, parcs et jardins, aux efforts faits par le service des beaux-arts, qui se trouve joint à celui des travaux historiques, et qui dépend de la direction de M. Alphand.

Jamais la Ville de Paris n'a ménagé aux artistes sa sympathie ni son appui. On pourra critiquer les commandes faites aux peintres ou aux sculpteurs, découvrir des œuvres faibles parmi celles achetées aux Salons, il n'en est pas moins juste de reconnaître que jamais administration officielle ne s'est plus préoccupée, de bonne foi, d'aider ceux qui cherchent pour les arts des horizons nouveaux, de développer les talents en germe et d'encourager les hardiesses intelligentes.

Voici l'énumération des sommes que, chaque année, le Conseil municipal consacre à ces encouragements :

1° Pour travaux de peinture, sculpture, gravure et médailles et taille-douce, réparations des tapisseries historiques de la Ville, frais divers. . . . . . 200 000 fr.

2° Encouragements aux compositeurs d'œuvres musicales. . . . . 12 000 »

3° Publications historiques relatives à Paris. . . . . 35 000 »

4° Inventaire des œuvres d'art et des richesses artistiques de la capitale. . . . . 7 500 »

Quant à la valeur des œuvres commandées par la Ville, il suffirait de rappeler les deux superbes œuvres : *les Premières funérailles*, de Barrias, et le *Paradis perdu*, de Gautherin, sans parler de l'admirable *Héraut* de Fremiet qui forme au pied de l'escalier d'honneur de l'Hôtel de Ville une si truculente torchère, sans parler non plus des belles œuvres de Léon Comerre, de Paul Baudoin, de Gervex, d'Émile Lévy, de Moreau de Tours, etc., etc., qui figuraient autour des pavillons de la Ville à l'Exposition de 1889, et qui étaient un véritable régal pour les yeux.

A ces différents crédits il convient d'ajouter les sommes

prévues pour les travaux d'art destinés aux grands édifices en construction, tels que l'Hôtel de Ville ; de plus, le service dispose annuellement d'un crédit de 25 000 francs, voté par le Conseil général de la Seine, pour les travaux de même nature qu'on peut avoir à exécuter dans les communes de la banlieue, et d'un crédit, également départemental, de 6 000 francs, pour encouragement aux jeunes artistes sans fortune.

Une commission spéciale, dans laquelle la peinture, la sculpture, l'architecture, la gravure, sont représentées par des artistes éminents, est chargée de donner son avis sur toutes les questions importantes concernant les beaux-arts.

Les efforts pour moderniser la peinture et la sculpture ont trouvé le meilleur accueil à l'Hôtel de Ville de Paris, bien avant d'être acceptés par l'État, et, dans la Notice de la Ville de Paris à l'Exposition d'Amsterdam, il y a huit ans, on ne craignait pas de manifester ainsi cette tendance :

« Auparavant, l'ornementation des édifices religieux était presque exclusivement le but proposé à l'activité artistique. En dehors de certains monuments d'une importance exceptionnelle, dont le nombre était forcément restreint, on n'accordait rien ou presque rien aux édifices civils. La proportion s'est, pour ainsi dire, retournée. On a jugé que, pour les églises suffisamment remplies d'œuvres d'art, on pouvait se restreindre à la conservation des richesses existantes, et que tous les efforts devaient se porter de préférence vers les édifices jusque-là un peu délaissés, maintenant devenus l'objectif et la préoccupation de la société nouvelle : les mairies et les écoles, par exemple.

« En laissant de côté toute autre considération, on peut dire qu'au point de vue esthétique, cette innovation est de la plus grande portée. La répétition éternelle des mêmes sujets rejetait la plupart des artistes dans l'imitation. Avec les traditions entretenues par l'École de Rome, on se tenait trop souvent dans le pastiche, honorable sans doute, mais enfin dans le pastiche des chefs-d'œuvre passés. Les exigences nouvelles ont eu le salutaire résultat d'obliger les concurrents à transformer leurs habitudes, à chercher des idées originales.

Mais un pas de plus a été encore fait tout dernièrement, auquel ne peuvent qu'applaudir tous les esprits indépendants. On lit, en effet, dans le dernier rapport sur l'acquisition par le Conseil municipal de diverses œuvres d'art :

« Votre commission, Messieurs, a été saisie d'une demande de M. Barré, tendant à l'achat d'une pièce d'orfèvrerie en argent doré, presque complètement achevée, consistant en une coupe Renaissance de forme élégante, d'une hauteur de 37 centimètres et finement ciselée. Le prix serait de 8 000 francs.

« Nous vous proposons d'acquérir cette coupe au même titre qu'un tableau ou qu'une statue. C'est là une voie dans laquelle nous estimons que le Conseil municipal doit entrer.

« Les arts décoratifs et appliqués à l'industrie doivent être également l'objet de notre sollicitude. L'art est un. Nous vous proposons d'inscrire un crédit de 4 000 francs comme acompte, sur le budget de cette année. »

Un pareil éclectisme a présidé à l'institution des *Concours musicaux*.

C'est en vertu d'une délibération du Conseil municipal du 9 août 1875, que ces concours ont été institués. Ils ont eu lieu, jusqu'à présent, tous les deux ans. Les concurrents, qui ont une année pour écrire leur œuvre, ont à produire

une symphonie avec soli et chœurs, et l'auteur classe en
première ligne reçoit un prix de 10 000 francs. La composition qui obtient le prix doit être exécutée par les soins de
la Ville, dans les six mois du jugement. Le crédit pour
frais d'exécution et dépenses nécessaire, d'abord fixé à
10 000 francs, a dû être porté à 20 000 francs.

La commission qui élabora le programme constitutif de
ces concours et dans laquelle ont figuré, à côté des représentants de l'administration, des sommités du monde musical, eut pour rapporteur M. Émile Perrin, administrateur
de la Comédie-Française.

Le concours de 1877-78 a fait connaître M. B. Godard, dont
le *Tasse* fut couronné et exécuté à la grande joie des jeunes
musiciens de l'école française.

Le 2e concours attribua le prix à la *Tempête* de M. A. Du-
vernoy. En 1881-82, M. V. d'Indy obtint le prix de la Ville
avec sa curieuse partition *le Chant de la Cloche*, qui fut
extrêmement remarquée.

Le dernier concours n'a pas donné de résultat et la Ville
de Paris va procéder cette année à la réouverture du concours. Elle tente cette fois d'en améliorer les conditions, en
venant en aide au compositeur, souvent embarrassé pour se
procurer un bon livret. En ce moment même, comme
préface du concours musical, elle a ouvert un concours de
livret, afin de pouvoir offrir facultativement, aux artistes
qui le désireraient, un poème permettant, par sa forme, le
développement d'une œuvre musicale complète.

Nous ne nous étendrons pas sur les publications faites
par les soins du service des travaux historiques qui n'inté-
ressent guère que les érudits; mais nous tenons cependant
à signaler aux bibliophiles parisiens l'Histoire de Paris à
l'époque de la Révolution.

Le centenaire de 1789 a appelé naturellement l'attention du Conseil municipal sur l'intérêt qu'il y avait à créer une publication spéciale destinée à recueillir les documents épars sur la participation de la Ville de Paris aux événements de la grande Révolution. Aussi, dans le courant de 1887, le Conseil décida-t-il qu'il serait entrepris, sur cette période de notre histoire, une collection dans le format grand in-8. L'impression et la publication ont été confiées à l'industrie privée représentée par les trois maisons Jouaust, Quantin et Noblet, sous réserve d'une souscription de la Ville destinée à couvrir une partie des frais et à permettre la vente des ouvrages publiés à prix réduits. Toutefois, la Ville ne se désintéresse pas de l'édition entreprise sous son patronage et c'est le service historique, avec le concours d'une commission municipale, qui détermine l'adoption des sujets, le choix des auteurs et la réception des manuscrits.

Ont déjà paru :

I. *Les Cahiers et les élections de Paris en* 1789, par Ch. Chassin, 4 volumes.

II. *L'État de Paris en* 1789, par H. Monin, 1 volume.

III. *La Société des Jacobins*, recueil de documents pour l'histoire du Club des Jacobins, par F.-A. Aulard, 1 volume.

IV. *Les Élections de Paris de* 1792 *à* 1800. Députés de Paris de 1792 à 1800, par Étienne Charavay, 1 vol.

Enfin il faut encore dire que de nombreuses souscriptions sont accordées chaque année aux ouvrages intéressants, aux livres d'art publiés par nos grandes maisons d'édition.

LE MARCHÉ AUX BESTIAUX DE LA VILLETTE

CHAPITRE VI

L'APPROVISIONNEMENT

Les Halles et marchés de Paris. — Ce que vendent annuellement les Halles centrales. — D'où viennent les denrées. — Les abattoirs. — Le marché aux bestiaux. — Les entrepôts. — Le pain.

L'ALIMENTATION DE PARIS

LES HALLES, MARCHÉS, ABATTOIRS ET ENTREPOTS

Le problème sans cesse renaissant d'amener en temps utile, souvent de fort loin, toutes les denrées nécessaires à la nourriture de la population de Paris — bêtes et gens — est des plus délicats, et bien peu de Parisiens en soupçonnent la difficulté.

La Ville a, pour organiser l'approvisionnement, un service distinct qui s'occupe de la gestion de tous les établissements municipaux : halles, marchés, abattoirs, entrepôts, etc.

La plupart de ces établissements sont gérés directement

par la Ville; les autres sont concédés à des particuliers
pour une durée et à des conditions déterminées par des
traités.

I

Les Halles.

L'origine des Halles actuelles remonte au milieu du
XIIᵉ siècle.

En 1137, Louis VI acheta, du prieuré de Saint-Denis de
la Châtre, un terrain appelé, « les Champeaux », et y installa un marché au blé autour duquel vinrent se grouper
peu à peu plusieurs autres marchés. La réunion de ces
marchés fut dénommée « les Halles ».

Successivement agrandies et augmentées par Philippe-
Auguste, Louis IX et Philippe le Hardi, les Halles ne furent
achevées qu'en 1320.

Elles furent reconstruites une première fois de 1543 à 1572,
car l'augmentation incessante et quelquefois très rapide de
la population obligeait à créer de nouveaux emplacements
pour les marchands, bouchers, cultivateurs, qui approvi-
sionnaient la capitale.

Les Halles étant de nouveau reconnues insuffisantes, Napoléon fit étudier un projet de reconstruction en 1811. Ce
projet, qui ne reçut aucun commencement d'exécution, fut
repris en 1852. Après diverses modifications, on commença
les constructions sur les plans de Baltard, en 1854.

Les pavillons VII, VIII, IX, X, XI et XII ont été achevés en
1857; les pavillons III, IV, V et VI ne l'ont été qu'en 1868.

Deux demi-pavillons, à façade curviligne, englobant la
Bourse du commerce et portant les numéros I et II, doivent

compléter le groupe des Halles, mais la construction en a été différée jusqu'à ce jour.

Cependant il avait été convenu qu'on profiterait de la transformation de la Halle aux blés en Bourse du commerce pour édifier ces deux pavillons. Mais les dépenses de l'opération ayant été de plus du double des évaluations, on n'a encore pu terminer les Halles centrales.

Dans l'état actuel, les Halles occupent une superficie abritée de. . . . . 36 842 mètres.
et une superficie découverte, affectée à la tenue du carreau forain de. . . . . . 12 968 —
Soit ensemble la surface énorme de. . . 49 810 —

Il est intéressant de montrer la quantité incroyable des denrées vendues aux Halles centrales, quantité qui ne représente cependant qu'une fraction de la consommation totale de Paris, car un certain nombre de marchés de quartiers sont approvisionnés directement par les cultivateurs des environs de Paris et par les envois de province.

Voici l'état récapitulatif pour les années 1888, 1889 et 1890.

NUMÉROS DES PAVILLONS.	NATURE DES DENRÉES.	QUANTITÉS POUR		
		1889	1890	1892
3 et 5	Viandes.	46 958 533 kil.	47 177 376 kil.	43 095 901k,3
4	Volaille et gibier. . .	22 798 781 —	22 274 428 —	22 823 573 —
5	Triperie.	1 717 802 lots.	1 578 077 lots.	1 995 981 lots
6	Fruits et légumes. . .	15 634 935 kil.	12 110 475 kil.	12 083 465 kil
	Grains et farines. . .	12 381 020 —	715 640 —	741 920 —
9	Poissons	25 802 406 —	24 611 348 —	24 980 712 —
	Moules et coquillages.	6 372 280 —	5 882 580 —	6 143 630 —
10	Beurre	12 243 422 —	12 151 864 —	11 341 737 —
	Œufs	16 002 539 —	15 018 280 —	16 031 401 —
12	Fromages.	7 272 006 —	7 660 705 —	7 716 875 —
	Huîtres	316 837 c.	315 038 c.	328 670 c

Les quantités de viandes vendues à l'amiable par les facteurs et commissionnaires, dans les deux pavillons, se sont élevées à 39 554 395 kilog. en 1892.

Celles vendues à la criée, à 3 541 505 kilog. en 1892.

L'extension prise par la vente à l'amiable s'explique par l'intérêt qu'ont les restaurateurs et les grands établissements particuliers, collèges, pensions, magasins, à faire leurs achats sans attendre la mise aux enchères des lots qui peuvent être à leur convenance et à des prix de beaucoup inférieurs à ceux des bouchers en boutiques.

Le produit des droits d'abri, qui n'était en 1872 que de 366 000 francs s'est élevé en 1888, à 977 000 francs, à 1 084 000 francs en 1890, et a été évalué en 1893 à 900 000 francs. Cette diminution provient de la suppression des expéditions de viande de moutons étrangers.

L'étranger envoie beaucoup de denrées à Paris.

Les bestiaux français ont, depuis quelques années, à subir la concurrence des viandes expédiées d'Allemagne, de Suisse, d'Autriche et même d'Amérique et d'Australie, sans parler des moutons d'Algérie et de Tunisie.

La Suisse et l'Allemagne envoient même des troupeaux considérables de moutons au marché de la Villette.

Les quantités de viande de provenance étrangère introduites sur les marchés des Halles ont presque doublé en 1888 et ont encore augmenté en 1889. Cette augmentation est due presque en entier aux expéditions d'Allemagne et d'Autriche-Hongrie. Les moutons vivants, d'après la nouvelle taxe douanière, étant frappés, à l'entrée en France, d'un droit de 5 francs par tête, alors que la viande abattue n'acquitte qu'un droit de 3 francs par 100 kilogrammes, les expéditeurs ont tout intérêt à les faire abattre avant qu'ils n'aient passé la frontière et à les expédier dans des wagons réfrigérants dans lesquels ils arrivent en assez bon état pour être vendus à des prix rémunérateurs.

Pendant l'année 1886, il n'avait été ainsi importé que 22 000 moutons, pesant ensemble 401 000 kilogrammes. En 1887, le chiffre des expéditions s'est élevé à 84 625 moutons pesant 1 622 871^k,8, et en 1891, 814 630 moutons pesant 15 477 970 kilog.

Depuis les tarifs de 1891, les importations de viandes de moutons ont presque cessé et ont été remplacées par des importations de moutons allemands et autrichiens.

Les aloyaux et quartiers de bœuf provenant des divers cantons de la Suisse sont toujours de premier choix et se vendent à des cours assez élevés ; mais les arrivages ont diminué des trois quarts depuis 6 ans. Le total des expéditions, qui était de 1 550 000 kilogrammes en 1886, est tombé à 1 061 221^k,9 en 1887, et à 434 231 kilog. en 1892.

Les essais d'importation de moutons et viandes congelées de la Nouvelle-Zélande et de l'Australie paraissent abandonnés pour l'instant. Il n'a été vendu aux Halles, en 1888, que 4 810^k, 2 de cette viande de mouton ; mais on a, par contre, perfectionné le matériel usité pour l'envoi des viandes d'Allemagne et d'Autriche, lesquelles arrivent à Paris en wagons-glacières où les quartiers de bœuf, les moutons et les veaux peuvent facilement se conserver 5, 6 et même 8 jours.

La volaille et le gibier règnent au pavillon IV. Là se vendent les grands et mauvais lièvres d'Allemagne, les pigeons, pintades et dindons que nous expédient les Italiens ; mais le gibier français et nos excellentes volailles sont de beaucoup plus recherchés ; le gibier atteint, en moyenne, les prix suivants : lièvre, à l'ouverture de la chasse, 12 francs et

14 francs; perdreau, 3 fr. 50 à 5 francs; faisan, de 4 à
5 fr. 50 ; alouettes, 1 fr. 75 à 4 francs la douzaine.

Pour le *gibier*, on remarque que depuis 1888 les envois
de l'étranger sont moins abondants. L'Italie envoie surtout
des perdrix, des grives, des cailles et des faisans ; l'Espagne,
des perdrix rouges, des cailles, des alouettes, des faisans,
des bécasses, des cerfs et des chevreuils ; les sarcelles et les
coqs de bruyère viennent d'Écosse et d'Angleterre pour la
majeure partie, et la Russie expédie de plus en plus des
lièvres blancs, des lagopèdes, des coqs de bruyère. Elle nous
envoie aussi des ours, des cerfs et même des rennes. Ces
dernières grosses pièces de venaison viennent également
de la Suède.

Les *primeurs* sont envoyées du midi de la France, de l'Algérie et surtout d'Espagne, d'où l'on expédie des quantités
énormes de raisins et de mandarines. Un fait qui pourra
étonner grandement nos lecteurs, c'est qu'une partie du
raisin blanc le plus délicat vendu, soit au début, soit à la fin
de la saison, vient du département du Nord et de la Belgique, où il est produit en quelque sorte *industriellement*
dans d'immenses serres chaudes. Il paraît que cette industrie, bien fin de siècle, si elle exige une mise de fonds considérable, est très rémunératrice.

Si nous examinons quels sont les *poissons* que les pêcheurs
et les mareyeurs de nos ports français et des ports belges
envoient au pavillon IX, où se vend la marée et le poisson
d'eau douce, nous verrons que c'est le hareng qui contribue
le plus à l'approvisionnement du marché. Les apports de
ce poisson ont souvent représenté, à l'époque où il abonde
le plus, c'est-à-dire, en novembre et en décembre, les deux

tiers des arrivages. Ce sont ensuite le maquereau et le merlan qui donnent lieu aux arrivages les plus importants; ce dernier est expédié en grande quantité de Bretagne, du port de Douarnenez; il en arrive également de Berck et de Gravelines. Après ces trois espèces viennent le congre, la raie, le cabillaud, le grondin, le carrelet, la limande, la sole, la langouste et le homard, amenés en abondance sur le marché.

Le poisson d'eau douce est en moyenne assez abondant, mais il a subi une légère diminution par suite de la rareté du saumon et de la truite, qui se sont tenus à des prix très élevés. Pour la première fois, en 1888, des crevettes vivantes sont arrivées aux Halles; elles ont été très recherchées et arrivent régulièrement depuis cette époque.

Enfin, l'on a constaté que, chaque année, il n'est pas envoyé moins de 8 millions de kilogrammes d'huîtres à Paris, et les arrivages sont en progression constante.

On peut estimer à un dixième la proportion des envois de poissons des ports étrangers.

Les beurres, fromages et œufs forment une partie importante du trafic des Halles et sont vendus au pavillon X.

Jusqu'en 1888, l'Italie du Nord envoyait à Paris près du quart du beurre vendu aux Halles; mais la rupture du traité de commerce et surtout la formation de laiteries coopératives dans les centres producteurs français a augmenté considérablement les apports de beurres français.

Le matériel perfectionné employé pour ces laiteries leur permet de produire à peu de frais du beurre dont la qualité est considérée comme supérieure à celle des beurres de Gournay. Ces conditions avantageuses permettent aux laicries coopératives de supporter mieux que les expéditeurs particuliers l'avilissement du prix de vente et expliquent l'extension prise par ce commerce. Cependant les apports des beurres de premier choix, comme ceux d'Isigny et de Gournay, ont diminué; les exportateurs de la Manche et du Calvados les achètent pour l'Angleterre à des prix supérieurs à ceux qui sont offerts sur le marché de Paris. Les arrivages de Suisse ou de Bretagne, *que l'on supposait margarinés*, ont aussi baissé; en ce qui concerne ces derniers, la diminution est attribuée à la crainte qu'inspire l'application du décret du 8 mai 1888 autorisant les employés des contributions indirectes et de l'octroi à prélever des échantillons des beurres exposés en vente afin d'en vérifier la pureté, et obligeant les expéditeurs à indiquer sur les colis la provenance et la nature du beurre.

L'Italie qui avait envoyé 35 185 kilogrammes de beurres en 1887, a presque complètement cessé ses expéditions.

LE CARREAU

En dehors du commerce qui se fait sous les *pavillons*, une partie du trafic de gros a lieu sur le CARREAU DES HALLES.

On comprend sous cette dénomination : 1° les espaces découverts, tels que rues, places, carrefours, etc., situés autour des Halles; 2° les voies couvertes séparant les pavillons.

Les approvisionneurs ordinaires de ce marché sont les jardiniers-maraîchers et horticulteurs de Paris et de la banlieue qui y apportent, les premiers, leurs primeurs, les seconds, leurs roses, lilas et autres plantes de serre chaude. Viennent ensuite les cultivateurs de Seine-et-Oise, et même d'un rayon plus étendu, qui alimentent le marché de gros légumes, choux, carottes, etc., de fruits rouges, fraises, cerisés, groseillés, etc., et surtout de produits spéciaux de chaque pays, tels que les artichauts de Gonesse, les potirons de Montlhéry, etc. Enfin, c'est encore au carreau que se vendent les raisins de Thomery, les fleurs des Alpes-Maritimes, du Var, etc.

Le marché des revendeurs ou maraîchers abonnés contient 1 509 places : 1 409 sont réservées aux jardiniers maraîchers, 32 aux horticulteurs, et 68 aux marchands de cresson.

A certaines époques, les files de paniers s'étendent fort loin dans les rues Montmartre et des *Petits-Carreaux*. Cette dernière tire précisément son nom de sa proximité des Halles. Nous avons vu, à la saison des fraises, des marchands installés jusqu'à la hauteur de la rue d'Aboukir. C'est un spectacle charmant et curieux, qui vaut certainement la peine que vous aurez, ami lecteur, à aller vers sept heures flâner autour des Halles.

En dehors des Halles, grand marché central, Paris est approvisionné par les marchés de quartier. Ils sont au nombre de 66, répartis de la manière suivante :

Marchés alimentaires couverts[1], régis par la Ville. . . . 12
Marchés alimentaires couverts, concédés à des particuliers. 21
Marchés particuliers existant en vertu d'autorisations antérieures à la loi du 12-20 août 1790 3
Marché couvert à la friperie, concédé à une compagnie particulière (Temple). 1
Marchés alimentaires découverts, régis par la Ville[2]. . . 17
Marchés aux fleurs découverts, régis par la Ville. . . . 10
Marché au vieux linge découvert, régi par la Ville. . . 1
Marché aux oiseaux découvert, régi par la Ville.. . . . 1

ENSEMBLE. 66

1. Pourvus d'abris fixes permanents dans le genre des Halles.
2. Sans tentes d'abris ou pourvus d'abris temporaires.

Nous n'avons pas compris dans ce relevé certains marchés spéciaux, tels que les marchés aux bestiaux, aux chevaux, aux chiens, aux fourrages, la foire aux jambons et au pain d'épice, etc.

LE MARCHÉ AUX BESTIAUX ET LES ABATTOIRS

Si les Halles, le matin, de 6 heures à 9 heures, offrent un spectacle des plus animés, le marché aux bestiaux et l'abattoir de la Villette ne sont pas moins intéressants ni moins pittoresques.

L'abattoir de la Villette a été ouvert le 1er janvier 1867. Il est situé entre la rue de Flandre, où se trouve l'entrée principale, le boulevard Macdonald, qui longe les fortifications ; le canal de l'Ourcq, qui le sépare du marché aux bestiaux et le canal de Saint-Denis. Cet établissement comporte 187 échaudoirs, avec cours de travail, occupés par 324 bouchers et 21 charcutiers.

Des cours et des étables pouvant contenir 2 947 têtes de gros bétail, 1 500 veaux, 9 725 moutons et 2 200 porcs.

Un atelier de triperie pour la cuisson des pieds et des caillettes de mouton, et un atelier pour l'échaudage des têtes et pieds de veau, dont l'exploitation est concédée à des particuliers par voie d'adjudication.

Divers autres locaux loués à des boyaudiers et à des fabricants d'albumine, d'engrais et de cuirs verts.

Il a été abattu dans l'abattoir de la Villette, pendant l'année 1892, 189 507 bœufs et taureaux, 52 924 vaches, 1 512 401 moutons et 191 931 porcs.

Trois autres abattoirs, dits de Grenelle, de Villejuif et des Fourneaux, sont encore en excercice ; mais la construction

d'un abattoir unique sur la rive gauche est décidée et permettra de faire disparaître ces trois derniers établissements
qui, placés au centre d'agglomérations importantes, présentent de graves inconvénients.

Peut-être eût-il mieux valu, la place ne faisant nullement
défaut à la Villette, achever et réorganiser ce magnifique
abattoir que d'aller créer à grands frais, sur la rive gauche,
un établissement qui sera longtemps avant d'avoir une clientèle suffisante.

Mais la décision est maintenant prise; attendons les résultats.

Comme l'abattoir de la Villette auquel il est contigu, le
Marché aux bestiaux a été ouvert le 1er janvier 1867.

Il occupe un emplacement compris entre le dépotoir,
la rue du Hainaut, la rue d'Allemagne, où est placée la
porte d'entrée, le boulevard Sérurier qui longe les fortifications et le canal de l'Ourcq; il se compose de trois
grandes halles couvertes, d'étables et de bâtiments d'administration.

La première halle peut contenir 5 158 têtes de bétail, la
seconde 27 206, la troisième 2 240 veaux et 5 715 porcs. Le
marché des vaches laitières peut recevoir 227 animaux.

Au nord-ouest et à l'ouest du marché, se trouvent des
bouveries, des porcheries, des bergeries et des étables à
veaux pour l'hébergement des animaux invendus d'un
marché à l'autre. Ces étables peuvent contenir 2 940 bœufs
et vaches, 120 taureaux, 700 veaux, 6 480 moutons et
1 220 porcs.

Le marché aux bestiaux est ouvert tous les jours, excepté
le dimanche; mais les ventes n'ont une sérieuse importance
que deux jours par semaine, le lundi et le jeudi, et nous en-

gageons les amateurs de pittoresque à s'y rendre ces
jours-là.

Depuis le 1er mai 1888, fonctionne un service spécial de
nettoiement et de désinfection qui a donné les meilleurs
résultats. On sait de quelle importance est la bonne tenue
des étables et marchés où d'importants troupeaux séjournent. La fièvre aphteuse, la clavelée et d'autres maladies
non moins graves peuvent être transmises à des milliers
d'animaux si les marchés ne sont pas très minutieusement
assainis chaque jour.

II

Les Entrepôts de Liquides.

Nous venons de voir par quels moyens on nous pourvoit
de viande, de légumes, de fruits, de poissons. Mais il ne
suffit pas d'assurer le manger ; le boire tient à Paris une
large place et il fallait mettre à même les innombrables
marchands de vins, cafetiers et brasseurs de remplir in-
stantanément leurs caves. Les *entrepôts* ont été chargés
d'assurer ce service.

Le principal des entrepôts de liquides est celui de Bercy ;
le deuxième entrepôt, moins important, est au quai Saint-
Bernard, à côté du Jardin-des-Plantes.

On a beaucoup plaisanté sur les vins de Bercy ; on a pré-
tendu que le raisin en était généralement absent et remplacé par des produits chimiques plus ou moins dangereux.

La vérité est que les vins vendus à Bercy peuvent — dans
les qualités inférieures — ne pas être autre chose qu'un habile mélange de vins naturels et de raisin sec ; mais il y a

encore à Bercy d'excellentes maisons où l'on trouve des assortiments remarquables de nos bons vins de France et de l'étranger, à condition d'y mettre le prix. Cependant le gros du commerce de Bercy porte sur les coupages. Or, les vins de coupage, c'est-à-dire ceux composés, par exemple, de gros vins du Midi et de petits vins clairets de Bourgogne et du Cher constituent une excellente boisson, absolument naturelle. Bien des Parisiens qui font venir leur vin de soi-disant « châteaux » du Bordelais ou de crus plus ou moins classés ou authentiques de Bourgogne, risquent d'absorber des mélanges moins honnêtes et plus adultérés. La foi seule les leur fait souvent trouver meilleurs.

Au surplus, on commence à revenir un peu de ce préjugé contre lequel les négociants de Bercy et de l'entrepôt Saint-Bernard auront encore à lutter bien longtemps.

On va voir que, nonobstant, leurs affaires ont une importance considérable et se chiffrent par millions de francs.

L'entrepôt de Bercy se compose actuellement de deux groupes occupant une superficie totale de 427 400 mètres, comprise entre le boulevard de Bercy, la rue de Nicolaï et les caves du chemin de fer de Lyon, d'une part, le quai et la rue de Bercy, d'autre part. Cette superficie se répartit ainsi :

Magasins et caves.	146 477	mètres.
Cours et terrains nus.	46 504	—
Bâtiments affectés à des services divers. .	234 419	—
	427 400	—

En 1882, des caves construites sur la partie de la berge de la Seine annexée à l'entrepôt ont été livrées au commerce. Par suite de cette adjonction, la superficie logeable de l'entrepôt a été portée à $155\,152^{m},45$.

Les quantités de boissons introduites à Paris au cours

8

de la période quinquennale de 1883-1887 représentent
22 332 970 hectolitres pour les vins, 1 407 000 hectolitres
pour la bière, 1 181 523 hectolitres pour le cidre, poiré, hy-
dromel, etc.

Depuis 1881, les introductions de vins et de bières sont en
diminution constante. Le chiffre de 1888, bien qu'en légère
augmentation sur celui de 1887, est encore inférieur de
2 p. 100 à la moyenne des cinq années précédentes. Nous
mettons naturellement à part l'année 1889 qui a donné lieu
à une consommation exceptionnelle à cause de l'Exposition.
Les cidres, poirés et hydromels, au contraire, sont en augmentation ; mais les quantités de ces boissons sont trop res-
treintes pour influencer sensiblement le total des introductions.

Beaucoup de nos lecteurs seront fort surpris d'apprendre
qu'on consomme toujours l'antique boisson gauloise, l'hy-
dromel ; il nous a fallu le sérieux des statistiques officielles
pour nous en convaincre nous-mêmes.

III

Le Pain.

De 1801 à 1823, le prix de vente du pain a été déterminé
par une taxe officielle publiée à des intervalles irréguliers.
A partir du 1er juillet 1823, cette taxe devint périodique et
fut établie par quinzaine. Plus tard, la liberté du commerce de la boulangerie ayant été décrétée, à partir du 1er septembre 1883, la taxe officielle fut remplacée par une taxe officieuse, publiée à titre de renseignement. A diverses reprises,
et en dernier lieu en 1885, la base d'évaluation a été rema-

niée afin de tenir compte des modifications survenues dans les conditions d'existence du commerce de la boulangerie.

Actuellement, l'évaluation officieuse du prix du pain est calculée d'après les prix des farines de la dernière quinzaine constatés quotidiennement. La farine type est considérée comme farine d'un mélange composé de 1/10 en farines supérieures, 2/10 en farines de Corbeil, 2/10 en farines de bonnes marques, 3/10 en farines ordinaires, 2/10 en farine douze marques. Le prix moyen de la quinzaine est majoré par quintal de 12 fr. 223 pour frais de panification. On estime à 130 kilog. le rendement d'un quintal de farine en pain de première qualité, la seule que l'on consomme à Paris.

Le prix de vente moyen de 2 kilog. de pain (le pain de 4 livres sert de base traditionnelle) qui, en 1885, avait été à Paris de 70°,26, en 1866 de 71°,93, en 1887 de 76°,95, s'est élevé à 77°,91 pendant l'année 1888.

Des différences marquées dans les prix de vente du pain se produisent dans les divers quartiers de Paris, suivant la clientèle desservie par les boulangers : dans les quartiers riches, ces prix ont atteint 85 cent., et, dans d'autres quartiers où la consommation est plus considérable, notamment dans ceux de Sainte-Marguerite (XIe arrondissement), la Villette (XIXe arrondissement) et Saint-Fargeau (XXe arrondissement), ils sont descendus à 55 cent. pendant le mois de juin dernier.

Le prix du pain ne dépend pas absolument des boulangers, qui, la plupart, sont entre les mains de la grande meunerie et des gros spéculateurs et ne sont pas à même de profiter des cours en baisse pour leurs approvisionnements.

L'augmentation du prix du pain correspond à une égale augmentation du prix des farines, et la taxe officieuse établie deux fois par mois par la préfecture de la Seine a donné, pour l'année 1888, une moyenne de 73°,04 par 2 kilog. de pain de première qualité, tandis qu'en 1887, le prix moyen ne ressortait qu'à 70°,30.

Le nombre des boulangers de Paris, qui était de 1 798 au 31 décembre 1887, se trouvait de 1 799 au 31 décembre 1888 et de 1 798 en 1890. Il semble à peu près invariable.

D'après une enquête faite par la commission municipale de ravitaillement, il a été évalué que le stock de farine habituellement entre les mains de la boulangerie parisienne ne dépassait pas dix jours d'approvisionnement normal. Il y a là un danger réel pour un centre appelé à jouer un rôle prépondérant en cas de guerre. Aussi une loi vient-elle d'édicter des mesures pour obvier à cet inconvénient.

IV

Consommation de Paris.

Chaque année, le bureau de l'approvisionnement publie un rapport sur les opérations effectuées dans les halles, marchés, abattoirs et autres établissements d'alimentation. Ce rapport indique les quantités des diverses denrées et des animaux de consommation introduits tant dans Paris que dans les marchés et abattoirs, les droits perçus par la Ville et la comparaison de ces résultats avec ceux des années précédentes.

Le tableau suivant chiffre la consommation d'un habitant de Paris en denrées alimentaires pendant les années 1881, 1887, 1888, 1889 et 1890 à l'exception des fruits et légumes, dont la quantité ne peut être déterminée, même approximativement.

NATURE DES DENRÉES.	CONSOMMATION D'UN HABITANT				
	en 1881 (2,269,023 hab.).	en 1887 (2,344,550 hab.).	en 1888 (2,344,550 hab.).	en 1889	en 1890 (2,447,957 hab.).
	kil. gr.	kil. gr.	kil. gr.	kil. gr.	kil. gr.
Pain	146 »	148 »	147 »	140 »	146 »
Poisson.	12 223	13 744	13 224	13 723	13 006
Huitres.	2 295	3 322	3 341	4 056	4 088
Volaille et gibier. . .	10 699	11 216	10 501	11 788	11 472
Viande de boucherie.	67 777	67 109	68 113	71 167	64 876
Viande de porc. . . .	9 573	10 304	10 520	11 414	10 745
Beurre.	7 462	7 677	8 028	8 513	8 501
Sel gris ou blanc. . .	6 341	7 086	7 081	7 954	7 302
Fromages secs. . . .	2 217	2 270	2 295	2 558	2 275
Œufs. { kilogrammes.	8 904	9 130	9 157	9 716	9 520
Œufs. { nombre. . . .	178 œufs.	182 œufs.	183 œufs.	194 œufs	190 œufs.
	lit. cent.	lit. cent.	lit. cent.	lit. cent.	lit. cent
Vin.	223 »	182 »	186 »	302 97	203 62
Cidre, poiré, hydromel.	2 48	7 49	7 62	7 72	3 04
Bière.	13 26	11 22	11 17	15 06	11 67

La consommation du pain est sensiblement égale.

Pour la consommation de la viande, les quantités rele-
vées par l'octroi s'élèvent, pour une période de cinq années,
1883-1887, à 900 373 186 kilog. La consommation est en
augmentation de plus de 5 p. 100 sur la moyenne des cinq
années précédentes. Cette [augmentation porte entièrement
sur la viande de boucherie. On relève, au contraire, une
légère diminution sur les viandes de porc et de cheval dont
la consommation s'est ressentie, dans ces dernières années,
de l'abondance des apports de viande de boucherie et notamment des viandes envoyées d'Allemagne et d'Amérique et
conservées par le froid.

DÉPOT DE LA PRÉFECTURE DE POLICE

CHAPITRE VII

LA SÉCURITÉ

Ce chapitre est consacré à tout ce qui concerne la protection des gens et des choses et la répression dans Paris;

il embrasse le rôle entier de la police dans la capitale.

Tous les services que nous allons étudier successivement dépendent de la *Préfecture de police* qui, en somme, a deux missions bien distinctes : l'une toute de protection, l'autre de répression.

Sa mission de protection, la plus importante au point de vue humanitaire et social, est assurée par tous les services qui se rapportent à l'hygiène, à la salubrité, aux secours publics, etc. Dans la plupart des cas, à la vérité, son rôle n'est que préventif; elle ordonne seulement les précautions nécessaires pour éviter les accidents et indique les moyens d'y remédier, s'ils viennent [à se produire; mais ses prescriptions ont cependant une sanction; ce sont les peines portées par les lois, si ses ordonnances n'ont pas été exécutées. Depuis longtemps, dans ces services de protection, la Préfecture, secondée en cela par le Conseil municipal, s'est tenue au courant du progrès; elle a modifié, au fur et à mesure des progrès de la science, ses méthodes d'investigation et de préservation. C'est ainsi qu'a été institué le laboratoire municipal et qu'ont été établies les voitures pour le transport des malades atteints d'affections contagieuses, les étuves à désinfection, etc.

Dans la seconde partie, mission de répression, sont compris le service judiciaire, les prisons, les dépôts de mendicité, le service de l'identification (photographie et anthropométrie).

Au premier de ces deux groupes se rattachent les sapeurs-pompiers, le laboratoire municipal, l'inspection de la boucherie, les secours publics, le service des épidémies, l'inspection sanitaire des logements loués en garni, l'inspection des enfants employés dans l'industrie, le service de la navigation et des ports.

Au second se rattachent le service d'identification, la maison de Nanterre et le dépôt de mendicité de Villers-Cotterets.

Nous n'avons pas l'intention d'entrer dans tous les détails des services si compliqués de la Préfecture de police ; notre cadre est beaucoup trop restreint pour un tel exposé qui, du reste, intéresserait peu le lecteur.

Nous nous contenterons d'indiquer les principaux rouages de cette vaste administration en insistant plus particulièrement sur ceux avec lesquels le public se trouve le plus fréquemment en rapport.

I

LA PRÉFECTURE DE POLICE

La Préfecture de police se divise en deux branches bien distinctes :

1° Un service sédentaire : le *cabinet du préfet* et les *bureaux*.

2° Un service actif : les *commissariats*, la *police municipale*, les brigades *dites de recherches*, la *sûreté*, etc.

Cabinet du Préfet.

Autour du préfet se groupe le personnel de son cabinet qui est divisé en trois bureaux ayant des attributions différentes :

1er *bureau :* S'occupe principalement des Affaires politiques, de la Presse, des Étrangers, des Manifestations, et des Élections.

2ᵉ *bureau* : Des Théâtres et des Jeux.

3ᵉ *bureau* : Des Mesures d'ordre à l'occasion des fêtes, revues, courses, des cercles, de l'affichage et du colportage.

LES BUREAUX

Les bureaux sont placés sous l'autorité d'un secrétaire général qui a rang de préfet de 1ʳᵉ classe.

Ce fonctionnaire est chargé spécialement de la direction du personnel et des services de la comptabilité et des archives.

Les bureaux comprennent deux divisions qui se subdivisent elles-mêmes en divers bureaux et sections.

Nous ne nous étendrons pas longuement sur les diverses attributions des bureaux, l'énumération ci-dessous est largement suffisante pour guider le public et lui éviter des pertes de temps considérables.

1ʳᵉ DIVISION

1ᵉʳ *bureau* : Inculpés libres. — Maisons de jeu. — Bureaux de placement. — Sommiers judiciaires.

2ᵉ *bureau* : Inculpés détenus. — Réhabilitation. — Prostitution.

3ᵉ et 4ᵉ *bureaux* : Prisons. — Passeports. — Permis de chasse. — Livrets d'ouvriers. — Commissionnaires. — Brocanteurs.

5ᵉ *bureau* : Aliénés. — Enfants assistés et moralement abandonnés.

2ᵉ DIVISION

1ᵉʳ *bureau* : Approvisionnement. — Navigation. — Poids et mesures. — Bourse. — Débits de vins.

2ᵉ *bureau* : Échafaudages. — Vidanges. — Petite voirie. — Étalages.

~3ᵉ *bureau :* Voitures. — Cochers. — Incendies. — Travaux de voie publique.

4ᵉ *bureau :* Salubrité. — Secours publics.

Personnel : Médailles d'honneur. — Règlements du service. — Légion d'honneur. — Chancelleries étrangères.

Comptabilité : Budget. — Dépenses, etc.

Matériel : Adjudications, entretien des bâtiments et du matériel. — Équipement. — Habillement.

Archives : Arrêtés, décrets, ordonnances.

Ces différents bureaux occupent plus de 350 commis, sous-chefs et chefs de bureau.

Passons maintenant aux services actifs de la Préfecture qui touchent directement la population.

La Police municipale.

C'est la partie militaire de la Préfecture de police. A la tête de cet important service dont le budget s'élève à un chiffre considérable, est placé un fonctionnaire qui porte le titre de chef de la police municipale.

Sous ses ordres se trouvent 2 chefs des bureaux de la police municipale, 2 inspecteurs divisionnaires, 26 officiers de paix et plus de 7000 brigadiers, sous-brigadiers et gardiens de la paix.

Pour les besoins du service, ce nombreux personnel se divise :

1° En *six brigades centrales* dont les quatre premières sont chargées spécialement de la surveillance des théâtres et des courses ainsi que des renforts à fournir aux brigades d'arrondissement en cas de besoin.

La cinquième brigade s'occupe spécialement de la circulation des voitures ; les agents que nous voyons aux grands carrefours de Paris en font partie.

La sixième brigade s'occupe uniquement des Halles et des marchés ; elle est chargée de mettre l'ordre dans les arrivages de marchandises et dans le grand nombre des voitures qui s'y rendent chaque jour.

2° En *vingt brigades dites d'arrondissement* chargées de la police des vingt arrondissements de Paris.

Dans chacun d'eux, en effet, est placé un officier de paix qui a sous ses ordres directs un nombre de gardiens de la paix proportionné à l'importance de la circonscription.

Or, comme sur les 7 100 gardiens existant actuellement, il faut en déduire environ 500 formant les brigades qui se tiennent en permanence à la Préfecture de police et font le service des cérémonies publiques, des théâtres, etc., c'est donc seulement 6 600 gardiens qui sont affectés aux différents arrondissements. Il en résulte que chacun d'eux n'est gardé que par une moyenne de 260 à 300 hommes.

En outre, les agents affectés à un arrondissement étant, pour les besoins du service, divisés en 3 sous-brigades qui se relayent successivement dans l'espace de 24 heures, on ne peut donc compter que sur la présence effective de 100 hommes au plus à la fois par arrondissement.

Chacune de ces sous-brigades porte une marque distinctive A, B, C ; elles prennent le service à tour de rôle de cinq heures en cinq heures environ. Pour faciliter la surveillance, le quartier est divisé en îlots, dont certains gardiens de la paix ont la surveillance spéciale. Ces derniers doivent avertir immédiatement le chef de poste et le commissaire de police du quartier de tous les incidents qui sont portés à leur connaissance, afin [de permettre au commissaire de police de prendre les mesures que les circonstances [comportent, et à l'officier de paix d'organiser le service d'ordre qu'il doit diriger en cas de catastrophe quelconque.

Pendant leur service, les agents sont à la disposition du public et doivent intervenir en cas de réquisition, même pour les menus faits, et conduire les intéressés au commissariat pour s'expliquer.

Ils doivent fournir au public tous les renseignements qu'ils sont à même de donner ; veiller à la circulation des voitures ; protéger et aider les vieillards, les femmes et les enfants ; signaler à l'officier de paix les contraventions pour fermeture tardive, etc.

De son côté, et en cas d'affaire importante, telle qu'incendie, explosion, menaçant de prendre de grandes proportions, l'officier de paix doit télégraphier immédiatement au chef de la police municipale, qui prend alors, s'il le juge à propos, la direction du service d'ordre, ou délègue à son lieu et place un inspecteur divisionnaire.

A cet effet, dans chaque poste central de l'arrondissement un appareil télégraphique est à la disposition de l'officier de paix.

Pour le seconder, ce dernier a sous ses ordres directs un bureau comprenant sept secrétaires, plusieurs courriers en bourgeois et un homme chargé de recueillir les renseignements ; tous sachant se servir de l'appareil télégraphique.

En outre, chaque jour, les officiers de paix viennent à la Préfecture de police, « au rapport », rendre compte et prendre les ordres du chef de la police municipale.

Voilà donc très succinctement quelle est la composition de la partie active, on pourrait même dire militaire, de la Préfecture de police.

Commissariats.

Tous les habitants connaissent la demeure du commissaire de police de leur quartier.

C'est qu'en effet toutes les classes de la société ont recours à ce magistrat.

C'est, en définitive, le véritable magistrat populaire. Querelles, rixes, contraventions, enquêtes, secours, tout est de son ressort. C'est à lui que tous s'adressent dans leurs démêlés de chaque jour, et quand il comprend bien son rôle, son influence peut être des plus bienfaisantes.

Sa mission d'ailleurs est absolument pacifique, et c'est à tort qu'on le confond avec son voisin l'officier de paix; l'un est un militaire chargé de commander des agents en armes, l'autre est un magistrat qui, s'il a besoin des agents, les demande à l'officier de paix de l'arrondissement.

Il y a 75 commissaires de police, un par quartier, excepté dans 5 quartiers peu populeux; 3 autres commissaires sont aux délégations, 1 à la sûreté, 1 au contrôle général, 1 à l'état-major de la place ; plusieurs autres sont chargés de services spéciaux.

Ce sont des magistrats de l'ordre administratif et judiciaire.

Administratif, car c'est en cette qualité qu'ils agissent en
exécutant les ordres du Préfet de police, détenteur d'une
partie des pouvoirs d'un maire et pouvant par conséquent
rendre des ordonnances de police applicables dans le ressort de son département.

Judiciaire, car les commissaires de police, auxiliaires du
procureur de la République, sont officiers de police judiciaire.

En cette qualité, sont-ils informés d'un crime ou d'un délit, ils dressent procès-verbal de la plainte ou de la déclaration, entendent les témoins, font arrêter l'inculpé en vertu
d'un mandat d'amener qu'ils délivrent eux-mêmes en cas
de flagrant délit, perquisitionnent et transmettent leurs
procès-verbaux au préfet de police, leur chef, pendant qu'ils
envoient les inculpés au dépôt de la Préfecture, à la disposition de la justice.

Ont-ils connaissance d'une mort subite, d'un incendie,
d'une catastrophe quelconque, ils se transportent sur les
lieux et prennent toutes les mesures que les circonstances
comportent.

Ils sont également dépositaires de la force publique et
ont le droit de requérir non seulement les gardiens de la
paix, mais encore la garde républicaine, la gendarmerie, la
force armée.

Mais en définitive ils s'occupent fort peu de la police active de la rue, qui est tout entière entre les mains de la
police municipale.

Les investigations importantes et de longue haleine
sont même dévolues à la brigade des recherches qui dépend
entièrement du cabinet du préfet; la police des mœurs proprement dite ne les regarde pas davantage.

Le commissaire est le premier magistrat devant lequel passe l'individu que l'agent vient d'arrêter; c'est lui qui l'interroge, décide s'il doit être relâché ou maintenu; c'est lui qui expédie les inculpés au dépôt, après avoir consigné dans un procès-verbal les actes qui leur sont imputés.

Celui qui n'a pas passé quelques heures dans un commissariat ne peut se faire une idée du nombre et de la diversité des affaires qui s'y traitent chaque jour. Tantôt c'est un mari qui bat sa femme et qu'il faut admonester; tantôt un différend entre locataires, concierges et propriétaires, entre marchands et acheteurs qu'il s'agit de résoudre.

Pour une rixe, un vol, une attaque nocturne, un suicide, c'est toujours au commissariat de police, qu'on s'adressera en premier lieu.

D'autres fois, ce sera un enfant égaré qu'il faudra recueillir ou rechercher; un gamin indomptable dont les parents voudront se débarrasser; des renseignements à fournir. En cas d'épidémie, des locaux et des objets de literie à désinfecter.

Une personne viendra se plaindre de son voisin possesseur d'un coq qui salue trop fort et trop tôt le lever de l'aurore; un concierge désireux d'empêcher un locataire d'étudier le cor de chasse ou le tambour.

Ce seront encore une innombrable multitude de petits commerçants se pressant et assiégeant le commissariat dans l'espoir d'obtenir les meilleurs emplacements pour quelque fête publique.

Des voyageurs en discussion interminable avec leurs cochers; des domestiques avec leurs maîtres.

C'est à en perdre la tête, et souvent le malheureux com-

missaire, absolument ahuri, en est réduit à mettre tout le
monde à la porte !

Le plus généralement, le commissaire de police est donc
un homme de cabinet ; quelquefois cependant il est obligé
de faire preuve d'énergie : dans les temps de troubles, quand,
sans autre arme que son écharpe, il marche à la tête des
troupes pour faire les sommations légales et disperser les
émeutiers ; ou bien, dans les visites de garnis, quand il se
présente le premier pour faire ouvrir les portes des repaires
où habitent les malfaiteurs de toutes espèces.

Pour l'assister dans ce travail considérable, il a sous ses
ordres un secrétaire qui le supplée dans un grand nombre
de cas, et des inspecteurs chargés de prendre les renseignements nécessaires et de procéder aux arrestations.

Les commissariats ne sont ouverts au public que de
9 heures du matin à 10 heures du soir. Mais, pendant la nuit,
le commissaire, en cas d'événement grave, est encore à la
disposition du public.

Pour les faits de peu d'importance, au contraire, le poste
de police, qui reste seul ouvert la nuit, suffit amplement à
tous les besoins.

Nous avons dit plus haut qu'en dehors des commissaires
de police de quartier, il en existait un certain nombre qui
étaient détachés pour diriger des services spéciaux. Nous
voyons en effet :

1° Aux *délégations judiciaires*, trois commissaires affectés au
service du Parquet et du préfet de police ; ils s'occupent de
la procédure (commissions rogatoires), des informations,

et des affaires de trop longue haleine pour pouvoir être confiées aux commissaires de quartier.

2° A la *Bourse* un commissaire qui tient chaque jour le préfet de police au courant des événements financiers, veille au bon ordre, dirige les gardes républicains de service et surveille les gardes spéciaux de la chambre syndicale des agents de change.

3° Au *contrôle général* un commissaire ayant des attributions sur lesquelles nous reviendrons plus loin.

4° A *l'État-major général de la place*, un commissaire chargé des rapports entre la Préfecture de police et l'État-major. Il s'occupe de la position des militaires arrêtés, des déserteurs, des querelles qui naissent entre militaires et civils, du recrutement, etc.

5° Au *tribunal de simple police*, un commissaire remplace le procureur de la République et remplit l'office de ministère public. — Ce tribunal, présidé par un juge de paix, ne s'occupe d'ailleurs que des contraventions aux ordonnances de police. Ce commissaire siège en robe.

6° Au *laboratoire municipal* et au *contrôle de garantie* sont attachés également un certain nombre de commissaires, pour permettre aux fonctionnaires du laboratoire et du contrôle des matières d'or et d'argent de pénétrer dans les établissements où leur action est nécessaire, sans avoir recours aux commissaires de quartier dont voici la liste:

Commissariats de police.

ARRONDISSEMENTS.	QUARTIERS.	BUREAUX.
1er DU LOUVRE..	Saint-Germain-l'Auxerrois. .	Quai de l'Horloge.
	Halles	R. des Prouvaires, 8.
	Palais-Royal . .	R. des Bons-Enfants, 21.
	Place Vendôme .	R. du Mt-Thabor, 19 bis.
2e DE LA BOURSE. . .	Gaillon.	R. Marsollier, 6.
	Vivienne	R. des Colonnes, 6.
	Mail.	R. d'Aboukir, 62.
	Bonne-Nouvelle .	R. de la Ville-Neuve, 9.
3e DU TEMPLE	Arts-et-Métiers .	R. N.-D.-de-Nazar., 60.
	Enfants-Rouges.	R. de Bretagne (à la Mairie).
	Archives	R. de la Perle, 9.
	Sainte-Avoie . .	R. du Temple, 85.
4e DE L'HÔTEL DE VILLE.	Saint-Merry. . .	Quai de Gesvres, 16.
	Saint-Gervais. .	R. Vieille-du Temple.20, imp. d'Argenson.
	Arsenal.	R. de la Cerisaie, 10.
	Notre-Dame. . .	Quai de Béthune, 34.
5e DU PANTHÉON. . .	Saint-Victor. . .	R. de Poissy, 31.
	Jard.-d.-Plantes.	R. Geoffr.-St-Hilaire, 5,
	Val-de-Grâce . .	R. Rataud, 11.
	Sorbonne. . . .	R. Thenard, 12.
6e DU LUXEMBOURG. .	Monnaie	R. Suger, 11.
	Odéon	R. Crebillon, 2.
	Notre-Dame-des-Champr. . . .	R. du Cherche-Midi, 78.
	St-Germain-des-Prés	R. des Sts-Pères, 47.
7e DU PALAIS-BOURBON.	Saint-Thomas-d'Aquin. . . .	R. Gribeauval, 3.
	Invalides	R. de Varenne, 84.
	Ecole-Militaire .	Av. de Breteuil, 55.
	Gros-Caillou . .	Av. de Lamotte-Piquet, 32.
8e DE L'ÉLYSÉE. . . .	Champs-Élysées.	Av. d'Antin (Palais de l'Industrie).
	Faub. du Roule.	R. Berryer, 12.
	Madeleine. . . .	R. d'Astorg, 28.
	Europe.	R. de Moscou.

ARRONDISSEMENTS.	QUARTIERS.	BUREAUX.
9° DE L'OPÉRA....	St-Georges . . . Chauss.-d'Antin, Fg-Montmartre. Rochechouart . .	R. Larochefoucauld, 37. R. de Provence, 64. R. du Faub.-Montmartre, 33. R. Bochard-de-Saron,10.
10° DE L'ENCLOS-SAINT-LAURENT	St-Vinc.-de-Paul Porte-St-Denis.. Porte-St-Martin. Hôpit. St-Louis.	R. d'Alsace, 33. Cité d'Hauteville, 4. Pass. du Désir, 29. Quai Jemmapes, 96.
11° DE POPINCOURT . .	Folie-Méricourt. St-Ambroise. . . Roquette . . . . Ste-Marguerite .	R. Pierre-Levée, 9. R. Lacharrière, 7. R. de la Roquette, 96. R. des Boulets, 38.
12° DE REUILLY. . . .	Bel-Air. . . . . Picpus . . . . . Bercy. . . . . . Quinze-Vingts. .	R. Bignon, 3, à la Mairie. R. de Bercy, 65. Bd. Diderot, 64.
13° DES GOBELINS . . .	Salpêtrière . . . Croulebarbe. . . Gare . . . . . . Maison-Blanche.	R. Primatice, 4 et 6. R. Jeanne-d'Arc, 60. Bd. d'Italie, 41.
14° DE L'OBSERVATOIRE.	Montparnasse. . Santé. . . . . . Petit-Montrouge. Plaisance. . . .	R. Huyghens, 4. Pass. Montbrun, 2. R. Sainte-Eugénie, 21.
15° DE VAUGIRARD. . .	St-Lambert . . . Necker. . . . . . Grenelle . . . . Javel.	Place de Vaugirard, 16. R. Blomet, 15 bis. R. Lakanal, 4. R. Saint-Charles, 135.
16° DE PASSY	Auteuil. . . . . Muette . . . . . Porte-Dauphine. Bassins.	R. Michel-Ange, 23. R. Eug.-Delacroix, 19. R. de Magdebourg, 7.
17° DE BATIGNOLLES. .	Ternes . . . . . Plne-Monceaux . Batignolles . . . Epinettes. . . .	R. Laugier, 5. R. Demours, 98. Pl. des Batignolles, 16. R. Gauthey, 38.
18° DE LA BUTTE-MONTMARTRE.	Grandes-Carrières. . . . . Clignancourt . . Goutte-d'Or. . . La Chapelle. . .	R. Constance, 7. R. Marcadet, 66. R. Marcadet, 1. Pl. de la Chapelle, 16-18.

ARRONDISSEMENTS.	QUARTIERS.	BUREAUX.
19ᵉ DES BUTTES-CHAU-MONT	*La Villette.* . .	R. de Flandre, 43.
	Pt-de-Flandre. .	R. de Nantes, 19.
	Amérique. . . .	R. du Pré-St-Gervais. 53.
	Combat.	R. Pradier, 21.
20ᵉ DE MÉNILMONTANT.	*Belleville*	R. Julien-Lacroix, 68.
	St Fargeau . . .	Pl. des Pyrénées, 6, à
	Père-Lachaise. .	la Mairie.
	Charonne. . . .	R. d'Avron, 30.

La Sûreté.

Le *service de la sûreté,* comprenant environ 300 inspecteurs, inspecteurs principaux, brigadiers et sous-brigadiers, est placé sous les ordres d'un commissaire de police, *chef de la sûreté.*

Il est chargé de rechercher les malfaiteurs et d'exécuter les mandats et arrêts délivrés ou rendus par l'autorité judiciaire. La seule fonction des agents de la sûreté est donc d'opérer la recherche et l'arrestation de ces individus et de les livrer soit au procureur soit au juge d'instruction.

Ce service a été l'objet de bien des critiques, on doit cependant reconnaître qu'il fait l'impossible avec un personnel trop restreint, pour faire face aux innombrables recherches que nécessite une population aussi nombreuse que celle de Paris.

C'est à la Sûreté que s'adressent en effet tous les commissaires de quartier dès qu'il leur arrive des affaires difficiles qu'ils ne pourraient utilement suivre, absorbés, comme ils le sont, par leur besogne journalière.

Un crime, par exemple est-il commis? le commissaire de quartier télégraphie au Préfet, et celui-ci avertit le chef de la Sûreté, qui lui-même charge ses inspecteurs de s'occuper spécialement de l'affaire, de prendre des renseignements, de suivre la trace de l'assassin jusqu'en pays étranger, en Amérique même, comme on l'a vu dans un dernier procès criminel retentissant.

Malgré les difficultés que comporte leur service, il faut cependant reconnaître que ces policiers ne sont pas d'une essence particulière, et il faut en rabattre beaucoup sur le compte des héros que Gaboriau a immortalisés. Les agents Jaume, Rossignol, Soudais sont cependant des hommes adroits et très courageux et beaucoup de leurs collègues possèdent les mêmes qualités. Vivant sans cesse au milieu des criminels ils arrivent à en connaître bientôt toutes les ruses.

Ils trouvent d'ailleurs des aides et des auxiliaires jusque parmi les malfaiteurs eux-mêmes : tant ont besoin de se faire pardonner quelques peccadilles, et tant désirent obtenir de menues faveurs (vente de camelots, tenue de jeux forains...) qu'ils dénoncent facilement leurs camarades!

Quant aux *indicateurs*, la Préfecture n'en manque point. L'appât d'une récompense, la jalousie, la vengeance en procurent autant qu'il est nécessaire et dans toutes les classes de la société.

Cependant, nous le répétons, le personnel du service de la Sûreté est absolument insuffisant au point de vue du nombre: d'autant plus qu'il faut déduire des 300 agents de cette brigade ceux employés au *service des mœurs* et qui s'occupent uniquement de la surveillance et de la répression, de la prostitution.

Au service de la sécurité est adjointe également la *bri-*

gade des garnis, chargée de relever tous les trois jours, dans les hôtels, les noms des étrangers, et de s'assurer que les livres des hôteliers sont régulièrement tenus. C'est un service très important et qui permet à la police de retrouver quantité de malfaiteurs.

Les Brigades dites des recherches.

Nous avons dit que ces trois brigades étaient rattachées directement au cabinet du préfet.

Voici quelques renseignements sur chacune d'elles:

1° La *brigade des jeux* est chargée de rechercher les tripots et de traquer les individus qui s'adonnent aux jeux de hasard, au bonneteau, etc; elle opère également des descentes dans les maisons de jeu clandestines.

2° La *brigade politique* est très obscure et mal définie comme attributions. Ici les fonds secrets jouent le plus grand rôle ! C'est la bouteille à l'encre. Jadis, sous l'Empire, on appelait les agents de cette brigade « les blouses blanches ».

3° Le *service des recherches* est affecté aux enquêtes faites dans l'intérêt des familles, sur les individus disparus ; il s'occupe de ceux qui sont sous le coup d'un arrêté d'expulsion ; il fait également des enquêtes sur les étrangers qui sollicitent la naturalisation.

Les agents qui composent ces brigades ne portent pas l'uniforme. Ils ont le titre d'inspecteurs de police et sont au nombre de près de 500 sous les ordres de trois fonctionnaires, officiers de paix.

En résumé, il est très difficile de savoir au juste quelles sont les fonctions de ces agents, et il est certain que la Préfecture ne tient pas à donner beaucoup de détails sur

leur service. Il est donc fort probable que les trois brigades
ne s'occupent guère que de politique, les unes comme les
autres, et qu'elles font toutes sortes de choses, excepté ce
pourquoi elles semblent avoir été créées.

Le Contrôle général.

La terreur des employés !

Tous les services de la Préfecture de police sont en effet
contrôlés par une brigade spéciale qui porte le nom de
contrôle général.

Ce service est chargé de faire des enquêtes sur les employés de l'administration contre lesquels des plaintes sont
portées ; il s'assure également que tous les agents et gardiens mènent une conduite régulière ; il prend des renseignements sur les candidats à un emploi, etc.

Il contrôle la librairie et la presse ; s'occupe des étrangers,
du port des décorations, des informations relatives aux
financiers suspects ; et est chargé de pratiquer la saisie des
journaux et des écrits.

Un commissaire de police est affecté à ce service pour les
opérations judiciaires (perquisitions) qui sont indispensables.

Le contrôle général est placé sous la direction d'un fonctionnaire de la Préfecture, portant le nom de *contrôleur
général*. Ce personnage considérable a sous ses ordres
soixante inspecteurs commandés par un officier de paix.

Service d'identification.

Ce service a été créé dans le but d'assurer dans les prisons de Paris la reconnaissance d'identité des récidivistes

qui essayent de cacher leurs antécédents judiciaires en se dissimulant sous de faux noms. Le personnel de ce service est divisé en deux sections correspondant aux deux principaux moyens d'investigation mis en œuvre : 1° la section photographique ; 2° la section anthropométrique.

Tout individu arrêté et envoyé au dépôt de la Préfecture est photographié à la réduction de 1/7 : 1° presque de face, avec une légère torsion de la tête vers la droite, de façon à laisser apercevoir l'oreille gauche, le jour venant de gauche ; 2° de profil, côté droit, en laissant voir l'oreille droite entière, le jour tombant en pleine face.

Ce service exécute également pour le parquet toutes les reproductions de documents nécessitées par l'instruction judiciaire : fac-similés de lettres et de plans, vues intérieures des locaux qui ont été le théâtre du crime, etc.

Les opérations de la section anthropométrique sont d'un autre genre ; ils consistent à relever sur les détenus un certain nombre de longueurs osseuses déterminées ; puis, en prenant pour base les chiffres ainsi obtenus, à classer les photographies de ces individus, de telle sorte que l'on soit toujours à même de retrouver, dans la suite, dans une collection pouvant comprendre plusieurs millions d'épreuves, le portrait d'un récidiviste qui serait signalé comme dissimulant sa véritable identité sous un faux nom.

Le système est très simple :

La collection réunie jusqu'à ce jour compte 90 000 épreuves environ, qui se répartissent ainsi qu'il suit :

Photographies classées suivant la longueur de tête :

Longueurs de têtes petites. 30 000
Longueurs de têtes moyennes. 30 000
Longueurs de têtes grandes. 30 000

Chacune de ces trois divisions de 30 000 est ensuite divisée suivant le même principe, et sans plus s'occuper aucunement de la longueur de la tête, en trois séries suivant la largeur de la tête de chacun.

Ces nouvelles subdivisions au nombre de neuf, ne contiennent plus alors, savoir :

Celles des largeurs des têtes petites, que 10 000 photographies et quelque chose :

Celles des largeurs des têtes moyennes que 10 000 photographies et quelque chose ;

Celles des largeurs des têtes grandes, que 10 000 photographies et quelque chose ;

Ces subdivisions de 10 000 sont elles-mêmes partagées en trois groupes, suivant la longueur du doigt médius gauche, et comptent alors chacune, savoir :

Celles des doigts médius petits, 3 300 photographies environ ;

Celles des doigts moyens, 3 300 photographies environ ;

Celles des doigts grands, 3 300 photographies environ ;

On a ainsi 27 groupes de 3 300 photographies environ.

La longueur du pied fournit une quatrième indication, qui divise encore chacun des 27 paquets de photographies précédentes en trois de 1 100 photographies, que l'on réduit ensuite en des éléments de 400 en prenant pour base la longueur de la coudée, puis de 140 au moyen de la hauteur de la taille.

La couleur des yeux, qui fournit à elle seule sept divisions, et la longueur du doigt auriculaire interviennent en dernier.

C'est ainsi qu'au moyen de six données anthropométriques nouvelles (le sexe, la taille, l'âge et la couleur des yeux ont été relevés de tout temps), la collection des 90 000 photo-

graphies de la Préfecture se trouve être divisée par groupes
d'une dizaine d'unités qu'il est toujours possible de retrouver et de parcourir sans avoir recours au nom après avoir
mesuré de nouveau le simulateur.

Ce procédé a été inauguré au [dépôt près la Préfecture
de police, à la fin de l'année 1889, d'après la méthode
imaginée par M. Alphonse Bertillon. Il amène annuelle-
lement la reconnaissance d'environ 400 à 500 récidivistes
qui, sans cette intervention, réussiraient à déjouer la justice.

Les détenus ne se prêtent que difficilement à ces con-
statations compromettantes et essayent de rendre impossible la tâche du photographe en faisant force grimaces ou
contorsions.

Heureusement les agents de ce service sont devenus fort
habiles et expéditifs, et finissent toujours par trouver le
moment favorable pour prendre la photographie de l'individu.

Tout le monde connaît même à ce sujet la bonne plai-
santerie faite à la commission du Conseil général qui visi-
tait ce service. Certains en discutaient l'utilité, pensant qu'il
devait être impossible d'obtenir une bonne photographie
sans que le sujet s'y prêtât.

Vivement photographiés à leur insu, nos bons conseillers,
MM. Vaillant et Gaufrès en tête, furent absolument stupé-
faits, et durent changer d'opinion, quand, à la fin de leur
visite, en examinant les photographies des récidivistes les
plus endurcis ils trouvèrent, à part, leurs propres sil-
houettes instantanément fixées pendant qu'ils discutaient.

II

LES ANNEXES DE LA PRÉFECTURE DE POLICE

Service de la Navigation.

L'inspection de la navigation et des ports qui a été créée par l'arrêté du gouvernement du 12 messidor an VIII, est chargé d'assurer la surveillance de la rivière, des ports, des chemins de halage et autres dépendances du domaine public fluvial.

Ce service, placé sous les ordres d'un inspecteur général, comprend un personnel de 16 inspecteurs et est porté au budget pour la somme de 73 000 francs.

Ces fonctionnaires placent les bateaux et les trains qui viennent aborder dans leur circonscription; ils organisent les dépôts de marchandises ou de matériaux effectués sur les ports ou sur les berges; maintiennent le bon ordre parmi les ouvriers des ports, surveillent le bachotage...

Ils ont en outre à assurer l'enlèvement des marchandises dans les délais réglementaires; à signaler l'état des eaux et du chenal du fleuve, à aviser la navigation des brouillards, des crues, des débâcles de glace qui menacent, à surveiller les bateaux-lavoirs, les bains chauds sur rivière et les 140 postes de secours établis sur les berges du fleuve et des canaux.

Le service comprend actuellement :
45 bateaux-toueurs;
60 remorqueurs;

80 porteurs;

90 grues, dragues ou autres appareils;

120 bateaux de plaisance à vapeur;

Et 110 bateaux à voyageurs, y compris les deux Touristes et les bacs à vapeur, qui servent au transport annuel de 20 millions de passagers.

Peu de personnes se doutent de l'importance de la navigation à Paris.

Voici le tableau des arrivages à Paris, par marchandises principales pendant ces dernières années :

MARCHANDISES PRINCIPALES.	ANNÉES		
	1887	1888	1889
	Tonnes.	Tonnes.	Tonnes.
Combustibles minéraux. . . .	1 309 792	1 339 248	1 368 794
Matériaux de construction. . .	1 942 135	2 032 722	1 943 380
Engrais et amendements . . .	714 762	710 888	801 557
Bois à brûler.	232 343	255 577	207 413
Bois à œuvrer.	167 929	164 983	146 449
Charbon de bois.	28 148	24 663	25 919
Minerais	61 232	80 535	77 226
Industrie métallurgique. . . .	93 961	74 169	73 455
Céréales et fourrages.	387 450	432 555	338 478
Vins et spiritueux.	211 000	182 978	223 190

Que sera-ce quand le projet de Paris port de mer aura été mis à exécution?

Ce n'est pas seulement dans ses grandes voies terrestres que Paris a bénéficié depuis plusieurs années d'une transformation complète.

Les divers cours d'eau compris dans le bassin de Paris, la Seine, la Marne et les canaux, ont profité des travaux d'amélioration entrepris par l'État pour faciliter les transports et assurer la sécurité de la marine.

Ce qui avait arrêté pendant longtemps le développement de la navigation dans la traversée de Paris, c'était, d'une part, l'insuffisance du tirant d'eau, surtout en été, et d'autre part la rapidité du courant sous le pont Notre-Dame.

Mais, grâce au barrage de Port-à-l'Anglais en amont de Paris, à celui de Suresnes en aval, le plan d'eau a été relevé dans le bief de Paris; la chute d'eau du pont Notre-Dame a été affaiblie, etc., des dragages opérés sur divers points, où se trouvaient des hauts-fonds, assurent aujourd'hui à la marine un tirant d'eau de 3 mètres au moins.

Aussi, le développement du commerce fluvial s'est-il fait immédiatement sentir :

Le tonnage du port de Paris et de ses annexes qui était

En 1845 de. . . . . 1 930 800 tonnes.
En 1859 de. . . . . 2 604 700 —
En 1870 de. . . . . 2 089 800 —
En 1880 de. . . . . 4 469 500 —

a atteint en 1892 le chiffre de 7 millions 180 000 tonnes.

Suivant la même progression, le nombre des bateaux de commerce affectés au transport des marchandises ou des matériaux de toute sorte, s'est élevé, pendant ce même laps de temps, de 19 000 à 40 000.

Le nombre des bateaux affectés au service des voyageurs a également considérablement augmenté. Ils ont transporté en 1889 plus de 33 200 000 personnes.

En 1867 ils n'en avaient transporté que. . . 2 717 000
En 1870 — — — — . . . 5 079 000
En 1880 — — — — . . . 13 159 000
En 1887 — — — — . . . 21 400 000

Surveillance de l'approvisionnement.

INSPECTION DE LA BOUCHERIE, DES HALLES ET MARCHÉS

La Préfecture de police est également chargée d'assurer la salubrité de l'approvisionnement, et dans ce but a sous ses ordres plusieurs services distincts dont les deux principaux sont : l'inspection de la boucherie et le laboratoire municipal.

Pendant longtemps ces services n'existèrent qu'à l'état rudimentaire et ce n'est que depuis une date relativement récente que cette mission, toute de protection dans l'intérêt de l'hygiène publique, a été confiée à des vétérinaires et employés ayant des connaissances scientifiques spéciales.

Les uns sont chargés de vérifier les marchés de détail, les tueries particulières, les boucheries, charcuteries, etc., du département de la Seine.

D'autres dirigent les ventes en gros de toutes les denrées et inspectent les abattoirs et les marchés aux bestiaux de la Villette. Ils s'assurent que tous les animaux amenés sont exempts de maladies contagieuses et ils retirent de la consommation les viandes insalubres ou corrompues.

Par sa grande importance et son étendue, le marché aux bestiaux de la Villette demandait une organisation spéciale ; aussi la Préfecture a-t-elle créé un service considérable comprenant des inspecteurs principaux et de diverses classes chargés de surveiller plus spécialement ce marché fréquenté continuellement par une foule d'ameneurs et d'acheteurs, parmi lesquels éclatent trop souvent des rixes violentes. Ils doivent, en outre, veiller au rangement des noirbreux animaux qui arrivent journellement; prescrire les précautions à prendre pour qu'ils ne s'échappent pas; assurer la mise en fourrière de ceux qui sont abandonnés, et prêter main-forte aux vétérinaires délégués en exécution de la loi du 21 juillet 1881 et du décret du 22 juin 1882 pour la saisie des bestiaux atteints ou suspects de maladie contagieuse.

Il existe également tout un personnel ayant pour mission d'inspecter et de contrôler la qualité des poissons, volailles, gibier, viande, fruits qui sont journellement mis en vente sur les marchés en gros. Par leurs fonctions ces agents sont également les auxiliaires du laboratoire municipal.

LABORATOIRE MUNICIPAL

Le laboratoire municipal de chimie de la Ville de Paris, institué près la Préfecture de police est, par son organisation et son fonctionnement, une agence de protection et en même temps d'exécution au double point de vue de la police sanitaire et judiciaire.

Créé le 1er août 1878, en vertu de délibérations spéciales du Conseil municipal, ce fut un arrêté préfectoral, pris le 10 février 1881, qui détermina le fonctionnement du nouveau service.

Le laboratoire comprend actuellement un personnel de 74 employés composé de commis, micrographes, chimistes et experts inspecteurs.

Ces derniers, qui ont le titre de commissaire de police, ont pour mission d'opérer journellement des tournées dans le commerce afin de rechercher et de poursuivre les fraudes.

Les autres employés du laboratoire secondent les chimistes dans les analyses qu'ils ont à faire.

Pour permettre au public de recourir, sans perdre de
temps, au laboratoire, les commissaires de police des quartiers ont été autorisés à recevoir des échantillons de sub-
stances intéressant la santé, et destinés à être soumis à une
simple analyse qualitative. Huit jours après la date du dépôt, les intéressés peuvent venir réclamer au commissariat
un bulletin émanant du laboratoire et indiquant que l'échan-
tillon envoyé a été trouvé *bon, mauvais non nuisible* ou *mauvais falsifié*.

Le mouvement des opérations du laboratoire est des plus
considérables, ainsi que l'indique le tableau suivant :

En 1883 sont entrés pour être analysés. 14 686 échantillons.
En 1884   —   —   —   16 610   —
En 1885   —   —   —   16 172   —
En 1886   —   —   —   17 514   —
En 1887   —   —   —   21 416   —
En 1888   —   —   —   21 801   —
En 1891   —   —   —   21 956   —
En 1892   —   —   —   21 353   —

Les attributions du laboratoire sont en effet très nombreuses. Nous avons déjà vu quelle était sa mission de protection ; mais il a encore un rôle plus considérable, car il est
chargé, en dehors du service du public et de la recherche des
délits, de poursuivre les infractions aux diverses ordonnances
dont l'objet vise les attributions conférées au service ; il
exerce le contrôle des ignifuges dans les théâtres ainsi
que celui de l'établissement de la lumière électrique ;
il examine aussi les liquides et les autres produits alimentaires intéressant l'État, la Ville et l'octroi. Journellement,
de province ou de l'étranger, on fait appel au laboratoire,
notamment pour les achats de fournitures mises en adjudication.

Les recherches scientifiques, auxquelles il se livre, portent donc sur une foule de questions, principalement sur celles ayant trait au vinage, au plâtrage et au sucrage des vins, manipulations destinées souvent à masquer certaines fraudes; aux alcools commerciaux ainsi qu'aux matières grasses, huiles et beurres.

C'est également en vue de l'hygiène publique que le laboratoire municipal est chargé d'analyser hebdomadairement les eaux de source livrées par l'alimentation dans les divers quartiers de Paris.

L'action du laboratoire a produit d'excellents effets sur les relations existant entre le vendeur et le consommateur.

Pour le lait, par exemple, l'amélioration déjà constatée depuis longtemps a largement atteint les résultats qu'on pouvait espérer. En 1881, la proportion du mauvais lait était de 50 p. 100; en 1886, la proportion des échantillons de lait de qualité non marchande était déjà de 23 p. 100; en 1885, cette proportion était même descendue à 21 p. 100.

Le but poursuivi par le laboratoire est bien défini : constater des falsifications et des fraudes et, par voie de conséquence, les réprimer.

Il ne faut pas s'étonner si le laboratoire municipal a été en butte aux plus vives attaques des commerçants peu scrupuleux; car il a porté un coup mortel à toutes les fraudes. Mais ces attaques n'ont fait que prouver son utilité.

Nous ne voulons point dire cependant que l'organisation du laboratoire soit sans défauts; il en existe, au contraire, de fort nombreux; mais l'institution est de date encore récente et on ne peut pas trop demander pour commencer.

Ce n'est pas tant l'organisation du laboratoire qui soit

surtout à critiquer, mais bien la législation qui se rattache à la poursuite de fraudes constatées. Voilà ce qui aurait besoin d'être modifié.

Un exemple pris au hasard fera comprendre la justice des réclamations de certains commerçants.

Un marchand de vin au détail reconnu vendeur de vin falsifié est de suite poursuivi et condamné. Or, il déclare avoir acheté ce même vin à quelque commerçant en gros qui le lui a livré tel qu'il l'a revendu. Pourquoi la loi est-elle ainsi faite, que le débitant est seul puni et que le principal auteur de la fraude, le marchand en gros, reste indemne?

Il est donc nécessaire d'apporter certaines modifications dans ce service qui ne pourra d'ailleurs qu'y gagner.

La Sécurité des Théâtres.

A la suite des terribles catastrophes de ces dernières années, l'opinion publique s'émut et demanda que les théâtres fussent soumis à une plus grande surveillance.

Depuis longtemps déjà la Préfecture de police n'avait pourtant pas ménagé ses avis et ses prescriptions; mais la mauvaise volonté des directeurs avait toujours réussi à retarder indéfiniment les améliorations demandées.

Il faut cependant avouer que l'ordonnance de la Préfecture de police du 16 mai 1881 réglemente minutieusement tout ce qui concerne les théâtres et spectacles publics et que si ses prescriptions avaient été suivies nous n'aurions pas eu à constater des catastrophes pareilles à celle dont l'Opéra-Comique, par exemple, a été victime. Voici les principales dispositions de cette ordonnance :

« Toute personne voulant faire construire ou exploiter un

théâtre est tenue d'en faire la déclaration à la Préfecture de police, qui examine les plans et indique les modifications à y introduire.

« Les décors doivent être rendus ininflammables.

« Chaque théâtre doit être muni d'une canalisation d'eau en pression suffisante pour défendre toutes les parties du théâtre, du « grand secours » destiné à noyer dans des flots d'eau tout commencement d'incendie, d'un rideau de fer séparant entièrement la scène de la salle du théâtre. »

Des ordres minutieux sont également donnés au sujet des portes qui doivent avoir une certaine dimension et être toujours ouvertes les soirs de représentation ; de même pour l'éclairage électrique ou le gaz.

« Des lampes brûlant à l'huile devront être allumées, depuis l'entrée du public jusqu'à sa sortie, dans toutes les parties du théâtre pour prévenir une complète obscurité en cas d'extinction subite du gaz ou de la lumière électrique.

« L'ouverture d'un théâtre ne peut avoir lieu qu'après réception par la commission supérieure des théâtres, qui est ainsi composée :

Le secrétaire général de la Préfecture de police.
Le chef de la police municipale.
Le chef du bureau des théâtres.
Le chef du laboratoire de chimie de la Préfecture de police.
Le colonel des sapeurs-pompiers.
Le capitaine ingénieur des sapeurs-pompiers.
L'architecte en chef de la Préfecture de police.
Le commissaire de police du quartier.
L'officier de paix de l'arrondissement.

Et tous les mois une sous-commission visite le théâtre.

Il est en outre utile pour les spectateurs de savoir que, dans tout théâtre, un commissaire de police est chargé de la surveillance générale pendant la représentation, et que c'est à lui qu'ils doivent s'adresser en cas de réclamation.

Chaque théâtre possède également un service médical, distribué de façon qu'il y ait constamment un médecin présent depuis le commencement jusqu'à la fin de la représentation.

Les Cochers de fiacre.

Peu de Parisiens savent combien sont sévères les règlements auxquels cette corporation est soumise, et quelles armes le public a entre les mains contre cette classe de citoyens souvent trop peu complaisants.

« Les cochers seront prévenants envers le public. Ils aideront les voyageurs, et surtout les femmes et les enfants, à monter dans leur voiture ou à en descendre.

« Toute impolitesse sera sévèrement punie.

« Après chaque course, ils devront visiter leur voiture et remettre aux voyageurs les objets qu'ils pourraient y avoir laissés.

« Ils ne pourront se servir que de fouets montés en cravache et ayant une longueur déterminée.

« Il leur est défendu de conduire en état d'ivresse, de *fumer*... d'ôter leurs habits pendant les chaleurs.

« Ils éviteront de faire passer leur voiture à une distance moindre de $0^m,70$ des trottoirs et de mettre les roues dans le ruisseau.

« Tout cocher sera tenu de porter un uniforme dont le modèle sera adopté par la Préfecture; il devra marcher à toute réquisition[1]... »

1. Ordonnance de police.

Le public n'est pas habitué à tant de complaisance, et nous devons avouer que le cocher modèle, fidèle observateur des règlements de la Préfecture, est bien rare! Mais les règlements existent et le public peut les faire appliquer au besoin.

Les agents sont chargés de veiller à leur exécution et dressent des contraventions en cas de non-observation.

Mais, en outre, le public est armé d'un droit bien plus fort : sans avoir besoin de s'adresser aux agents et de leur signaler le fait, il suffit à un voyageur mécontent d'envoyer le numéro de la voiture, ainsi que la plainte, directement au préfet de la Seine.

Une commission spéciale, composée d'un chef de bureau, d'un commissaire de police et d'un officier de paix, fait immédiatement une enquête et peut, comme punition, retirer au cocher son permis de conduire et le mettre à pied.

Ainsi, s'agit-il d'une faute du cocher vis-à-vis d'un voyageur, ce dernier n'a pas besoin de recourir à un agent pour faire dresser procès-verbal du fait en question. Sur sa simple plainte, la commission administrative se réunit, fait une enquête, et prononce une peine très sévère et sans appel.

Au contraire, le cocher a-t-il à se plaindre d'un voyageur, qui refuse de le payer par exemple, il lui faut suivre la voie ordinaire ouverte à tous les citoyens pour obtenir justice : faire dresser un procès-verbal et poursuivre son client.

Nous ne sommes certainement pas des admirateurs passionnés des cochers de fiacre, nous avons constaté la brutalité et l'impolitesse de certains d'entre eux; mais, au point de vue de la justice, nous devons cependant déplorer l'inégalité qui pèse sur eux, et reconnaître qu'ils sont l'objet de mesures d'exception qui ne semblent pas conformes aux principes de liberté.

Si nous avons donné ces détails qui sont un peu en dehors du cadre de cet ouvrage, c'est pour répondre aux
plaintes réitérées du public qui s'imagine, trop souvent, être
désarmé contre les vexations qu'il a sans cesse à subir.

Qu'il le sache, il a, vis-à-vis des cochers comme vis-à-vis
de bien d'autres, toutes les armes en main. On peut même
dire que ces armes sont parfois trop rudes pour de menues infractions.

III

LA SALUBRITÉ

**Commissions d'hygiène. — Étuves de désinfection.
Ambulances municipales.**

Pour indiquer à l'administration les mesures à prendre
afin de maintenir la salubrité de la capitale, il existe à Paris,
en outre du Conseil central de salubrité créé dans chaque
département, des commissions d'hygiène et de salubrité
d'arrondissement dont les attributions ne se confondent
pas avec celles du Conseil central, mais qui sont, pour ce
Conseil et pour l'autorité, des auxiliaires utiles par les
informations qu'elles sont à portée de recueillir, par la surveillance qu'elles sont chargées d'exercer et par l'influence
morale qu'elles doivent aux lumières, à la position, au zèle
désintéressé des hommes qui en font partie.

Ces *Commissions d'hygiène* des arrondissements sont prési-
dées par le maire ; les membres en sont nommés par le

préfet de police, et choisis parmi les notables habitants, les médecins, pharmaciens et architectes.

Elles se réunissent chaque mois, recueillent tout ce qui peut intéresser la santé publique dans l'arrondissement, et donnent leur avis sur les mesures à prendre.

Il existe également une troisième commission qui concourt à assurer la salubrité de Paris; c'est la commission des *logements insalubres*, dont les membres, au nombre de trente, sont chargés spécialement de visiter les logements qu'on leur signale comme malsains, et, en cas de besoin, peuvent ordonner d'y faire les travaux indispensables.

Le Conseil d'hygiène a toujours jugé nécessaire qu'un désinfectage complet, aussi bien des effets que du logement, eût lieu chaque fois qu'une maladie contagieuse ou infectieuse était constatée.

Jusqu'à ces dernières années, cette recommandation était restée lettre morte, faute de moyens mis à la disposition du public.

C'est pour remédier à cet état de choses qu'ont été créées les *étuves de désinfection*.

Ce service municipal semblerait devoir relever de la Préfecture de police, il n'en est pas ainsi. C'est la Préfecture de la Seine qui en est chargée, sous le contrôle direct du Conseil municipal.

Il existe actuellement trois établissements :

Rue de Chaligny;

Rue des Récollets, annexe du refuge du quai Valmy;

Rue du Château-des-Rentiers, annexe du refuge du même nom.

Chacun de ces établissements fait un double service :

une équipe va chercher à domicile, pour être désinfectés, les matelas, linges, etc., et les reporte après l'opération ; une autre équipe spéciale, munie de vaporisateurs puissants, se rend à domicile pour y opérer la désinfection des appartements, des rideaux, tentures, etc.

Cette opération est faite gratuitement ; il suffit qu'une demande soit adressée verbalement, par écrit ou par télégraphe, au siège de l'établissement le plus rapproché.

C'est dans le même but qu'ont été créées des *voitures d'ambulances municipales*.

Jusque-là les contagieux étaient transportés à bras, ou bien dans les voitures de place qui devenaient ainsi une véritable source de contagion.

Il suffit maintenant que l'intéressé soit porteur d'un bulletin de son médecin constatant la nature de la maladie ou de ses symptômes et prévienne le chef de station pour qu'immédiatement il lui soit envoyé une voiture.

Ces voitures spéciales vont chercher le malade à domicile et le conduisent à l'hôpital sur lequel il doit être régulièrement dirigé.

Après chaque voyage, la voiture est elle-même soigneusement désinfectée.

Une infirmière des hôpitaux accompagne la voiture et donne ses soins au malade pendant le trajet.

Ce service est absolument gratuit.

Il existe actuellement deux stations de voitures :

Rue de Staël (rive gauche) ;

Rue de Chaligny (rive droite).

Si le devoir de la Préfecture de police est de prendre les mesures nécessaires pour empêcher les accidents, elle doit aussi fournir les premiers secours lorsque ceux-ci se produisent.

A cet effet seize pavillons de *secours aux noyés* ont été créés soit sur la Seine, soit sur les canaux. Ils contiennent tous une ligne, une bouée de sauvetage et le matériel ordinaire des caisses de secours adoptées par le conseil de salubrité.

Devant chaque pavillon est amarré un bachot de secours.

Chaque pavillon est mis en communication avec le poste de police le plus proche au moyen d'un fil télégraphique ; de sorte qu'au premier appel un agent va aussitôt requérir un des médecins qui se sont fait inscrire à cet effet, et dont le nom et l'adresse sont dans chaque poste.

En cas d'accidents sur la voie publique, la Préfecture de police a également placé dans tous les postes de police une boîte à pansements pour les blessés et pourvu les commissariats de police de brancards pour le transport des malades.

Malheureusement, quelles que soient les bonnes intentions de l'administration et la bonne volonté de ses agents, les moyens de transport étaient insuffisants et surtout beaucoup trop lents.

C'est dans la pensée de remédier à ces inconvénients qu'ont été créées dernièrement par l'initiative privée les « ambulances urbaines », destinés à transporter les personnes blessées sur la voie publique.

Pour témoigner leur intérêt à l'œuvre du docteur Nachtel, l'État et la Ville lui ont accordé l'un et l'autre une subvention de 8000 francs.

Il a été également créé un service médical comprenant des médecins, des pharmaciens et des sages-femmes spé-

cialement destinés à donner *la nuit* leurs soins à toute
personne qui les sollicite.

Il suffit, en cas de besoin, de se rendre au poste de police
le plus proche et d'y exposer sa demande. Aussitôt un agent
prévint l'homme de l'art, qui se rend près du malade, et
qui perçoit un bon de 10 francs pour ses honoraires
(20 francs pour les accouchements).

Les frais de pharmacie et les honoraires du docteur
doivent être supportés par la famille; cependant, en cas
d'indigence, ils restent à la charge de la caisse préfectorale.

On compte qu'environ 7 000 demandes sont faites annuellement dans les postes de police. Un crédit de 100 000 francs
est affecté à ce service.

IV

SAPEURS-POMPIERS

Le service contre l'incendie est, à Paris, organisé militairement.

Le corps des sapeurs-pompiers de Paris, reconstitué par
la loi du 13 mai 1875, comprend actuellement 51 officiers
et 1 693 sous-officiers et sapeurs, tous choisis parmi les soldats ayant exercé, avant leur incorporation, la profession
de couvreur, charpentier, fumiste, et ayant par conséquent
l'habitude du bâtiment. En outre, pour perfectionner leur
instruction, les recrues, en arrivant au corps, sont exercées
soigneusement à monter sur les toits, à descendre dans des
caves pleines de fumée et à se servir de l'appareil télégraphique.

Actuellement, pour les besoins du service, la surface de Paris est divisée en douze secteurs.

Dans chacun d'eux se trouve une caserne de sapeurs-pompiers, et, reliés télégraphiquement avec elle, un grand nombre de petits postes-vigies ou d'avertisseurs électriques.

Chaque caserne est elle-même en relation constante avec l'é-tat-major.

De sorte que, si un avertis-seur ou un poste-vigie signale un incendie, l'alarme est immédiatement donnée dans toutes les chambres de la caserne, et l'état-major est prévenu.

En trois minutes le piquet de service part avec une pompe à vapeur, une pompe à bras, deux dévidoirs et une échelle de sauvetage.

En cas de besoin, d'autres départs ont lieu successivement.

Afin d'être prêts à se mettre immédiatement en mouvement, les hommes employés au service de la pompe à
vapeur couchent au-dessus, tout habillés, et les chevaux sont
harnachés ; la machine est sous faible pression. Au signal
d'alerte, le cocher fixe les traits des chevaux ; le feu, sous
la chaudière, est activé et les hommes montent sur le siège
du chariot. Le véhicule passe sur une plaque qui fait ouvrir
automatiquement la porte et alimente la pompe à vapeur,
laquelle sort au grand galop des chevaux. « Du pied, le
pompier qui est sur le siège met en mouvement la trompe
d'appel et la machine, lançant dans les airs une fumée
épaisse éclaircie par les torches des sapeurs et semant sur
le pavé une traînée d'étincelles, s'en va au loin apporter un
secours rapide. »

Si le sinistre prend des proportions considérables, l'état-
major donne l'ordre à d'autres casernes d'envoyer du renfort.

Les sapeurs ont à leur disposition un matériel des plus
considérables : échelle à crochets de fer qui sert à monter
d'étage en étage et s'accroche aux appuis des balcons ; sac
de sauvetage, sorte de tuyau de toile pour descendre les
malades, les femmes, les vieillards ; l'échelle de sauvetage
permettant de s'élever jusqu'au huitième étage ; l'appareil
de feu de cave, sorte de scaphandre avec lequel l'homme
brave l'asphyxie et va combattre l'incendie presque dans
son foyer... etc.

Aussi le service de l'incendie est-il une lourde charge pour
la Ville qui y consacre annuellement une somme considérable.

Pour l'année 1891. . . . . 2 688 000 francs.

La seule recette, qui vienne en déduction de cette dépense, est la rétribution peu importante que versent les entrepreneurs des théâtres, bals, etc., pour services payés des sapeurs-pompiers.

Depuis longtemps on a réclamé une réforme à ce sujet.

Ne serait-il pas en effet de toute justice que les compagnies d'assurances contre l'incendie, qui en définitive sont les plus intéressées à voir bien fonctionner le service des sapeurs-pompiers, contribuassent à son entretien? En tous cas, n'est-il pas équitable de demander qu'au moins les nombreuses compagnies d'assurances étrangères, opérant à Paris, supportent une partie des frais?

Un reproche grave a été également fait à l'organisation actuelle du corps des sapeurs-pompiers.

Depuis 1850, ce corps a été complètement militarisé ; c'est un *régiment d'infanterie* qui fait partie de l'armée active et qui est soumis aux mêmes règlements. De là une suite d'abus qui coûtent fort cher à la Ville.

État-major trop nombreux, armement inutile, et surtout assimilation déplorable au point de vue du recrutement. Comment avoir des officiers expérimentés quand l'avancement se fait par arme et non par régiment, ce qui empêche de conserver aux sapeurs-pompiers les nouveaux promus; comment avoir des sapeurs bien instruits, quand les hommes eux-mêmes ne restent plus que trois ans sous les drapeaux?

Cette situation, qui est très préjudiciable pour le service, est encore plus regrettable au point de vue des accidents de personnes: les sapeurs-pompiers, officiers et troupe, manquant d'*habitude du feu*, se voient obligés d'y suppléer par un courage admirable sans doute, mais qui est la cause de nombreux accidents.

De grandes améliorations ont été apportées dernièrement dans le service de l'incendie à Paris ; et il faut
rendre cette justice au corps des sapeurs-pompiers, qu'il a
sans cesse cherché à perfectionner son matériel et son organisation.

Divers systèmes ont été étudiés, voici celui qui vient
d'être proposé et qui sera bientôt mis à exécution :

La surface de Paris sera divisée en 24 parties au lieu de 12,
chaque portion de territoire aura sa caserne.

En outre, le service militaire de trois ans rendant difficile le recrutement des cadres, les petits postes seront
supprimés et remplacés par des avertisseurs.

Mais, afin de remédier au défaut actuel de ces avertisseurs
qui ne peuvent que signaler un incendie, sans indiquer
l'emplacement exact et l'importance du sinistre, les nouveaux avertisseurs contiendront, en outre de la sonnerie
d'alarme, un appareil téléphonique permettant au public
d'indiquer le lieu exact et l'importance du sinistre.

De cette façon, on ne verra plus, comme actuellement,
pour un simple feu de cheminée arriver de divers côtés
plusieurs pompes, échelles, etc., au grand amusement de
la foule.

Depuis les dernières catastrophes, les théâtres ont été
soumis à une surveillance des plus sévères. Ce sont toujours les mêmes hommes qui sont désignés pour ce service,
et qui sont placés aux mêmes endroits.

Journellement les appareils sont vérifiés ; le rideau de
fer qui sépare la salle de la scène est mis en mouvement
aussi bien du dehors que du dedans.

Enfin tous les théâtres possèdent le « grand secours »,
c'est-à-dire le réservoir qui, en cas de danger, doit étein-

dre tout commencement d'incendie sous une avalanche d'eau.

Une simple remarque en passant : ce sont les scènes subventionnées, l'Opéra en tête, qui sont dans les moins bonnes conditions de sécurité !

Parler de la bravoure et du dévouement des sapeurs-pompiers serait inutile. Chacun sait que, malheureusement, tous les ans, le livre d'or de ce corps admirable s'enrichit de bon nombre de victimes.

Disons seulement que, de 1882 à 1889, le régiment a porté secours dans 19 855 cas d'incendie.

Depuis quelque temps fonctionne un réseau de bouches d'eau de 100 millimètres de diamètre, spéciales au service d'incendie. Ces bouches sont placées sur la voie publique, sous plaque, et distantes de 100 mètres.

C'est un immense progrès qui a été très apprécié de la population, et qui a eu pour résultat de simplifier le service des sapeurs-pompiers.

Partout, en effet, ils n'ont plus qu'à raccorder les tuyaux de leurs dévidoirs aux bouches d'incendie, pour, sans avoir besoin de pompes, envoyer l'eau à la hauteur nécessaire.

Dans quelques quartiers élevés, l'emploi des pompes est encore nécessaire pour augmenter la pression de l'eau.

Quand ils posséderont de l'eau à une pression suffisante, on pourra se passer des pompes à bras ou à vapeur qui sont appelées à disparaître presque entièrement.

V

LA GARDE RÉPUBLICAINE

La Garde républicaine a été créée à la fois dans le but d'assurer la sécurité de la Ville de Paris et le maintien de l'ordre; c'est-à-dire dans un intérêt qui prend un caractère général en raison de la situation de Paris, siège du gouvernement.

C'est pour cette même raison que l'administration de la Guerre contribue à la dépense occasionnée par la Garde républicaine, pour une part qui a été fixée à la moitié : les intérêts de la Ville et de l'État ayant été estimés être égaux dans les attributions mixtes données à la Garde républicaine.

La Garde fait partie intégrante de l'armée; c'est un corps de gendarmerie affecté au service de la Ville de Paris.

Par conséquent, pour tout ce qui a rapport au côté militaire, elle relève de la Guerre et en suit tous les règlements. Elle n'obéit qu'à son chef hiérarchique.

Mais, et c'est en quoi elle se rattache par un autre côté à la Préfecture de police, elle peut être réquisitionnée par le Préfet pour prêter main-forte à ses agents.

Dans ce cas, le commandant de la Garde républicaine doit mettre à la disposition du Préfet le nombre d'hommes qui lui est demandé.

Ces soldats sont conduits par leurs chefs aux emplacements désignés; mais là s'arrête le service des officiers de la garde républicaine qui, une fois leurs hommes mis à la disposition des représentants du Préfet, n'assistent guère plus aux opérations qu'en simples spectateurs.

Ce sont les officiers de paix qui prennent le commandement.

De là, comme il est facile de le comprendre, bien des difficultés. Mais il faut reconnaître qu'en général, les officiers de paix, choisis avec soin, savent mettre dans leurs délicates fonctions assez de convenance pour éviter tous les froissements.

Depuis le xviie siècle, il a presque constamment existé à Paris un corps militaire remplissant un service spécial d'ordre de police.

Le Consulat prescrivit pour la première fois de faire payer la dépense entièrement sur les fonds communaux, contrairement au principe inscrit dans la loi du 11 frimaire an VII, qui range au nombre des dépenses nationales, les frais d'entretien de la force publique.

Sur les réclamations de la commission municipale, il fut décidé par la loi du 2 avril 1849 que tous les frais d'entretien de la Garde républicaine désormais assimilée, au point de vue de l'arme et de la hiérarchie militaire, à la gendarmerie, seraient avancés par l'État; mais que la Ville de Paris en rembourserait la moitié.

Depuis 1871, l'effectif de la Garde républicaine a été sensiblement accru, dans le but de compenser la diminution du contingent des troupes casernées dans Paris, et de dispenser d'étendre les cadres de la gendarmerie départementale.

Actuellement l'effectif de la Garde républicaine a été fixé, par décret d'octobre 1873, à 4014 officiers et soldats et à 757 chevaux.

Le ministre de la guerre, ayant reconnu que cet état de choses appelait une modification de la convention de 1849, proposa alors de faire supporter par l'État les trois cinquièmes de l'excédent sur les dépenses antérieures à 1870; mais ce projet fut abandonné.

Depuis, le Conseil municipal refuse chaque année de consentir à aucun sacrifice pour l'entretien de la Garde républicaine au delà de ce que comportent les cadres affectés au service prévu par les règlements qui étaient en vigueur lorsque la Ville a consenti à supporter la moitié des dépenses de ce corps. Aussi la contribution de la Ville pour la garde est-elle chaque année inscrite *d'office* à son budget.

Avant d'en terminer avec la sécurité et la Préfecture de police, rappelons que si, dans sa séance du 22 juillet 1892, le Conseil avait accepté l'augmentation des traitements des gardiens de la paix, il avait repoussé la proposition du préfet tendant à l'accroissement du nombre de ses agents et voté simultanément des crédits pour augmenter les salaires des ouvriers et employés de la Ville, ainsi qu'on le verra plus loin.

La proposition du Préfet de police avait été faite à la suite de l'émotion causée dans Paris par les explosions de dynamite. Aussi le gouvernement crut-il devoir imposer d'office à la Ville cette dépense dont il prenait d'ailleurs la moitié à sa charge.

La Ville de Paris s'est pourvue devant le Conseil d'État contre le décret qui a inscrit d'office cette dépense à son budget (30 décembre 1892).

CHAPITRE VIII

LES TRAVAUX DE PARIS

L'organisation générale de la direction dés travaux. — M. Alphand. —
Les chaussées et les trottoirs. — Les refuges. — La toilette de Paris.
—Les promenades parisiennes. —Ce que coûte un arbre. — Flore bou-
levardiere. — Les serres de la Ville. — L'éclairage des rues. — Le gaz
et l'électricité. — L'abaissement du prix du gaz.

LA VOIE PUBLIQUE

§ 1. — L'organisation générale de la direction des
travaux. — La succession de M. Alphand. — Les
chaussées et les trottoirs.

Pour les chapitres qui vont suivre, j'ai cru bon, bien que
depuis la mort de M. Alphand, les services centralisés au-

trefois par lui aient été fort éparpillées, de mettre cependant amplement à contribution les *Notes de l'inspecteur général des ponts et chaussées, directeur des travaux de Paris, à l'appui du projet du budget de 1890.*

Dans son exposé préliminaire, M. Alphand définit ainsi le rôle de l'administration municipale de la capitale :

« *L'administration d'une grande ville est chargée de pouvoir satisfaire aux besoins moraux et matériels de ses habitants en vue de procurer à chacun d'eux le libre usage et le développement de ses facultés dans les limites déterminées par la loi.* »

On voit quelle haute idée se faisait de son rôle l'éminent ingénieur; c'était une figure très curieuse, très attachante, et sa mort a été, pour Paris, une perte irréparable.

La réorganisation de l'ancienne direction des travaux, réclamée depuis longtemps, s'est imposée à la mort de l'homme éminent qui l'avait constituée.

M. Alphand était tout à la fois administrateur et technicien, architecte et ingénieur, représentant de la Ville et représentant du département, ordonnateur et contrôleur des dépenses; lui disparu, personne ne pouvait ni ne devait recueillir l'intégralité de cet immense héritage.

Le principe qui présida, dès les premiers jours, à la réorganisation, fut la séparation :

1° Entre le technique et l'administratif;

2° Entre les travaux municipaux et les travaux départementaux;

3° Entre les travaux d'architectes et les travaux d'ingénieurs.

L'application de ces principes eut pour conséquences :

a — La création d'un poste administratif de la voirie et des travaux d'ingénieurs;

b — La constitution d'un service spécial de la voirie et du plan;

c — La division des travaux d'ingénieurs en quatre services d'ingénieurs en chef : des eaux, des égouts, de la voie publique, de l'éclairage et des promenades;

d — L'unification de la section d'ingénieur ordinaire : l'ingénieur, dans sa section, et le conducteur, dans sa circonscription, devront désormais être chargés de tous les travaux, sauf ceux de distribution des eaux, du menu entretien et du curage des égouts, qui continueront à former des services autonomes;

e — La création d'une inspection générale des travaux d'architecture, rattachée à la direction des affaires municipales;

f — La création d'une inspection générale de l'assainissement, également rattachée à la direction des affaires municipales;

g — Le rattachement à cette même direction du service des concessions;

h — Le rattachement à la direction des affaires départementales des services départementaux de travaux;

i — Enfin le rattachement de tout le personnel de l'ancienne direction des travaux au service central du personnel, sous l'autorité directe du préfet;

j — La substitution de conducteurs municipaux, pris parmi les anciens piqueurs ayant subi l'examen d'aptitude, aux conducteurs des ponts et chaussées, qui occupent encore un grand nombre de postes dans l'administration municipale.

Cette importante réforme n'est pas encore absolument achevée, au moins dans ses détails.

On peut reprocher à cette réorganisation de n'avoir

peut-être pas diminué autant qu'on l'aurait pu les états-
majors; il y aura, plus tard, et au fur et à mesure de la
disparition de certains chefs de services, de très importantes économies à réaliser sur ce personnel.

ORGANISATION NOUVELLE.

Actuellement, la direction *administrative* des Travaux est
confiée à M. Huet, inspecteur général des Ponts et Chaussées, qui dirige quatre bureaux placés sous son autorité
immédiate, savoir:

1° Le Secrétariat de la Direction administrative des Travaux, auquel il faut adresser les demandes de cartes pour
la visite des égouts, des catacombes, des réservoirs, etc.,
etc.

2° Le Bureau des Eaux et des Égouts, qui centralise les
documents relatifs aux eaux de source et de rivière appro-
visionnant Paris et ceux concernant l'évacuation et l'utilisation des eaux usées;

3° Le Bureau de la Voie publique, où se traitent toutes
les affaires concernant les modifications, appropriations ou
concessions de la voie de nos boulevards et de nos rues;

4° Le Service des Régisseurs, qui ont charge du paiement
des entreprises faites directement par la Ville (en régie) et
du paiement des ouvriers, surveillants, piqueurs et conducteurs utilisés pour les travaux au-dessus ou au-dessous du
sol parisien.

Le *Service de la Voirie*, qui est confié à M. Deville, chef de service — une sorte de nouveau grade est ainsi créé sous ce nom de « chef de service » — comprend :

1° Le Bureau *des Traités et Acquisitions,* qui connaît de tous les contrats relatifs aux expropriations, aux acquisitions amiables et aux ventes de terrains ou d'immeubles ;

2° Le Bureau *des Alignements,* qui traite toutes les questions d'alignement et de régularisation des voies publiques ;

3° Le Bureau du Plan de Paris ;

4° Le Bureau de la Voirie, qui centralise les travaux des commissaires voyers de tous les arrondissements.

A côté de cette organisation administrative, la partie technique des travaux est confiée à quatre Ingénieurs, chefs de service :

1° M. Humblot, Ingénieur en chef des Eaux et des Adductions ;

2° M. Boreux, Ingénieur en chef de la Voie publique ;

3° M. de Tavernier, Ingénieur en chef des Promenades et Plantations ;

4° M. Bechmann, Ingénieur en chef des Égouts et de l'assainissement.

Tout ce qui concerne l'*Architecture* est sous la direction d'un Inspecteur général de grand talent, M. Bouvard.

Le point faible de cette organisation est l'absence de direction centrale.

On a pu, avec quelque raison, reprocher à M. Alphand de trop centraliser : à côté d'inconvénients indiscutables, cette centralisation avait ses bons côtés.

On se souvient de l'état lamentable des rues après la Commune. Tout était à refaire. Nommé directeur des Travaux par décret de M. Thiers et ayant carte blanche, M. Alphand réussit à rétablir la circulation dans tous les quartiers en quelques semaines.

Comme directeur général des travaux de l'Exposition de 1889, il se dépensa sans mesure pour assurer la réussite de cette grande manifestation patriotique, et il lui revient certainement une bonne part de son succès.

Alors qu'un découragement général menaçait de compromettre même l'exécution matérielle de l'œuvre, M. Alphand, grâce à sa foi tenace, grâce à l'autorité extraordinaire dont il jouissait, réussit à vaincre toutes les difficultés

COMMENT S'EXÉCUTENT LES TRAVAUX.
[LE PERSONNEL. — ORGANISATION GÉNÉRALE

La Direction des Travaux de Paris embrasse actuellement tous les travaux qui s'exécutent tant au-dessus qu'au-dessous du sol; elle peut se classer en plusieurs parties bien distinctes qui forment autant de divisions. La première comprend tout ce qui est relatif à la voie publique, aux promenades et aux constructions qui les bordent; la seconde, l'adduction et la distribution des eaux nécessaires à l'alimentation et aux services publics; la troisième, les égouts et l'évacuation de toutes les déjections que produit la vie humaine; la quatrième comprend les travaux d'architecture; la cinquième, les beaux-arts et le service des travaux historiques.

Le personnel considérable de la Direction des Travaux de Paris peut être encore classé en deux parties : le *personnel intérieur* et le *personnel extérieur*.

Les employés des bureaux intérieurs font partie du personnel administratif de la préfecture de la Seine.

Nous avons donné plus haut l'énumération des divers bureaux administratifs.

Le personnel des *services extérieurs* comprend :

1° Les commissaires voyers et commissaires voyers adjoints, placés sous l'autorité immédiate du Directeur de la voie publique et des promenades;

2° Les géomètres et autres agents du service du plan de Paris, relevant également du Directeur de la voie publique;

3° Les fonctionnaires et agents de tout ordre du service municipal proprement dit, formé des services de la *voie publique*, du *nettoiement*, des *promenades*, de la vérification du *gaz*, de l'*éclairage* et du contrôle des *voitures;*

Des services des eaux, canaux et *dérivations;*

Des services de l'*assainissement de Paris et de la Seine.*

4° Des fonctionnaires et agents du service des carrières;

5° Les architectes, inspecteurs et vérificateurs, les contrôleurs et reviseurs du service d'architecture.

Les *commissaires* ou *agents-voyers* sont ceux des agents de la Direction des Travaux qui sont le plus fréquemment en rapport avec le public.

Ils sont chargés d'instruire les demandes de permissions

de bâtir, c'est-à-dire d'examiner si les plans sont conformes aux lois et règlements; de l'examen des locaux de boucherie et de charcuterie, de la surveillance de l'exécution des prescriptions émanant de la commission des logements insalubres; enfin, de l'estimation des propriétés à acquérir et des indemnités à allouer, tant aux propriétaires qu'aux locataires industriels, pour l'acquisition des immeubles nécessaires à l'ouverture des voies anciennes ou à l'installation des services municipaux, tels que mairies, écoles, etc.

Ils doivent, en outre, donner leur assistance aux conseils de la Ville devant le jury d'expropriation.

Il y a un commissaire voyer, assisté d'un voyer adjoint, par arrondissement, et tous deux doivent avoir leur domicile dans l'arrondissement dont le service leur est confié.

Enfin, détail que le public ne devrait pas ignorer, ils ont l'obligation de se tenir chaque jour, à des heures fixes, à la disposition du public dans leur bureau, généralement situé dans la mairie.

Ce service, dont le public n'avait guère lieu d'être satisfait il y a quelques années, a été notablement amélioré depuis peu.

Le *service du plan de Paris* est chargé de la conservation du plan, de l'exécution des plans d'ensemble et des plans partiels, de la délivrance des alignements et de l'étude des nouveaux percements au point de vue des alignements.

Il est confié à trois géomètres en chef, ayant sous leurs ordres une nuée de géomètres, d'aides géomètres, de dessinateurs, d'aides dessinateurs, de chaîneurs, etc., etc.

Le géomètre en chef qui dirige la conservation du plan est chargé de la description des alignements à donner aux propriétaires qui veulent bâtir; de l'établissement de la nomenclature des voies publiques et privées de Paris; de la conservation du plan et de la communication aux géomètres en chef des renseignements nécessaires pour la mise au courant de ce plan; de la vente au public des feuilles gravées qui le composent.

Il est chargé, en outre, de l'établissement du plan archéologique de Paris et du relevé graphique des édifices et constructions historiques supprimés lors des opérations de voirie.

On est souvent embarrassé pour se procurer un bon plan de Paris.

Le mieux est de s'adresser directement au bureau du plan à l'Hôtel de Ville, où l'on peut acheter, moyennant un franc la feuille, des plans extrêmement détaillés de chacun des arrondissements. C'est également à ce bureau qu'on peut se procurer toutes les dimensions exactes des cours, rues, ruelles ou terrains de la bonne ville de Paris.

Le *service actif de la direction des travaux*, celui qui met en œuvre le nombreux personnel qui balaie et qui lave nos rues, arrose et entretient nos promenades, éclaire la Ville, contrôle le service des omnibus et des voitures, assure la distribution des eaux de source et de rivière, veille à l'assainissement de Paris, à l'entretien des égouts, forme ce qu'on appelle le *service municipal* proprement dit.

Le personnel du service municipal se compose d'ingénieurs et de conducteurs des ponts et chaussées mis en service détaché à la préfecture de la Seine, d'inspecteurs faisant fonctions d'ingénieurs, et d'agents municipaux, conducteurs et piqueurs.

Il comprend en outre, pour le service des promenades, un jardinier en chef, M. Laforcade, un architecte en chef et deux conservateurs.

Le service municipal forme trois grandes divisions :

1° Les services de la voie publique, du nettoiement, des promenades, de l'éclairage, de la vérification des compteurs à gaz, des concessions et du contrôle des voitures publiques, réunis sous l'autorité du directeur de la voie publique et des promenades;

2° Le service des eaux, canaux et dérivations;

3° Le service de l'assainissement de la Seine, qui s'occupe des égouts.

Ces deux derniers services, placés chacun sous les ordres d'un fonctionnaire des ponts et chaussées, sont particulièrement chargés de maintenir Paris en bonne santé.

Il est inutile d'entrer dans plus de détails en ce qui concerne le personnel, et nous allons examiner, maintenant, sur le vif, le fonctionnement de chacun des grands services dont nous venons d'esquisser rapidement l'organisation générale.

§ 2. — La voirie, la voie publique et les promenades.

LA VOIRIE. — CE QU'A COUTÉ L'EMBELLISSEMENT DE PARIS

Les services qui forment la voirie de Paris se partagent en trois parties principales :

La première, relative à la formation et à l'assiette de la voie publique comprend : le tracé des plans d'alignement et de lotissement; les enquêtes et les déclarations d'utilité publique; les acquisitions et les reventes d'immeubles; la préparation des traités ou des cahiers des charges nécessaires à l'ouverture des voies publiques et à l'alignement des immeubles qui les bordent. C'est à ce service qu'appartiennent ces braves gens qui, entourés d'une foule de gamins et de badauds, armés de niveaux et de mires, mesurent gravement nos voies publiques.

La deuxième partie embrasse : la police des constructions, c'est-à-dire la délivrance des permissions de bâtir; les au torisations de saillies fixes ou mobiles; la délivrance des alignements et des nivellements; la rédaction des règle‑ ments concernant les bâtiments, et, en général, toutes le. attributions du préfet de la Seine comme chef de la grande et de la petite voirie; la clôture des terrains communaux; le numérotage des maisons, la dénomination des voies publiques et le service des carrières sous Paris.

Enfin, la troisième partie consiste : d'une part, dans la recherche des mesures propres à assurer le maintien de la salubrité, par le bon état des maisons et des avenues, rues, passages, ruelles et autres lieux qui en dépendent; et, d'autre part, dans l'application des règlements édictés à ce sujet. Il reste fort à faire de ce côté!

CE QUE COUTENT LES BELLES RUES ET LES VASTES PERSPECTIVES

La transformation de la capitale, la création du Paris moderne, date de 1853; jusqu'à cette époque on s'était borné à exécuter certaines améliorations ne correspondant pas précisément à un programme d'ensemble, tels la rue de Rambuteau, l'élargissement de la rue Montmartre, la régularisation du faubourg Saint-Martin, etc., etc.; cependant la base principale des programmes d'embellissement reste encore de nos jours le plan de Verniquet.

De 1852 à 1870, la Ville de Paris, poussée par M. Haussmann, a dépensé près de 900 *millions* en ouverture de voies nouvelles ou en élargissements de voies anciennes.

Depuis la guerre franco-allemande, le Conseil municipal a voté, soit pour la continuation de travaux engagés, soit pour l'exécution d'opérations considérées comme urgentes, sur ressources extraordinaires réalisées au moyen d'emprunts, environ 415 *millions* et, sur ressources ordinaires du budget de la Ville, environ 8 *millions.*

La Ville de Paris a donc consacré, en moins de cinquante années, 1 *milliard* 323 *millions* à l'amélioration de ses voies publiques, à la création de nouvelles rues, de boulevards, d'avenues, etc. On conviendra que c'est un joli denier.

Cependant, dans cet ordre de travaux, il reste encore énormément à faire. L'achèvement du boulevard Haussmann, de la rue de Rennes, le dégagement des Halles, le prolongement de la rue du Louvre et une foule d'autres opérations, entamées, d'une utilité incontestable, ont dû être ajournées faute de ressources suffisantes. Il faudrait au moins 500 millions pour achever les percées amorcées.

Tout ce qui concerne cet important service est centralisé à l'Hôtel de Ville.

Les renseignemenis relatifs aux expropriations sont notamment fournis par le *bureau des traités et acquisitions.*

LA VOIE PUBLIQUE. — LA VILLE ET L'ÉTAT. — LES
DIFFÉRENTES CHAUSSÉES, LEUR PRIX, LEUR
ENTRETIEN

Le premier pavage qui ait été exécuté à Paris remonte à l'année 1185, — nous l'avons indiqué dans notre aperçu historique, — sous le règne de Philippe-Auguste. L'entretien fut mis à la charge de la ville, « pour les voies de la croisée de Paris » et, pour le surplus des rues, à la charge des riverains, comme le constate une série d'actes des xive, xve et xvie siècles; mais, à partir de 1637, les propriétaires en furent dégrevés et l'entretien passa au compte de l'État qui perçut certaines taxes destinées à y pourvoir. Cet état de choses durait encore en 1789.

Un décret de l'Assemblée nationale, du 1er janvier 1791, remit au compte de la Ville de Paris les dépenses d'entretien du pavage.

Mais la ville n'avait pas les moyens de supporter des charges de cette importance; aussi n'y a-t-elle pourvu d'abord qu'avec l'aide des subventions du Trésor et, à partir du 22 mars 1798, elles finirent par être entièrement supportées par le budget des ponts et chaussées. Ce n'est que le 6 mai 1826 que les dépenses d'entretien du pavé de Paris donnèrent lieu à un partage entre l'État et la Ville. Vous allez voir bientôt de quelle utilité sont ces vieux souvenirs.

De 1826 à 1847, les dépenses faites annuellement sur les fonds du Trésor s'élevèrent progressivement de 358 700 francs à 550 000 francs.

Jusqu'en 1865, le contingent annuel de l'État s'est élevé au chiffre de 3 millions et demi et, de 1856 à 1870, il a atteint le chiffre de 4 millions.

Le 23 juin 1866, un décret décida que le service municipal continuerait à être chargé des travaux d'entretien des voies classées comme routes impériales par décret rendu en Conseil d'État, mais à la condition que le chiffre de 4 millions ne serait pas excédé pour une période de dix ans à partir du 1er janvier 1867, ce qui créait un contrat valable jusqu'en 1877.

Mais à la suite de réclamation de la commission municipale, la période fut réduite à cinq années et prit fin le 31 décembre 1872, afin de permettre à l'État d'augmenter son versement avant 1877 s'il y avait lieu.

Ce fut une fâcheuse idée, car, à l'expiration de ce traité, l'État réduisit sa contribution à 3 millions pour une durée de cinq ans. Cependant en 1880, sur les instances de l'administration municipale, l'État consentit à porter sa part contributive au chiffre de 3700000 francs pour une nouvelle période de quatre ans, c'est-à-dire jusqu'au 31 décembre 1884.

Depuis lors, bien que les dépenses d'entretien du pavé de Paris aient subi, depuis quelques années, une progression constante et s'élèvent aujourd'hui à plus de 10 millions, l'État a réduit de nouveau son contingent de 3 700 000 francs à 3 500 000 francs. Or, quand l'État réduit sa part, c'est la nôtre, celle des contribuables parisiens qui s'augmente.

Mais la loi de finances de 1890, par suite d'une réduction proposée, *sans aucune raison sérieuse,* par la commission du budget de la Chambre des députés, a encore réduit de 500000 francs la subvention de l'État.

L'État a, dans cette affaire comme dans beaucoup d'autres où il a eu à traiter avec la Ville de Paris, brutalement abusé du droit du plus fort, ce qui est fâcheux à tous les points de vue. On fit promesse de rendre un demi-million à la Ville en 1892; mais, naturellement, la promesse n'a pas été tenue, pas plus qu'en 1893.

CE QUE COUTE LE PAVÉ DE PARIS

Les dépenses d'entretien du pavé de Paris, en 1866, coûtaient 8500000 francs. Elles diminuèrent un peu après la guerre; en 1875, elles s'abaissèrent à 6400000 francs; en 1888, elles atteignirent 8 600 000 francs, en 1884, les dépenses furent environ de 11 500 000 francs; en 1890 de 11 542 000 francs [1].

Les causes principales de cette augmentation tiennent, d'une part, à l'accroissement du nombre des voies classées et à la progression continue de la circulation.

La population de Paris et du département de la Seine s'est développée; elle a une tendance marquée à laisser le centre de la ville aux affaires et à chercher, pour l'habitation, les quartiers éloignés ou la banlieue. Il en résulte nécessairement une activité plus grande et un déplacement plus fréquent des personnes et des choses.

En outre, par suite de cette augmentation de circulation sur les voies importantes, et, pour éviter le bruit qui en résulte, il a été nécessaire d'accroître la surface occupée par des revêtements insonores, tels que l'asphalte et le pavage en bois.

Le trafic des voitures est incroyable sur certains points et fatigue davantage les chaussées que dans la plupart des autres grands centres, Londres, par exemple.

Le nombre de chevaux recensés à Paris en 1877 était de 76 000; il dépasse actuellement 100 000; on recherche, pour les transports, les chevaux les plus forts, et les grosses voitures de pierres ou de camionnage à 5 chevaux atteignent un poids de 12 000 kilos. Les omnibus à 3 chevaux, dont la charge atteint 5 490 kilos, avec une vitesse de 2^m,80 à la seconde, sont également une cause très appréciable de fatigue pour les chaussées. Tout le monde a pu voir les ornières creusées par ces lourdes voitures dans les voies où elles suivent les rails des tramways.

Les chaussées de Paris se divisent en 4 classes :

1° Chaussées pavées en pierre ;

_____

1. Non compris les trottoirs.

2º Chaussées empierrées;

3º Chaussées en asphalte;

4º Chaussées pavées en bois.

LES CHAUSSÉES PAVÉES EN PIERRE

La superficie des voies pavées est de 6315400 mètres carrés. On s'imagine aisément quelles difficultés entravent l'entretien d'une telle surface.

La principale réside dans le choix des pavés qui a une importance dont on ne se doute pas généralement.

LA RECHERCHE DU MEILLEUR PAVÉ

Originairement, on ne se servait à Paris que des pavés provenant des carrières de Fontainebleau, et qui offraient peu de résistance. On leur a substitué les grès, plus compacts, de la vallée de l'Yvette; la résistance de ces grès est devenue elle-même insuffisante, en raison de l'accroissement considérable de la circulation sur un grand nombre de voies de Paris. On s'est alors trouvé dans l'obligation de recourir à des pierres de provenances éloignées et d'une grande dureté; c'est ainsi qu'on a adopté l'emploi des arkoses d'Autun, des grès durs de la Manche, des Côtes-du-Nord, de la Mayenne, de l'Orne et de la Sarthe, des granits des Vosges et du porphyre belge de Quénast.

Les pavages de Paris étaient autrefois uniquement formés de pavés cubiques de 0ᵐ,23 de côté; mais ces pavés, sous l'influence d'une circulation chaque jour plus active; s'arrondissaient rapidement et donnaient, en peu de temps, des chaussées d'un parcours fatigant. On leur a substitué un pavé plus petit offrant une surface plus unie. On a admis d'abord des pavés parallélipipédiques, ayant en surface $0^m,16$ et $0^m,23$, puis on est arrivé aux échantillons de $0^m,14$ et $0^m,20$, de $0^m,12$ et $0^m,18$, de $0^m,10$ et $0^m,16$, qui constituent aujourd'hui la très grande généralité des pavages des rues de Paris. On obtient ainsi des surfaces plus régulières et d'un parcours plus agréable; elles sont, il est vrai, plus glissantes pour les chevaux; aussi les petits pavés sont-ils réservés aux chaussées horizontales ou à faible pente, tandis que les gros sont attribués aux rues à forte pente.

On a renoncé, à peu près complètement, à l'emploi des porphyres, reconnus trop glissants et ayant, d'ailleurs, une provenance étrangère. Les pavés d'arkose ou de grès dur, de provenance française, sont surtout employés dans les rues très fréquentées et à pente faible. Ces pavés sont d'un prix plus élevé que ceux de l'Yvette; mais comme, d'une part, leur entretien est moins onéreux, et que, d'autre part, leur durée est beaucoup plus grande, ils sont, en définitive, beaucoup moins coûteux.

Afin d'empêcher une entente entre les propriétaires des carrières de grès qui pourraient essayer de porter le prix des pavés à un taux exagéré, la Ville a ouvert elle-même une carrière dans la forêt domaniale des Yvelines, près Rambouillet. La concession porte sur une superficie d'environ 25 hectares. C'est une des rares exploitations municipales, faites directement par la Ville, qui aient entièrement réussi.

Le transport des produits de cette exploitation est assuré, depuis 1884, par un chemin de fer système Decauville, reliant la carrière à la gare des Essarts-le-Roi (chemin de fer de l'Ouest, ligne de Paris à Brest). Le parcours est de 6 450 mètres.

Les résultats obtenus ont été très satisfaisants. L'activité de l'exploitation a nécessité l'emploi de machines perfectionnées qui ont fait baisser le prix de revient du pavé, et la Ville de Paris a trouvé dans la vente de sous-produits, tels que la pierre meulière, une nouvelle source de bénéfices.

COMMENT ON ENTRETIENT NOS CHAUSSÉES

En 1889, l'entretien des 6 314 680 mètres carrés des chaussées pavées a coûté 4 784 600 francs, soit 0 fr. 76 le mètre superficiel.

L'entretien de ces chaussées comprend :

1° Des relevés à bout, ayant pour objet la réfection à neuf de la chaussée et la substitution de pavés neufs aux vieux pavés existants;

2° Des réparations effectuées chaque jour par des ateliers, et appelées, en terme technique, repiquages.

Les *relevés à bout* sont exécutés par des entrepreneurs adjudicataires de l'entretien; le pavé existant est démonté et transporté dans les dépôts.

Les réparations sont confiées à des brigades de cantonniers-paveurs composées de cinq hommes : un paveur-chef, un compagnon paveur, un dresseur ou tailleur de pavés et deux manœuvres préposés à l'arrachage des vieux pavés et au sablage.

CE QUE DEVIENNENT LES VIEUX PAVÉS

J'ai été fort longtemps à me demander ce que devenaient les vieux pavés. A force de chercher, j'ai trouvé :

Les vieux pavés provenant des chaussées démontées sont recueillis chaque jour sur les ateliers de réparation ou de repiquage et apportés au dépôt, où ils sont examinés, triés et classés de la manière suivante :

Les pavés bons à être réemployés dans l'état où ils se trouvent;

Ceux qui sont de bonne qualité et qu'on peut ramener à une forme régulière, en les retaillant;

Ceux qui, à cause de leur forme, de leurs dimensions ou de leur qualité, ne sont susceptibles d'aucun réemploi dans une chaussée régulière.

Les pavés de la première catégorie sont conservés pour être employés dans les réparations ou repiquages.

Les matériaux de la deuxième catégorie sont soumis à une retaille, et l'on obtient ainsi des pavés d'une dimension moindre, que l'on emploie surtout à l'entretien courant.

Enfin, les pavés de la dernière catégorie, dits pavés de rebut, sont vendus par la Ville aux particuliers ou aux communes des environs de Paris, ou sont livrés gratuitement au service de la navigation, dans Paris, pour l'entretien des quais et bas-ports, lequel s'exécute, à frais communs, entre l'État et la Ville.

C'est également avec ces rebuts qu'on pave et qu'on entretient les voies dans les cimetières et dans certains autres établissements municipaux.

Ceci vous explique l'état pitoyable des quais et ports de la Seine et j'ai idée que les entrepôts de Bercy, comme les abattoirs, n'ont droit qu'à la dernière catégorie de pavés, car j'ai rarement vu chaussées en si mauvais état.

LES CHAUSSÉES EMPIERRÉES

Le pavage en pierre est, en somme, réservé aux voies où la circulation est fatigante et très active, aux quartiers commerçants ou industriels.

Les chaussées de luxe sont empierrées, asphaltées ou pavées en bois.

La superficie des chaussées empierrées ou macadamisées [1], dont l'entretien est à la charge de la Ville, a été notablement réduite. Cependant elle est encore de 1 494 858 mètres carrés.

La dépense prévue au budget de 1889 pour cet entretien était de 3 253 500 francs; ce qui fait ressortir le prix du mètre à 2 fr. 17; pour 1890, la dépense s'élevait à 3 210 000 francs.

L'entretien des chaussées empierrées est fait par un personnel de cantonniers stationnaires, ainsi que cela se pratique sur toutes les routes de France. Toutefois, l'action des cantonniers ne se borne pas, à Paris, comme sur les routes, aux réparations simples; ils prennent part aux mains-d'œuvre de rechargement et de cylindrage, et ils entretiennent les chaussées dans un état de propreté aussi parfait que possible; enfin, ils sont chargés, pendant l'été, des arrosages destinés à diminuer les inconvénients de la poussière et à conserver l'agrégation des matériaux formant le sol des chaussées.

Pour réparer les chaussées empierrées, les cantonniers, réunis à cet effet en brigades, après avoir pioché le sol de la voie, y répandent 6 à 15 centimètres de matériaux, suivant l'usure de la chaussée, ces cailloux sont ensuite cylindrés à l'aide de rouleaux compresseurs à bras, à chevaux ou à vapeur.

Le cylindrage est accompagné d'un arrosage abondant et du répandage d'une couche de sable, afin de faciliter la liaison des matériaux.

Les cylindres compresseurs primitivement en usage étaient

1. Du nom de Mac Adam, l'inventeur.

traînés par des chevaux. Ils se composaient d'un cylindre
en fonte, avec bâti en charpente, supportant des caissons
que l'on remplissait de sable ou de vieux pavés, afin de
donner au cylindre un poids total de 8 à 9 000 kilogrammes,
qui est nécessaire pour opérer une pression suffisante.
Tous les Parisiens ont vu fonctionner ces machines.

Depuis une dizaine d'années, des cylindres à vapeur ont
été construits et remplacent avec avantage, dans les grandes
voies, les cylindres mus par des chevaux; ils font, dans un
temps donné, un travail plus considérable et plus complet,
en opérant plus rapidement la compression des matériaux
destinés à former le sol des chaussées.

Les matériaux employés pour l'entretien des chaussées
diffèrent suivant le degré de fréquentation de chacune
d'elles, qui est très variable, ainsi que l'indique le relevé
des dernières opérations de comptage faites sur les principales voies de Paris.

Les matériaux à peu près exclusivement employés aujourd'hui sont :

Le caillou (silex), coûtant par mètre cube. . . . .   6 fr. 60
La meulière compacte. . . . .   17 fr. 60
Le porphyre du Voutré (Mayenne) . . . .   24 fr. 50

Les silex sont employés sur les chaussées peu fréquentées;
la meulière sert pour les voies d'une fréquentation moyenne;
enfin, le porphyre est réservé pour les voies à grande
circulation. Dans ces conditions, et en tenant compte des
fournitures de matériaux, des mains-d'œuvre d'emploi et
de cylindrage, ainsi que de tout ce qui se rattache à l'entretien, le prix moyen annuel du mètre carré est actuellement d'environ 2 fr. 10.

Avant les convertissements des chaussées d'empierrement

en chaussées pavées en bois, commencés à la fin de 1883, les prix moyens d'entretien étaient de plus de 3 francs.

Le macadam ou empierrement a le grave inconvénient d'ensabler les égouts et de nécessiter ainsi indirectement des frais élevés de curage.

LES CHAUSSÉES ASPHALTÉES

La seconde catégorie de nos chaussées de luxe est formée des surfaces asphaltées.

L'asphalte que nous foulons sous nos pieds à Paris vient des mines de Seyssel, de Pyrimont, du val de Travers et de Ragusa en Sicile. Ces exploitations appartiennent à une puissante société anglaise qui alimente également d'autres capitales européennes.

La roche est amenée à Paris dans les ateliers des Compagnies adjudicataires; là elle est réduite en poudre par des broyeurs mécaniques, puis chauffée dans des appareils spéciaux jusqu'à 120° et 140°. Cette poudre, après avoir perdu par la chaleur l'excès d'eau qu'elle contient, est chargée dans les voitures et portée à pied d'œuvre. Elle est alors répandue sur l'aire en béton, par couches d'épaisseur variable, suivant l'importance des rues; on la comprime ensuite fortement, à l'aide de pilons de fer ou de rouleaux en fonte, et de la sorte on reconstitue, pour ainsi dire, la roche primitive.

Ces chaussées ont l'avantage d'être insonores; mais elles ont le double inconvénient de s'amollir sous l'action du soleil d'été et de devenir très glissantes et dangereuses pour les chevaux par les temps de brouillard et de pluie fine.

Elles sont en conséquence de plus en plus remplacées par le pavage en bois.

Le prix d'établissement est de 20 fr. 50 par mètre carré et l'entretien s'exécute à forfait à raison de 2 francs le mètre superficiel.

LE PAVAGE EN BOIS

Le pavage en bois a été établi pour la première fois, dans les conditions rationnelles d'exécution, en octobre et novembre 1881, rue Montmartre et boulevard Poissonnière, sur une surface de 3 000 mètres, le procédé n'a pour ainsi dire pas varié depuis cette époque pour les 460 000 mètres de pavage en bois qui existent actuellement; il consiste à établir une fondation indéformable de $0^m,15$ et $0^m,20$ d'épaisseur en béton de ciment de Portland, bien lissé à la surface, sur laquelle viennent reposer directement des blocs parallélipipédiques de bois dont les dimensions sont généralement de $0^m,13 \times 0,08 \times 0,15$.

Diverses essences ont été employées : ce sont le sapin du Nord, les pins des Landes et le pitch-pin (pin de la Floride); on n'est pas encore bien fixé sur la valeur relative de ces diverses essences, mais jusqu'ici elles donnent de bons résultats.

Dans ces dernières années, la Ville de Paris a exécuté directement, avec son personnel et ses ouvriers, d'importants travaux de pavage en bois. A cet effet, des ingénieurs ont été envoyés en mission, tant à l'étranger qu'en France, pour étudier sur place les conditions de vente et de classement des bois, les habitudes commerciales et la possibilité de procéder à des achats directs, et une usine de sciage et de préparation des bois a été créée dans Paris. L'expérience a parfaitement réussi et 34 000 mètres environ de surface ont été ainsi exécutés directement à un prix d'environ 18 francs, alors que les pavages faits à l'entreprise n'on jamais coûté moins de 23 francs.

Le pavage en bois a ses avantages, mais il a aussi quelques inconvénients dont le principal est son prix élevé. Il jouit d'une grande faveur, par suite de l'extrême douceur du roulage et de l'absence de boue et de poussière, mais c'est un revêtement dont l'exécution entraîne de nombreuses sujétions. Pour assurer une usure aussi uniforme que possible, il faut avant tout faire un choix judicieux des bois, pour lesquels on doit plutôt rechercher l'homogénéité que la dureté; il importe aussi de supprimer toutes causes d'ouvertures de tranchées dans les chaussées; à cet effet, les rues doivent être munies d'égouts renfermant les conduites d'eau, les fils télégraphiques, téléphoniques et autres; les conduites de gaz doivent être reportées sous les trottoirs, et les branchements de concession d'eau desservant les propriétés riveraines doivent être reportés dans les branchements particuliers d'égout de ces mêmes propriétés. Ces précautions sont considérées comme essentielles et les transformations préliminaires des rues coûtent naturellement fort cher.

Le pavage en bois nécessite, en outre, un entretien très soigné; à Paris il est fréquemment lavé et brossé à grande eau; on empêche ainsi qu'il ne se couvre de détritus adhérents et qu'il ne devienne glissant à la moindre pluie; en été on l'arrose très souvent pour éviter une trop grande dessiccation des pavés et le fendillement du bois. En hiver, il devient très glissant pour les chevaux au début des gelées. Toutes les mains-d'œuvre résultant tant du nettoiement que de l'arrosement du pavage en bois sont en dehors des prix indiqués ci-dessus pour l'entretien à forfait; elles sont exécutées directement par les cantonniers et ouvriers de la Ville et coûtent par an de 0 fr. 80 à 1 fr. 20 par mètre carré.

Les demandes de transformation dont a été saisi le Conseil municipal ont été si nombreuses que, s'il y avait donné suite, les neuf dixièmes des rues de Paris seraient actuellement pavées en bois.

Depuis qu'il a été décidé que, avant de donner suite à une demande, les riverains et intéressés devraient payer la moitié des frais de premier établissement, l'engouement s'est un peu ralenti.

Avant d'examiner comment sont aménagés et entretenus les trottoirs, notons que l'on a beaucoup trop négligé, ces dernières années, la réfection et l'entretien du pavage en pierre.

Il est bon de faire de belles avenues, mais il est non moins bon de rendre toutes les voies praticables. Or, il y a certaines rues dans lesquelles il est matériellement impossible de passer dès qu'il a plu un peu. L'administration préfectorale devrait bien porter attention sur celles-là. Il n'en existe malheureusement pas que dans des quartiers déserts.

LES TROTTOIRS ET LES REFUGES

A Paris, les trottoirs sont en granit, en bitume, en pavés, ou tout simplement sablés.

L'entretien des 5 678 000 mètres carrés de trottoirs exige annuellement une dépense de 1 900 000 francs.

Le premier pavage est dû par les propriétaires sur toute l'étendue de la voie publique. Chacun doit donc payer le pavage correspondant à la façade de son immeuble, chaussée et trottoirs.

Mais la Ville s'est demandé si, lorsque par suite de considérations étrangères aux besoins ordinaires de la circulatron, une voie publique a reçu des dispositions exceptionnelles, l'on pouvait imposer aux riverains le pavage de la

voie publique ? La jurisprudence de l'administration a varié
à ce sujet. Depuis plusieurs années, on s'est arrêté à la
règle suivante : le premier pavage est à la charge des riverains, pour toutes les parties pavées ou empierrées, la surface des contre-allées sablées restant seule à la charge de la
ville, quelle que soit la largeur de la voie.

L'établissement des trottoirs dans les villes est d'origine
relativement récente. Dans beaucoup de localités, conformément à de vieilles ordonnances royales (des 14 juin 1510
et 21 novembre 1577),les anciens usages laissent en général
à la charge des riverains les frais de premier établissement
et même les frais d'entretien de pavage et n'en font pas une
dépense communale. Mais ces usages ne pouvaient déterminer les conditions de l'établissement des trottoirs, qui
étaient d'un emploi restreint, il y a peu d'années encore [1].
Aussi a-t-il été nécessaire de régler, par une loi spéciale, la
répartition, entre les communes et les propriétaires, des
frais de construction des trottoirs dont l'établissement est
d'utilité publique.

LES REFUGES

La difficulté pour les piétons de traverser les chaussées les
plus fréquentées et particulièrement les carrefours des boulevards dans le centre de Paris a attiré depuis longtemps

---

1. L'arrêt du Conseil. en date du 8 avril 1783, qui autorise l'ouverture
de la rue Le Peletier, contient cependant cette condition, qu'il y sera
établi des trottoirs de 4 pieds de longueur (1m,32), sur 10 à 12 pouces de
hauteur (0m,27 à 0m,33), avec bordures en pierre, recouverts d'un pavé
à chaux ou ciment, et défendus par de petites bornes de distance en distance. Depuis cette époque, tous les décrets ou ordonnances qui, sous la
Restauration notamment, ont autorisé des percements aux frais des particuliers (quartier de l'Europe, rue du Cardinal-Lemoine, etc.), ont exigé
la construction de trottoirs.

l'attention de l'administration. En même temps que les plaintes du public, les propositions les plus diverses ont été faites pour remédier à l'inconvénient signalé.

Une histoire extraordinaire circule à ce sujet et retrouve chaque année les honneurs de la publicité de la presse : un pauvre homme, écrasé au carrefour des grands boulevards et du faubourg Montmartre aurait légué, au moment d'expirer, sa fortune à la Ville, à la condition d'élever une passerelle en dessus ou en dessous de l'endroit où il aurait été écrasé.

Ce canard, qui ne repose sur rien, date d'une quinzaine d'années et fait preuve d'une longévité remarquable ; c'est en vain que l'on cherchera à l'empêcher de reprendre son vol périodique.

Le service municipal a étudié à plusieurs reprises des projets soit de passerelles aériennes, soit de passages souterrains ; il a dû renoncer aux uns et aux autres. Les passerelles aériennes seraient toutes d'un aspect désagréable et ne tarderaient pas à soulever de nombreuses réclamations. Il faudrait les placer à une assez grande hauteur pour ne pas entraver la circulation des voitures. La montée et la descente des escaliers, auxquels il serait d'ailleurs difficile de donner et la largeur et la douceur de pente nécessaires, seraient une fatigue et un danger surtout pour les vieillards et les enfants ; presque tous, d'ailleurs, reculeraient devant la perte de temps que ce moyen entraînerait. Quelle que soit la disposition adoptée pour ces passerelles, les escaliers et les points d'appui prendraient un emplacement important et seraient une cause de gêne pour la circulation générale. On a proposé, il est vrai, de placer des escaliers larges et bien aménagés dans les maisons d'angle des carrefours les plus dangereux pour accéder à des passerelles qui n'au-

raient plus sur la voie publique que des points d'appui insignifiants; mais l'expropriation d'immeubles sur les points
en question coûterait des sommes considérables, hors de
proportion avec les résultats à obtenir. Les expropriés seuls
trouveraient bonne cette solution.

Les passages souterrains présenteraient des inconvénients
analogues à ceux qui viennent d'être signalés. La nécessité
de passer sous les égouts, dans la plupart des cas, oblige-
rait à descendre à de [grandes profondeurs. D'ailleurs, les
préfets de police qui ont été saisis de la question, à différentes époques, se sont toujours opposés à l'établissement
de souterrains au point de vue des dangers qu'ils présenteraient pour la moralité publique, quelle que soit la surveillance qui y serait exercée.

Pour remédier aux dangers que présentent les croisées
de voies à circulation active, on a installé des refuges pour
les piétons au milieu des chaussées.

La présence d'un gardien de la paix sur le refuge assure
le bon ordre, et permet même de suspendre momentanément la marche des voitures pour laisser le passage aux
piétons. Le refuge est pourvu d'un appareil d'éclairage intensif et remédie aux inconvénients que l'obscurité ajoutait
à ceux qui existent dans le jour.

Dans les vastes carrefours formés par la rencontre de
voies larges et nombreuses, les refuges devraient être mul-
tipliés et affecter les formes les plus propres à faciliter la
circulation à la fois des voitures et des piétons. Il serait bon
de veiller aussi à ce que les kiosques des Compagnies de
tramways ou d'omnibus ne s'en emparent pas, car il y a une
tendance regrettable à substituer, aux bureaux naguère
installés dans des boutiques, des kiosques construits sur les
refuges.

LA TOILETTE DE PARIS

Le lavage, le nettoiement et l'arrosage des voies publiques. — Les balayeurs. — L'enlèvement des ordures ménagères. — La neige et la glace

Le nettoiement de l'immense surface des voies publiques de Paris, comme on peut aisément se l'imaginer, constitue l'un des services les plus importants de la direction des travaux de Paris.

Les récentes observations et découvertes des médecins, des chimistes et des micrographes, ont montré de quelle importance est, dans les grands centres, la propreté des voies publiques; et les étrangers qui visitent Paris pour la première fois sont généralement frappés du soin minutieux avec lequel les services municipaux entretiennent nos rues et nos boulevards.

Paris est la capitale la plus pimpante du monde entier.

La dépense annuelle qui, en 1877, a été de 4 618 000 francs, s'est élevée à 6 550 000 en 1889, et a été prévue pour 6 760 000 francs en 1891.

Le service du nettoiement a à balayer chaque jour une surface de plus de 10 860 000 mètres carrés; il comprend quatre grandes subdivisions :

1º L'achat et l'entretien du matériel;

2º Les cantonniers et les ouvriers auxiliaires;

3º L'arrosement;

5º L'enlèvement des boues et immondices.

Le *matériel* est réparti dans des dépôts établis dans tous les quartiers de Paris et placés sous la direction des ingé-nieurs. Chacun contient un approvisionnement suffisant de pelles, pioches, brouettes, balais, lances d'arrosement, etc. La plupart des dépôts sont, en outre, pourvus des diffé-rentes matières employées pour la désinfection des rues de Paris, telles que sulfate de fer, chlorure de chaux, acide phénique et poudres de diverse nature.

Les outils nécessaires pour le service journalier sont déposés dans chaque section d'ingénieur ordinaire. Quand ils ont besoin de réparation, ils sont envoyés aux dépôts et immédiatement remplacés par un nombre égal d'outils en bon état. Les comptables font réparer les outils rentrés et maintiennent toujours un stock d'outils disponibles.

Cette répartition du matériel facilite beaucoup le service, surtout quand on est pris à l'improviste, ainsi que cela arrive chaque année pour l'enlèvement des neiges et des glaces, et qu'on se trouve dans la nécessité de pourvoir in-stantanément d'outils toute une population d'ouvriers, comme cela a eu lieu en janvier 1891 à cause des grands enlève-ments de neige et du déglaçage des ruisseaux.

Dans ces dernières années, les dépenses pour l'achat et l'en-tretien du matériel se sont accrues dans une proportion sen-sible et ont passé de 210 000 francs (1880) à 325 000 francs.

La loi du 26 mars 1873 a permis à la Ville de créer une taxe pour subvenir aux frais de balayage et de nettoiement des rues de Paris.

Le tarif actuellement en vigueur a divisé les voies pari-siennes en huit catégories, suivant leur importance, et cette taxe est établie par mètre superficiel pour chaque nature de propriété. Le prix moyen de la taxe, par mètre carré, est de 36 centimes. En voici le détail exact.

CLASSES. — CATÉGORIES.	A CONSTRUCTIONS en bordure de la voie publique.	B PROPRIÉTÉS bâties ne bordant pas la voie pu- blique et closes par des murs, des grilles ou autres modes de clôture équiva- lents.	C TERRAINS VAGUES clos de planches, de treillages ou non clos.
	fr. c.	fr. c.	fr. c.
1re	0 70	0 525	0 35
2e	0 60	0 45	0 30
3e	0 50	0 375	0 25
4e	0 40	0 30	0 20
5e	0 30	0 225	0 15
6e	0 20	0 15	0 10
7e	0 10	0 75	0 05
8e	0 08	0 06	0 04

(Par mètre superficiel.)

Il n'a été tenu aucun compte, dans l'établissement de ce tarif, de la valeur des propriétés, mais seulement des nécessités de la circulation, de la salubrité et de la propreté de la voie publique.

On aurait peut-être dû mettre la valeur des immeubles également en ligne de compte afin de rendre cette taxe plus équitable.

D'autre part, le paiement de la taxe de balayage n'exempte pas les riverains des voies parisiennes des obligations multiples qui sont imposées, par mesures de police, en temps de neige et de glace.

Cette restriction est pleine d'inconvénients, car les propriétaires ne peuvent comprendre qu'ils doivent faire nettoyer leurs trottoirs alors qu'ils ont payé une taxe pour les faire balayer par la Ville, et il en résulte un mauvais état des rues dans les quartiers où les ingénieurs ne peuvent exercer une surveillance suffisante, c'est-à-dire dans la plupart des quartiers excentriques.

On a reconnu, depuis quelques années, que le lavage des chaussées aide beaucoup à la conservation de leur profil; cette opération a lieu tous les cinq ou six jours, sur les voies principales; on y procède de grand matin, en versant de l'eau en abondance et en balayant ensuite toute la surface.

Ce balayage est fait par les cantonniers, munis, à cet effet, de balais de bouleau ou de balais-brosses en piazzava[1], ou à l'aide de balayeuses mécaniques, dont l'usage a été introduit depuis quelques années dans le service du nettoyage des vues de Paris.

Une balayeuse se compose d'un bâti à deux roues, traîné par un cheval, avec un siège destiné au cocher; à l'arrière, se trouve l'appareil balayeur, composé d'un rouleau armé de brins de piazzava. Ce rouleau, qui a deux mètres de longueur, est incliné de manière à rejeter la boue sur l'un des côtés de la voiture.

Les brins du rouleau balayeur affectent une disposition hélicoïdale; il en résulte que la boue recueillie à l'une des extrémités du rouleau est poussée, de pas en pas de l'hélice, jusqu'à l'autre extrémité; elle est rejetée alors sur la chaussée, où elle forme une ligne continue. La boue ainsi ramassée à chaque parcours de la balayeuse est reprise par le parcours suivant et repoussée successivement de $1^m,50$ à chaque passage, jusqu'à ce qu'elle soit ramenée entièrement sur le bord du caniveau.

Le mouvement est donné au rouleau par un système d'engrenages coniques.

La vitesse de la balayeuse est celle du pas du cheval;

---

1. Crin végétal composé de nervures de certains palmiers.

elle balaie une superficie de 5 000 mètres par heure ; avec un bon cheval et un cocher bien au courant du travail, cette surface peut être portée à 6 500 mètres.

Le travail d'un balayeur est de 500 mètres par heure ; une machine fait donc le travail de dix hommes en moyenne.

Le prix de revient de chaque machine est de 1 000 francs. Elles rendent de très grands services au moment du dégel ou à la suite de chutes de neige, alors qu'il faut très rapidement débarrasser les chaussées à grande circulation.

LES BALAYEURS

La toilette de nos rues est faite tous les matins, de 4 à 10 heures, par une véritable armée de cantonniers, de balayeurs et de balayeuses : 2 600 hommes et 600 femmes, soit 3 200 ouvriers stationnaires. Quant au nombre des ouvriers auxiliaires, il est essentiellement variable et dépend surtout des circonstances atmosphériques.

Actuellement, les ouvriers balayeurs sont enrôlés par ateliers ou brigades ; le nombre de ces ateliers est de 149.

Les ateliers du centre de Paris sont composés, en général, d'un chef, d'un chef adjoint, et de 20 à 25 ouvriers, hommes ou femmes, dont la majeure partie travaille pendant la matinée seulement, pour faire le balayage obligatoire et aider au chargement des tombereaux d'enlèvement des immondices.

On ne conserve, pour la demi-journée du soir, que les ouvriers ayant le titre de cantonniers et qui sont chargés de pourvoir à tous les soins de propreté que comporte la voie publique, tels que balayage supplémentaire, lavage de ruisseaux et urinoirs, nettoyage des postes de police, entretien des halles et marchés.

Dans la zone annexée, chaque brigade comprend : 1 chef, 4 cantonniers ou ouvriers faisant fonctions de cantonniers et 15 à 20 balayeurs ou balayeuses. Ces derniers ouvriers ne sont occupés, à moins de circonstances atmosphériques exceptionnelles, que pendant la demi-journée du matin.

Avant 1893 la situation de ces braves gens n'était pas excessivement brillante ; pour beaucoup elle était fort précaire.

Les chefs ne gagnaient pas 5 francs par jours, les cantonniers titulaires 4 francs et les simples balayeurs 3 fr. 20 à 3 fr. 70 pour une journée de dix heures, soit de 32 centimes à 37 centimes l'heure. Enfin les femmes n'avaient que 30 centimes l'heure, et comme elles ne travaillent que de quatre heures à onze heures, leur pénible labeur ne leur rapporte que 2 fr. 10 par jour.

La situation de tous ces ouvriers était encore aggravée par ce fait que ceux qui ne sont pas titularisés sont obligés de fournir leurs outils et surtout que, ne participant pas à la caisse des retraites, ils n'ont plus aucun moyen d'existence quand l'âge les met hors d'état de travailler.

Ce dernier inconvénient rejaillit du reste sur la Ville, car les ingénieurs, ne voulant pas laisser de vieux balayeurs dans une misère absolue, conservent dans leurs chantiers des vieillards incapables de leur rendre aucun service sérieux.

Si on les renvoie, ils tombent inévitablement à la charge de l'Assistance publique.

Pour remédier à cette situation, une commission du Conseil municipal a étudié divers projets et voici, en résumé, quelles sont les améliorations proposées :

Au lieu de 34 et 37 centimes, les balayeurs recevraient 35 et 38 centimes de l'heure. Le nombre de ceux payés 32 centimes sera limité aux vieillards incapables de service actif ou aux débutants qui feront ainsi une sorte de stage. En outre, cette année, un tiers des femmes recevra 32 centimes au lieu de 30, et, dès l'année prochaine, la moitié du personnel féminin bénéficiera de cette augmentation. Enfin les salaires inférieurs à 30 centimes seront tous relevés à ce chiffre.

Malheureusement, ce projet ne fut pas discuté :

Le 22 juillet 1892, le Conseil, sans rapport, sans étude de détail, décidait en principe que le minimum du prix de journée des ouvriers de toute catégorie employés par la Ville de Paris ne devrait par être inférieur à 5 fr., soit à 150 fr. par mois.

Cette proposition aurait eu comme conséquence budgétaire, si le Conseil l'eût appliquée intégralement, un surcroît de dépense de plus de 4 millions et demi par an.

, Devant de tels chiffres et dans l'impossibilité de charger le budget d'une telle dépense annuelle, le Conseil adopta une augmentation de salaire, à partir du 1er juillet 1892, basée sur une échelle variant de 1400 fr. à 2000 fr. Coût, par an, 2900000 fr.

Le sentiment qui a guidé le Conseil est fort généreux; mais nous estimons qu'il n'est pas juste d'accorder à des ouvriers qui ont l'assurance d'un travail continu, *sans risque de chômage* et dont la plupart ne sont que des manœuvres, les salaires que des ouvriers expérimentés et assujettis aux chances bonnes et mauvaises de l'industrie atteignent rarement.

Mais il ne suffit pas de balayer Paris, il faut aussi l'arroser et, pendant les chaudes journées d'été, l'arroser copieusement.

L'ARROSAGE DES RUES

L'*arrosage* commence, à moins de circonstances exceptionnelles, le 15 mars sur les chaussées d'empierrement, et du 1er au 15 avril sur les chaussées pavées ; il se termine, pour les chaussées empierrées, au 15 octobre, et au 30 septembre pour les chaussées pavées.

Dans l'origine, toute la voie publique était arrosée au moyen de tonneaux d'arrosement, et cette opération revenait à 0 fr. 0012 par mètre carré pour les empierrements et à 0 fr. 0006 pour les surfaces pavées.

Depuis quelques années, on a appliqué sur les principales chaussées le mode d'arrosage à la lance.

L'appareil employé pour cet arrosage se compose d'un ensemble de tuyaux articulés, se vissant, par une de leur extrémités, sur une bouche d'eau sous trottoir, et munis, à leur autre extrémité, d'une lance en cuivre.

Cet appareil, bien connu des gamins de Paris, est livré à chaque cantonnier, qui peut arroser, en très peu de temps, la surface entière de son canton, en le transportant successivement de bouche d'eau en bouche d'eau.

Ce système d'arrosage revient, en tenant compte des frais de main-d'œuvre et de ceux de premier établissement et d'entretien du matériel, à 0 fr. 000 658 par mètre carré ; il coûte donc moitié moins que l'arrosage au tonneau, ce qui a conduit à lui donner un grand développement.

Les surfaces de chaussées arrosées à la lance mesurent 3 143 000 mètres carrés.

Un tonneau d'arrosement suffit, sur les chaussées pavées, pour arroser une surface de 20 000 mètres dans une journée ; sur les chaussées d'empierrement, en raison de l'absorption plus rapide, il ne peut arroser par jour que 10 000 mètres superficiels.

LE NETTOIEMENT. — LES TROTTOIRS

On a calculé que, à Paris, la quantité d'ordures ménagères, y compris les produits du balayage, est d'un peu plus d'un litre par habitant. Il fallait donc nécessairement régler l'enlèvement de cette masse de débris malsains.

Les *trottoirs* sont nettoyés, balayés, lavés, arrosés par les mêmes procédés que les chaussées.

En temps sec, un simple balayage, au balai de bouleau, suffit pour enlever complètement la poussière.

En temps humide (brouillard ou faible pluie), les trottoirs sont à Paris très vite recouverts d'une boue grasse. Lorsque cette boue est un peu dure, elle est grattée à la ratissoire ; mais pour peu qu'elle soit molle, il est préférable d'y effectuer des lavages, en répandant de l'eau avec un arrosoir à main.

Sur les trottoirs de largeur moyenne ou de faible largeur, voici comment s'opèrent les lavages : la bouche de lavage est ouverte, un ouvrier puise l'eau dans le ruisseau avec une écope de marinier et la projette sur les trottoirs, un autre ouvrier frotte en même temps avec le balai de piazzava ; ensuite, le trottoir est asséché au moyen de la raclette en caoutchouc.

En temps de pluie, un asséchage à la raclette suffit.

En tout temps, pendant le cours de la journée, il se fait un balayage pour débarrasser les trottoirs des détritus, papiers, etc., qui sont jetés par les passants.

LES CHAUSSÉES ET LES RUISSEAUX

Quelle que soit la nature de la chaussée, pour en opérer le balayage, en temps sec, il est indispensable de commencer par un arrosage préalable afin d'éviter la poussière. Lorsque le sol est gras, il est nécessaire d'y répandre assez d'eau pour en opérer le lavage, soit au moyen de bouches et d'appareils d'arrosage à la lance, soit au moyen de l'écope de marinier, soit enfin, par des tonneaux d'arrosement.

Enfin en temps de pluie, il s'y opère successivement plusieurs balayages mécaniques pour les décrasser ou enlever les flaques d'eau; sur les chaussées unies, pavage en bois ou asphalte, ces balayages ne s'opèrent que si les chaussées sont très chargées de boue ou de crottin; ils sont le plus souvent remplacés par un simple asséchage au moyen de la raclette en caoutchouc qui suffit pour nettoyer le sol à vif.

Les bourrelets ou cordons de poussière et de crottin produits par le balayage mécanique sont ramassés en tas au moyen du balai de bouleau et enlevés par les tombereaux qui font l'enlèvement des ordures ménagères; ce qui n'a pu être enlevé est coulé à l'égout en faisant le lavage des ruisseaux. En temps de pluie, les bourrelets liquides sont toujours poussés à l'égout.

Pour éviter l'engorgement des caniveaux et des radiers des égouts, on a établi, sur des voies très fréquentées, et notamment autour des halles et marchés, des récipients de tôle, fixés à la bouche d'égout pour y recevoir les sables et les ordures en laissant passer l'eau.

Sur les voies fréquentées, les lavages à grande eau assurent mieux la circulation et entretiennent mieux la propreté et la fraîcheur que tout autre mode de nettoyage; en temps de chaleur ou de sécheresse, ces lavages sont opérés :

Sur les voies pavées en pierre, de trois en trois jours environ;

Sur les voies empierrées, de trois en trois jours environ;

Sur les voies asphaltées, de deux en deux jours;

Sur les voies pavées en bois, tous les jours.

En général, ces lavages se font de 4 à 8 heures du matin.

Ils sont absolument distincts des arrosages, avec lesquels il ne faut pas les confondre.

Les *ruisseaux*, en général, sont lavés deux fois par jour au balai de bouleau.

LA JOURNÉE D'UN BALAYEUR

Pour donner une idée complète du travail qu'exige chaque jour la toilette de Paris, nous résumons l'emploi du temps des cantonniers et balayeurs.

De 4 heures à 6 heures et demie du matin :

Balayage et lavage des trottoirs et des chaussées, sablages pour assurer la circulation des chevaux et voitures, désinfection et lavage des surfaces souillées par les urines;

Nettoyage sommaire des urinoirs.

De 6 heures et demie à 8 heures et demie :

Enlèvement des ordures ménagères et des produits du balayage; continuation des travaux indiqués ci-dessus.

De 8 heures et demie à 11 heures :

Enlèvement du crottin sur la chaussée;

Lavage des ruisseaux;

Arrosage au moyen de tonneaux; d'appareils à la lance ou d'arrosoirs à main;

Nettoyage complet ou désinfection des urinoirs.

De 11 heures du matin à 1 heure du soir :

Repas des cantonniers. — Ce repas est avancé à 10 heures ou retardé à midi si les circonstances atmosphériques l'exigent ; parfois même la durée du repas est réduite à une heure. Pendant les grandes chaleurs, il est nécessaire que le service d'arrosement se continue sans interruption ; les cantonniers et les attelages sont alors divisés en deux parties : l'une continue le service pendant que l'autre prend son repas, dont la durée est réduite à une heure.

De une heure à 4 heures du soir (fin de la journée) :

Balayage mécanique, s'il y a lieu de le faire ;

Arrosage (comme ci-dessus) ;

Balayage des trottoirs à balai traînant pour éviter la poussière ;

Nettoyage complet et désinfection des urinoirs ;

Lavage des bancs, édicules, etc.

De 4 heures à 7 heures du soir :

Prolongation du service à 5, 6 ou 7 heures, suivant nécessité, pour balayage, lavage des ruisseaux, arrosement ou sablage.

De 7 heures à 9 heures du soir :

Pendant cinq mois d'hiver, sablage des voies asphaltées ou pavées en bois.

Pour ce travail supplémentaire, il n'est employé que des brigades commandées à tour de rôle parmi les cantonniers.

Les sablages sont opérés autant de fois dans la journée que cela est nécessaire pour empêcher que le sol ne soit glissant ; c'est l'une des mains-d'œuvre dont l'exécution ne doit jamais être différée.

ENLÈVEMENT DES ORDURES MÉNAGÈRES

L'enlèvement des ordures ménagères et des produits du balayage se fait de 6 heures et demie à 8 heures et demie du matin d'avril à septembre, et de 7 heures à 9 heures du matin d'octobre à mars inclusivement.

Autrefois les ordures ménagères étaient déposées sur les trottoirs ou au bord de la chaussée; leur éparpillement sur le sol était d'un aspect désagréable, et les tessons, verres cassés, etc., qui y étaient mêlés, étaient parfois la cause d'accidents.

Désireux d'améliorer un tel état de choses, l'administration, par arrêté préfectoral du 7 mars 1884, imposa aux propriétaires l'obligation de mettre à la disposition de leurs locataires, dès 9 heures du soir, un ou plusieurs récipients communs, de forme variable, mais de capacité et de poids limités, qui doivent être déposés sur la voie publique une heure au moins avant l'enlèvement et rentrés aussitôt l'enlèvement terminé. Ces récipients doivent être maintenus en bon état d'entretien et de propreté, et ne recevoir exclusivement que des ordures ménagères.

La mise en vigueur de cette mesure fut cause d'une protestation des chiffonniers, protestation qui amena une polémique de presse très vive contre M. Poubelle, le nouveau préfet de la Seine, signataire du malheureux arrêté devenu légendaire. Son nom baptisa les récipients imaginés cependant par son prédécesseur, comme celui de Rambuteau avait auparavant servi à désigner les colonnes utilitaires de nos boulevards.

Il est procédé, tous les trois ans, pour l'enlèvement des ordures, à une adjudication au rabais. L'ensemble de l'opération qui, autrefois, donnait lieu à une recette au profit de la Ville et qui, plus récemment, toute compensation faite, s'effectuait au pair, entraîne actuellement pour l'administration municipale une dépense annuelle de plus de 2 millions.

Cet accroissement de dépenses tient à des causes multiples; en premier lieu, au nombre de plus en plus restreint des cultivateurs sous-traitants qui opéraient eux-mêmes l'enlèvement des gadoues avec leur propre matériel et à des conditions avantageuses pour la Ville; en second lieu, à ce que la surface des terrains susceptibles de recevoir les ordures comme engrais diminue chaque année dans la banlieue de Paris. Enfin, dans les communes suburbaines, la Préfecture de police et la municipalité se montrent de plus en plus sévères au sujet des dépôts provisoires. Ce n'est donc plus qu'à des distances relativement considérables que les entrepreneurs peuvent trouver le débit de leurs engrais, en supposant qu'ils puissent les y faire parvenir à des conditions acceptables par l'agriculture. Si les frais de transport sont trop élevés, nul doute que les cultivateurs de ces régions ne préféreront le fumier qui possède des propriétés fertilisantes bien supérieures à la gadoue formée des détritus de Paris.

LES PROJETS D'UTILISATION DES ORDURES MÉNAGÈRES

En présence de la lourde charge que lui impose actuellement l'enlèvement des ordures ménagères, l'administration municipale a dû rechercher les moyens les plus propres à diminuer ses dépenses. Différents systèmes ont été proposés à cet effet et consistent, soit : 1° dans l'évacuation lointaine des ordures avec utilisation pour l'agriculture; 2°

dans l'incinération au moyen de fours spéciaux et transport des résidus dans des décharges publiques.

Dans le premier cas, il est indispensable de recourir au transport par bateaux ou par voies ferrées. Encore le transport par bateau, qu'il s'agisse de rivières ou de canaux, présente-t-il; pour un service essentiellement journalier, le grave inconvénient des chômages résultant, l'été, de travaux obligatoires ou du manque d'eau; l'hiver, des crues ou des chutes de neige. De plus, ce moyen n'est pas sans soulever, de la part des riverains, des plaintes qui créent à l'administration de sérieuses difficultés dans le choix des ports d'embarquement. Quant au transport par voie ferrée, il est soumis à des réglementations tellement sévères qu'il serait impossible d'y recourir si elles étaient appliquées dans toute leur rigueur et l'élévation des tarifs est un obstacle pour la réalisation de l'évacuation de ces détritus dans un périmètre qui ne pourrait pas être moindre de 120 à 150 kilomètres.

Avec l'abaissement des tarifs actuels, on aurait la facilité d'atteindre la Champagne Pouilleuse et la Sologne, où s'étendent d'immenses surfaces de terrains aujourd'hui presque incultes et qui, d'après des études faites sur la nature du sol, se bonifieraient rapidement par l'usage de cet engrais spécial. Ce serait une source précieuse de richesses pour ces contrées et peut-être un revenu pour Paris.

La Ville de Paris, qui a réussi à vaincre les préjugés des cultivateurs en installant, pour l'utilisation des eaux d'égout, un jardin d'essai à Gennevilliers, devrait agir de même en aménageant, pour l'utilisation agricole des gadoues, un domaine dans la Sologne ou dans la Champagne Pouilleuse, les essais d'incinération n'ayant jusqu'ici donné aucun résultat appréciable ni en France, ni en Belgique, ni en Angleterre.

Il y a peut-être là une nouvelle source de revenus très
importants pour les finances municipales.

L'ENLÈVEMENT DES NEIGES ET GLACES

Tout ce que nous venons de passer en revue s'applique à
la toilette de nos rues en temps ordinaire ; mais, quand
l'hiver est particulièrement rigoureux, le rôle de l'administration et des habitants est transformé en partie et singulièrement compliqué. Les propriétaires d'immeubles bordant les voies publiques doivent dégager leurs trottoirs en
repoussant la neige, soit sur la chaussée, soit en cordon sur
le trottoir même, briser la glace dans les ruisseaux, répandre du sable, des cendres ou du mâchefer en cas de
verglas, et enfin, dans certains cas, sur la réquisition de
l'administration, relever la neige en tas sur les chaussées.

Il est, de plus, formellement interdit aux particuliers d'apporter sur la voie publique la neige provenant des voies
privées, cours ou espaces intérieurs ; tous les ans on publie
un état des emplacements où ces neiges peuvent être trans-
portées.

Au début de chaque hiver, un avis imprimé est remis à
tous les propriétaires des maisons bordant la voie publique
pour leur rappeler leurs obligations ; on doit reconnaître
malgré cela qu'en général ce concours ne s'obtient qu'avec
beaucoup de difficulté ; il est souvent nécessaire de faire
intervenir les agents de la préfecture de police, de dresser
de très nombreux procès-verbaux et d'exécuter d'office le
déblaiement sur un grand nombre de points ; la population
parisienne s'obstinant à considérer que, puisqu'on lui fait
acquitter une taxe de balayage, elle n'a pas à balayer elle-
même la rue ni en été ni en hiver.

J'avoue que je trouve ce sentiment fort naturel et assez excusable.

En dehors des balayeuses, des traîneaux chasse-neige et des raclettes, on utilise, depuis 1880, le sel pour débarrasser les trottoirs et les chaussées de la neige quand elle ne tombe pas en trop grande quantité.

On emploie à cet effet du sel égrugé n'ayant subi aucune dénaturation et provenant des salines de l'Est ; en raison de sa destination, l'État et la Ville de Paris ont fait abandon des droits fiscaux dont il est frappé. Répandu sur la neige, il la fond en produisant un mélange réfrigérant variant de 12 à 15 degrés au-dessous de zéro ; il se produit ainsi une sorte de dégel partiel de toutes les parties de glace en contact avec le sel, et la neige se transforme en une boue noirâtre, demi-liquide et ingelable tant que la température ambiante ne descend pas au-dessous de celle du mélange, ce qui est rare à Paris. Cette boue, si elle est trop épaisse, est enlevée à l'aide de racloirs ou de machines balayeuses ; quand elle ne gêne pas trop la circulation, il est souvent utile, disent les ingénieurs, de la laisser sur place pendant quelques jours, car elle ne gèle pas et sert même de garantie contre la gelée en empêchant le verglas.

Cette abominable boue salée a cependant de sérieux inconvénients ; elle brûle la chaussure et tache sans remède les étoffes de certaines couleurs.

On estime que, pour fondre de la neige réduite par la circulation à une épaisseur de 4 à 5 centimètres, il faut répandre de 150 à 200 grammes de sel par mètre carré ; lorsque la neige atteint 15 à 20 centimètres l'opération se fait en deux fois ; un premier répandage réduit en boue la croûte supérieure et amollit la partie inférieure ; on enlève le dessus, et le dessous est dilué par un second répandage.

Les compagnies d'omnibus et de tramways ont le plus grand intérêt à ce que les chaussées où passent leurs lignes soient très promptement déblayées. La Ville a donc pensé à utiliser leurs concours de la façon suivante. L'administration met à leur disposition un nombre déterminé de machines balayeuses et de traîneaux chasse-neige, et les compagnies se chargent, au moyen de leur personnel et de leurs attelages, de déblayer et de relever la neige en cordons sur certaines grandes voies appartenant à l'itinéraire de leurs lignes. La Ville de Paris met également à leur disposition, mais contre remboursement, du sel pour le déglaçage des voies de tramways.

Après avoir passé en revue les différents moyens d'action dont on dispose, à Paris, contre la neige, il reste à donner un aperçu de leur mise en œuvre.

Si la neige tombe dans la journée, sans attendre que la chute ait cessé, les ateliers de cantonniers et d'ouvriers munis de balais, pelles, racloirs, etc., repoussent immédiatement la neige sur le revers des chaussées et déblaient les trottoirs, où ce soin appartient à la Ville (au-devant des propriétés municipales, des terrains non bâtis, des ponts, quais, etc.); les riverains font (ou plutôt devraient faire) ce même travail en ce qui les concerne; on leur rappelle au besoin, séance tenante, leurs obligations.

On constitue ainsi, dès les premiers moments, des cordons de neige; on tâche d'abord d'assurer la circulation des piétons et de maintenir des zones suffisamment larges pour les voitures.

Il est d'ailleurs compréhensible que les premiers efforts soient concentrés sur les voies principales.

Si la neige, au moment où l'on commence ce travail, atteint déjà une épaisseur de 10 centimètres, trop forte pour

être facilement et rapidement relevée à bras, on met en circulation les machines balayeuses munies de rouleaux de
piazzava mêlé de fil d'acier, et les balayeurs complètent le
relèvement en cordons.

Si enfin on est surpris, le matin, par une couche de neige
atteignant 15 à 20 centimètres, on lance les traîneaux chasse-
neige et on tâche d'ouvrir des zones de 5 à 7 mètres de largeur. — Les traîneaux sont suivis de machines balayeuses.
Si ces deux moyens employés concurremment, à plusieurs
reprises, sont impuissants à mettre la chaussée à vif, comme
par exemple quand la circulation a fortement tassé la
neige et l'a presque réduite à l'état de glace, on sable
fortement ou, mieux, on répand du sel pour provoquer la
fusion.

Cela fait, la circulation des piétons sur les trottoirs et
celle des voitures sur les principales voies étant à peu près
assurée, l'enlèvement au tombereau commence ; les cordons
de neige sont successivement portés aux décharges, en
commençant de préférence par les voies où le déblaiement
doit être complet.

Mais ce travail n'est fait que pour les rues à circulation
importante, celles considérées comme de première urgence ;
les autres se déblaient un peu au petit bonheur et doivent
souvent attendre que le dégel remette les chaussées dans
leur état normal.

Dès que le dégel commence, on suspend immédiatement
la plupart des enlèvements de neige ; les bouches d'eau,
barrées au moment des gelées pour éviter des dégradations
et des ruptures, sont débarrées par le service des eaux
sur la demande des ingénieurs. Toutes les machines balayeuses sont mises en marche et les neiges, coulées dans
les ruisseaux, sont poussées aux bouches d'égout. En

très peu de temps, la ville a repris son aspect accoutumé.

Vous savez à présent la somme extraordinaire de travail qu'il faut pour balayer les rues de cette bonne Ville de Paris en toutes saisons.

LES PROMENADES PARISIENNES

Les parcs, jardins, squares. — Les plantations. Les serres de la Ville.

Il ne suffit pas d'assurer partout la circulation des piétons et des voitures, de maintenir la propreté des rues; il faut encore veiller au bon entretien des promenades, assurer l'existence des arbres, le renouvellement des fleurs et des arbustes, la fraîcheur des gazons; il faut veiller à la propreté des bancs, des kiosques, des statues, etc., etc.

C'est l'œuvre du service des *promenades et plantations*.

Les anciens boulevards de Paris étaient autrefois garnis de plantations chétives, pour lesquelles on n'avait aucun soin particulier. La plantation des arbres était confiée à des entrepreneurs qui répondaient de leur reprise et qui étaient chargés aussi de l'entretien et de l'abatage de ceux qui ne pouvaient vivre dans un sol tout à fait impropre à la végétation. Ce système a été jugé par ses résultats qui étaient déplorables; on lui a substitué l'exécution directe, par un personnel de jardiniers et de cantonniers municipaux, des travaux de plantations et d'entretien.

Ce n'est pas une petite affaire, ni une dépense insignifiante, on va le voir, que d'assurer, dans l'atmosphère de

Paris, la vie des arbres en bordure de la voie publique.

Le sol de Paris est formé, en général, de détritus de toute nature, impropres et souvent défavorables à la végétation. La première précaution à prendre, pour la réussite des arbres, consiste donc à leur créer un terrain artificiel dans lequel ils puissent développer leurs racines; on obtient ce résultat en creusant des tranchées continues de 3 mètres de largeur sur 1 mètre de profondeur, tranchées qu'on remplit ensuite de terre végétale.

Mais ce n'est pas tout que planter l'arbre, il faut l'arroser et l'arroser très régulièrement.

Pour faire arriver l'eau aux racines des arbres, on commence par ménager, à leur pied, une vaste cuvette qu'on recouvre d'une grille, pour que le sol reste toujours perméable. Mais lorsque les racines se sont éloignées du tronc et se sont répandues au loin, l'eau ne peut plus arriver jusqu'à elles par la surface du sol, soit parce qu'il a été recouvert de bitume ou de pavé, soit parce qu'il a acquis, d'une manière quelconque, la consistance qui doit lui être donnée dans l'intérêt de la circulation. C'est alors qu'il importe d'amener l'humidité à l'extrémité des radicelles, à l'aide d'un système général de drains qui enveloppent les arbres et se relient entre eux par un drain conducteur, communiquant avec les branchements d'égout. En ouvrant un clapet qui ferme la communication de ces tuyaux avec l'égout, lorsqu'ils servent à l'arrosage, la destination de l'ensemble du réseau se transforme et devient, pendant l'hiver et au moment des pluies abondantes, un vaste système de drainage.

Voilà l'arbre planté et arrosé; quand il est faible encore, on le protège par une sorte de corset-tuteur et on le garnit de paillassons. Mais il faut encore, pour qu'il prospère, empêcher le gaz, provenant des fuites sous le sol, de l'étioler et de le faire périr ; la perte d'un grand nombre d'arbres n'ayant pas d'autre cause.

Pour arrêter les effets délétères de ces fuites, on a obligé la Compagnie du gaz à envelopper ses conduits dans un drainage en cailloux, et ses branchements dans des drains ordinaires mis en communication avec l'air extérieur ; cette disposition permet au gaz de s'échapper et facilite la recherche des fuites, par l'odeur qui se dégage des orifices ménagés au pied de chaque appareil où aboutit le branchement.

Malheureusement, ainsi que je l'ai pu constater moi-même, il arrive souvent que la Compagnie n'exécute pas la prescription ci-dessus.

Tels sont les procédés à l'aide desquels il a été possible de doter Paris des plantations qui constituent aujourd'hui l'un de ses principaux ornements, et qui contribuent puissamment à l'agrément et à la santé de ses habitants. Il est facile de comprendre que l'ensemble des précautions qui viennent d'être décrites coûte cher ; aussi le prix d'un arbre d'alignement atteint-il environ 170 francs.

Quand on veut obtenir immédiatement de l'ombrage, on transporte de grands arbres avec la terre qui entoure leurs racines, au moyen de ces chariots spéciaux bien connus des Parisiens. Mais ces arbres, qui viennent des cimetières désaffectés, des jardins expropriés ou des environs de Paris, ne valent jamais ceux qui ont été transplantés jeunes.

FLORE BOULEVARDIÈRE

Une nouvelle difficulté tient au choix des essences, car beaucoup d'arbres ne peuvent vivre dans Paris. Il faut choisir des arbres qui poussent rapidement, qui donnent de l'ombre, qui créent un bel aspect et qui ne soient pas atteints facilement par les insectes xylophages. Les seules espèces qui réunissent toutes ces conditions sont le platane, le marronnier et le tilleul.

Le platane pousse vite, s'élève à une grande hauteur et procure un ombrage touffu.

Le marronnier est plus lent à se développer au début ; mais la magnificence de son port, sa précocité, la beauté de son feuillage et de ses fleurs lui donnent le premier rang dans la décoration des avenues parisiennes. C'est le plus répandu.

L'orme est aussi un très bel arbre d'alignement, mais il a l'inconvénient d'être accessible au ravage d'un insecte, le scolyte, qui le détruit souvent, malgré les procédés ingénieux mis en usage par la science.

Le tilleul a le seul inconvénient de produire des fleurs précieuses que le public cherche à se procurer au risque de dégrader l'arbre ; on devrait l'utiliser davantage.

L'acacia et le vernis du Japon, très rustiques, n'ont que des feuilles étroites ne donnant pas d'ombre et sont à cause de ce défaut fort peu usités.

Les diverses essences de peuplier, de tulipier et autres arbres analogues, exigent des terrains humides et ont un bois cassant ; on ne peut les utiliser que bien rarement à Paris.

Les érables de diverses espèces ne donnent que des arbres de seconde grandeur.

On a essayé, il y a quelques années, sur la section d'avenue qui avait été ouverte en face de l'Opéra — à présent dégarnie d'arbres, — l'emploi d'une nouvelle essence, le planera, déjà employée sur le boulevard de l'Hôpital, où, jusqu'à maintenant, elle paraît s'acclimater assez bien ; mais l'essai en est encore trop récent pour savoir si le planera donnera de belles plantations d'alignement sous notre ciel parisien.

En comprenant les plantations des voies publiques, des établissements communaux, des cimetières *intra* et *extra muros,* on compte qu'il y a à Paris environ 126 000 arbres d'alignement[1]. Une véritable forêt !

LES BANCS

Après avoir orné nos grandes voies et avoir assuré aux promeneurs une ombre salutaire, le service des promenades a encore à leur procurer des sièges pour se reposer.

Les bancs, complément obligé de la voie plantée, étaient au nombre de 8 428 avant la guerre ; le tiers environ en avait été détruit ou détérioré pendant le siège et la Commune. On les a remplacés pour la plus grande partie depuis. Les nouvelles installations faites journellement laissent supposer qu'avant peu l'ancien chiffre sera atteint et même dépassé. Au 1er janvier 1892, le nombre des bancs installés sur les voies publiques était de 8 150.

Les dépenses d'entretien des plantations et des bancs s'élevaient, en 1889, à 115 000 francs.

---

1. Le nombre des arbres d'alignement dans Paris s'élevait, au mois d'octobre 1870, à 102 131. En 1875, par suite des destructions opérées pendant le siège et la Commune, il n'était plus que de 77 155 ; il est aujourd'hui de 87 058. (Dans ce nombre, ne sont pas comprises les plantations des squares, maisons communales et établissements divers, comprenant 8 298 arbres, ni les plantations des cimetières *intra* et *extra muros,* 30 527 arbres.)

LES DÉPENSES DE NOS JARDINS

En dehors de la voie publique, il existe à Paris, sous la forme de parcs, de jardins, de squares, de places gazonnées, etc., une surface totale de plus de 119 hectares de *promenades publiques*, ainsi répartie :

En gazon . . . . $559 492^a,53$
En massifs et jardins. . . . . $243 298^m.31$
En pièces d'eau. . . . . $315 359^m,46$
En constructions. . . . . $32 686^m,67$

Cet énorme domaine ne comprend pas les quatre grandes promenades des bois de Boulogne et de Vincennes, et des parcs de Montsouris et des Buttes-Chaumont.

Le bois de Boulogne a une surface de 873 hectares ; le bois de Vincennes en compte près de 944 ; les Buttes-Chaumont occupent 25 hectares, et le parc de Montsouris environ 16. C'est donc encore une superficie de 1 858 hectares de promenade à ajouter à celle de 119 dont nous parlions plus haut ; soit ensemble près de 2 000 hectares de promenades plantées, arrosées et entretenues dans et hors Paris.

Cet entretien représente des frais annuels considérables, sans parler du prix de premier établissement.

Les dépenses d'entretien de toutes les promenades, autres que le bois de Boulogne et le bois de Vincennes, s'élèvent, y compris l'aquarium du Trocadéro, les travaux d'architecture des maisons et édicules établis sur ces promenades, les grilles, etc., à 535 000 francs, ce qui ne représente qu'une moyenne de 45 centimes par mètre superficiel.

Toutefois, dans le total qui vient d'être indiqué, n'est pas compté le prix de revient des plantes fournies par l'établissement du Fleuriste installé dans l'ancien clos Georges, à côté de la Muette, à Passy, qui fait l'objet d'un article spécial du budget municipal et dont nous parlerons plus loin.

On compte à Paris cinq parcs : le parc Monceau, le parc de Montsouris, le parc du Champ-de-Mars, le parcs du Trocadéro et le parc des Buttes-Chaumont; 44 squares et 37 emplacements plus ou moins disposés en parc ou jardins, sans parler des deux fleuristes de la Muette et d'Auteuil.

Examinons le prix coûtant de quelques promenades :

Le *bois de Boulogne* a été cédé par l'État à la Ville de Paris, en vertu d'une loi des 8-13 juillet 1852.

La superficie entièrement en forêts, avec quelques routes droites, était, à l'époque de la cession, de 676 hectares; mais, par suite d'acquisitions, cette surface a été portée à 873 hectares.

C'est certainement encore l'un des plus beaux parcs du monde, bien qu'il ait été fort maltraité pendant le siège de Paris.

La longueur totale des routes, allées et sentiers de piétons est de 160 kilomètres, celle des ruisseaux de 12 kilomètres, et celle de la canalisation d'eau, pour l'alimentation des lacs et l'arrosement des routes et pelouses, de 56 696^m,85. Le nombre des bouches d'eau est de 1 800. Le sol en est très sablonneux et exige beaucoup d'eau.

Le volume des eaux employées par jour, en été, pour l'arrosement, est de 7 000 mètres cubes, et celui des eaux employées à l'alimentation des lacs et cascades, de 8 000 mètres cubes.

Les dépenses se sont élevées à 16 206 252 fr. 50; mais la Ville a vendu pour 10 401 483 fr. 84 de terrains, situés en dehors du périmètre primitif, et a reçu de l'État une subvention de 2 110 313 fr. 27, ce qui a réduit à 3 694 456 fr. 39 les dépenses à sa charge.

- La transformation du bois de Boulogne a été entreprise en 1853, et terminée en 1858; de très importants travaux y ont été exécutés depuis 1872 afin de le remettre en état.

On a souvent reproché à cette magnifique promenade d'être trop correcte, trop peignée, trop ratissée. La nécessité d'exercer une surveillance constante, de jour et de nuit, sur cette immense étendue, explique pourquoi il n'a pas été possible d'y laisser d'épais fourrés ou des taillis un peu sauvages.

Le *bois de Vincennes*, distrait du domaine de l'État, a été cédé à la Ville de Paris par une loi du 24 juillet 1860. Il a subi une transformation analogue à celle du bois de Boulogne. On a acquis, pour la réunir à la promenade, la partie des plaines de Bercy et de Saint-Mandé, comprise entre les anciennes limites du bois et le mur d'enceinte des fortifications de Paris. La nouvelle promenade a ainsi commencé aux portes de Paris.

Les travaux déjà entamés en 1858, aux frais de la liste civile, ont été repris en 1861, par la Ville, et terminés dans le cours de l'année 1866.

Les pièces d'eau du bois de Vincennes sont alimentées et l'arrosage est fait au moyen des eaux de la Marne, élevées sur le plateau de Gravelle par une turbine placée dans la chute des moulins de Saint-Maur, fournissant chaque jour un volume de 15 000 mètres cubes.

On estime à environ 6 millions la dépense de premier établissement.

Plus sauvage que le bois de Boulogne, le bois de Vin-

cennes n'est pas très sûr la nuit, en dépit des rondes d'agents
et de la surveillance des gardes.

Une des promenades les plus curieuses est celle du *parc
des Buttes-Chaumont*, établie sur l'emplacement de l'ancienne
voirie de Montfaucon, de sinistre mémoire. Son établissement est un véritable tour de force.

Avant la création du parc, le terrain, coupé par le chemin de fer de ceinture et par la rue Fessard, n'offrait à la
vue que des monticules de terre glaise, d'une aridité complète, et des excavations profondes constituant de dangereux précipices. On songea à utiliser cette vaste superficie,
si accidentée, pour en faire une promenade publique, en y
ajoutant l'eau et la verdure qui manquaient.

Pour obtenir ce résultat, on a dû, dans la partie la plus
voisine du centre de Paris, prononcer plus fortement un
système de vallées, tracer des allées suivant les pentes,
régulariser le sol, y apporter la terre végétale, faire les
semis et les plantations nécessaires. Les travaux ont eu
une très grande importance, sur ce point, parce qu'il a
fallu raccorder le parc, dans presque toute son étendue,
avec le boulevard de ceinture, ouvert en tranchée de
17 mètres de profondeur.

L'autre portion des Buttes, où se trouvaient la tranchée
pratiquée pour le chemin de fer de ceinture et les carrières
à plâtre, et qui forme aujourd'hui la partie la plus pittoresque du parc, a exigé des travaux incroyables. La ligne
des falaises, qui présente dans son ensemble un front verti-
cal de 35 mètres d'élévation, était heureusement mouve-
mentée par un grand promontoire, surplombant les terrains inférieurs anciennement exploités. On a détaché ce
promontoire de la masse, de manière à en faire un ro-

cher dominant à pic un lac qui le baigne de tous côtés.

Ce lac est alimenté par deux ruisseaux qui parcourent les deux vallons du parc. L'un des ruisseaux sort de la base du mur de soutènement du boulevard supérieur et tombe à travers une vaste grotte, formant une cascade de 32 mètres d'élévation. Ce mur et cette grotte d'un si charmant aspect, si pittoresques, ne sont cependant que des supports artistiquement disposés, ils n'ont été établis que pour maintenir les terrains voisins de Belleville, qui glissaient dans les anciennes carrières à plâtre.

Les marnes qui recouvraient la pierre à plâtre, sur une épaisseur de 15 mètres environ, et dont les talus presque verticaux se dégradaient sous les influences atmosphériques, ont été généralement tranchées suivant des pentes permettant au sol de se soutenir et de recevoir la terre végétale nécessaire aux plantations. Sur la pointe du promontoire, où il importait de conserver une grande masse surplombant au-dessus des eaux, un revêtement en maçonnerie imitant les rochers de la base maintient le terrain peu consistant.

Un pont suspendu de 65 mètres de portée, jeté au-dessus du lac et de l'allée qui l'entoure, relie cette portion du parc à l'autre, évitant aux promeneurs de longs détours.

Un grand nombre d'allées carrossables, de 7 mètres de largeur, et dont les pentes ne dépassent pas 6 centimètres par mètre, permettent aux voitures de parcourir toute l'étendue du parc, malgré la différence énorme de niveau qu'il présente.

Peu de visiteurs se doutent à présent, en contemplant l'aspect riant de cette belle promenade, des difficultés vaincues pour sa création.

Les eaux qui alimentent les cascades et les conduites de

distribution d'eau pour l'arrosage sont refoulées, par une machine spéciale, du canal de l'Ourcq dans un réservoir situé le long du boulevard supérieur qui borde le parc.

Les travaux, entrepris dans les premiers mois de l'année 1864, ont été achevés en 1869. Ils ont occasionné une dépense totale de 3 415 000 francs ; total peu élevé si l'on met en ligne de compte la difficulté d'exécution des travaux.

COMMENT ON GARNIT NOS JARDINS DE FLEURS ET D'ARBUSTES

Nous ne voulons pas passer ainsi en revue tous les jardins parisiens ; mais nous allons examiner comment ils sont pourvus d'arbustes, de fleurs, de gazon, etc., du plus petit square au plus merveilleux parc.

L'extension donnée par la Ville de Paris à ses jardins publics, le développement des plantations de ses avenues, l'aménagement des grandes promenades, des bois de Boulogne et de Vincennes, exigeaient une quantité toujours croissante d'arbres, d'arbustes et de fleurs. En s'adressant à l'industrie privée, la Ville de Paris eût trouvé difficilement la fourniture qui lui étaient nécessaire, surtout en ce qui concerne les nouvelles espèces végétales qu'elle voulait développer dans ses jardins et qui n'existaient pas en quantité suffisante chez les horticulteurs. On a pensé que l'administration obtiendrait facilement tout ce qui convenait à des besoins aussi divers et qu'elle pourrait donner au développement des végétaux la direction la meilleure, tout en réduisant les dépenses, par la création de vastes établissements, véritables manufactures de plantes.

Le plus important est le *jardin fleuriste* établi en 1855 à côté de la *Muette*, dans les terrains du clos Georges, détachés du bois de Boulogne et remis par l'État à la Ville avec cette promenade. Il comprend : les logements et les bureaux du conducteur chef de service et des principaux chefs de culture, qui doivent demeurer à côté des serres ; une orangerie, une serre à multiplication, une serre dite de sevrage, dix-sept serres de dimensions diverses, dix-huit petites serres pour l'éducation des plantes annuelles, couvrant ensemble une surface de 6 867 mètres ; une surface de 5 000 mètres de châssis de couches, un hangar pour les tulipes, divers bâtiments de service et 6 587 mètres de jardins pour la culture des plantes de plein air.

Le Fleuriste contient enfin de vastes caves établies dans les anciennes carrières de Passy, au-dessous du clos Georges.

C'est un établissement des plus curieux et l'un des moins connus des Parisiens.

Il y a, notamment, dans cet établissement des collections très remarquables de camélias, d'azalées, de palmiers et de tulipes, acquises anciennement par la Ville et qui couvrent en partie les frais de leur entretien par les produits tirés de la vente des fleurs.

Les dépenses de premier établissement des diverses constructions et l'aménagement du sol ont coûté 400 000 francs.

Le Fleuriste occupait en moyenne, avant la guerre, un personnel de 88 ouvriers, qui a été réduit de plus d'un tiers depuis 1872. Il peut produire par an 3 millions de plantes courantes qui ne reviennent qu'à 13 centimes ; les plantes du Fleuriste dépassant 50 centimes sont toutes des plantes de choix.

Le Fleuriste de la Muette jouit d'une réputation méritée dans le monde horticole, et il a reçu et reçoit encore des élèves jardiniers venus de tous les pays.

Il a rendu d'incontestables services à l'horticulture, en

vulgarisant l'emploi dans les jardins des grandes plantes
colorées, très décoratives, qui n'étaient pas acclimatées dans
notre pays. Il a obtenu, du reste, ce résultat important à
peu de frais, par des échanges avec tous les établissements
horticoles étrangers, et par les dons de voyageurs qui
ont parcouru l'Australie, la Chine, la Cochinchine et le
Japon.

Paris ne consomme pas seulement une grande quantité
de fleurs, il a également besoin d'arbres d'ornement et d'arbustes. Aussi la Ville a-t-elle installé trois pépinières destinées à l'élevage de ses plantations.

La première, située au milieu du bois de Boulogne, près
de la route d'Auteuil, a été créée en 1859. Elle occupe une
superficie de 32 088 mètres, et produit surtout des arbres
et arbustes à feuilles persistantes, nécessaires à l'ensemble
du service.

La seconde, établie également au bois de Boulogne, mais
dans la plaine de Longchamps, est destinée à l'élevage des
arbres et des arbustes de toute nature à feuilles caduques,
la nature argileuse du sol qu'elle occupe étant très propre
à la végétation de ces plantes. Elle s'étend sur une surface
de 45 000 mètres.

Enfin, la troisième, destinée à l'éducation des arbres d'alignement, est située à Bry-sur-Marne, dans une vaste terrain
de 184 000 mètres superficiels, acquis par la Ville en 1869
moyennant 60 000 francs, et dont la valeur est au moins
doublée aujourd'hui. On y élève, en grand nombre, des sujets destinés à être transplantés en mottes et qui fourniront,
dans quelques années, de grands et beaux arbres pour
combler les vides des plantations des avenues et boulevards
parisiens.

Les dépenses matérielles des services des promenades

étaient inscrites au budget de 1878 pour 1 517 500 francs.

Pour 1889-90 l'ensemble des ressources affectées à l'entretien des promenades intérieures s'est élevé à 1 895 000 francs environ.

On doit remarquer, d'ailleurs, que, si l'entretien des promenades et des plantations de Paris coûte aujourd'hui près de 2 millions, elles apportent au budget un revenu annuel de plus de 750 000 francs.

Le bois de Boulogne rapporte près de 242 000 francs, le bois de Vincennes 94 000 francs et les Champs-Élysées 290 000 francs, par suite de locations et de redevances disverses.

Le produit de la location et de la vente de plantes, de fleurs et de fruits, provenant des pépinières ou serres de la Ville de Paris, s'est élevé, en 1890, à une trentaine de mille francs. Très souvent, pour les fêtes de Charité, la Ville prête gratuitement ses plantes vertes et ses fleurs. C'est une source de réclamations de la part des fleuristes et horticulteurs du département de la Seine.

L'ÉCLAIRAGE DE LA VOIE PUBLIQUE

Les chandelles du bon vieux temps. — Les réverbères. — Le gaz. — L'électricité.

Nous venons de voir comment est établie la voie publique, comment elle est entretenue, nettoyée, arrosée, ornée. Examinons maintenant quels sont les moyens employés pour son éclairage.

On ne trouve pas trace d'un éclairage public, à Paris,

avant le xive siècle. Au mois de janvier 1318 seulement,
Philippe V rendit, à Vincennes, une ordonnance enjoignant
au greffier du Châtelet de veiller à ce qu'une chandelle fût
entretenue, pendant la nuit, auprès de la porte du palais
de ce tribunal afin de déjouer les entreprises des malfaiteurs qui se perpétraient jusque sur la place, alors la plus
fréquentée de la capitale.

Plus de deux cents ans après, un arrêt du Parlement
du 29 août 1558 prescrivit de placer des falots allumés au
coin de chaque rue au moins, mais uniquement pendant
l'hiver, et de 10 heures du soir à 4 heures du matin ; deux
mois après, on substitua des lanternes aux falots. La dépense devait être supportée par les riverains. Mais l'état
de pénurie des finances publiques n'ayant pas permis
l'avance des frais d'installation, le matériel dut être vendu
pour désintéresser les fabricants et ouvriers qui l'avaient
livré.

Une trentaine d'années plus tard, l'ordonnance de police
du 30 septembre 1594 obligea les habitants à établir des
lanternes dans chaque section de quartier.

Mais l'exécution de cette ordonnance se heurta à une
résistance considérable des marchands et bourgeois parisiens. Pour s'en bien rendre compte, il faut nous souvenir
que les habitudes de nos pères différaient notablement
des nôtres, en ce qui concerne l'emploi du temps à partir
de la tombée de la nuit. Le couvre-feu sonnait de bonne
heure et invitait la population à rentrer au logis pour y
prendre repos et sommeil. Par contre, on était très ma-
tinal ; les archives du Parlement de Paris apprennent que
la cour faisait des visites de lieux à 6 et même à 4 heures
du matin. Les heures des repas n'étaient pas non plus les
mêmes que de nos jours. Au xviie siècle, on signalait comme

une chose fâcheuse l'usage qui s'établit alors, de retarder de 4 à 5 heures du soir le moment du souper afin de pouvoir aller, aussitôt après, à la comédie.

Il est curieux de constater que, à Paris, l'heure du dîner a toujours une tendance à se retarder, d'abord 5, puis 6, puis maintenant 7 heures.

Sous l'administration du lieutenant de police La Reynie, les lanternes avec chandelles se multiplièrent même dans les faubourgs, mais l'éclairage ou *illumination*, suivant le style du temps, n'avait lieu que du 1er novembre à la fin de février; cette durée fut étendue par arrêt du Parlement en date du 23 mai 1671, du 20 octobre au 31 mars.

Jusqu'à la seconde moitié du xviie siècle, comme on le voit, l'éclairage public de Paris constitua une charge foncière; mais par un arrêt du Conseil du 28 janvier 1668 et un édit de janvier 1704, ce service fut racheté aux prestataires et passa au compte du Trésor public.

Sous l'habile administration de M. de Sartine, lieutenant général de police, on ouvrit un concours en vue d'établir les conditions à réaliser pour obtenir le meilleur éclairage public. Lavoisier, qui remporta le prix, formula, dans cette circonstance, une loi importante d'après laquelle l'éclairage des villes doit avoir pour base *la multiplicité de foyers de lumière à faible intensité*.

En 1774, année où M. de Sartine quitta ses fonctions de lieutenant général de police pour prendre le portefeuille de la marine, la Ville de Paris avait 8 000 lanternes.

En 1780, on avait déjà substitué 1 200 *réverbères* à un nombre égal de lanternes à chandelles; en 1834, il y avait à Paris 5 487 lanternes pour l'éclairage public, éclairage que l'emploi du gaz devait transformer complètement.

C'est en 1824 qu'apparaît l'éclairage au gaz : des essais

de ce mode d'éclairage furent faits à cette époque par
plusieurs sociétés industrielles exploitant des périmètres
distincts; la lumière ainsi obtenue fut rapidement en faveur
et devint, en moins de vingt ans, le type normal adopté
pour l'éclairage de la capitale.

Les avantages résultant de l'emploi du gaz sous le rapport de l'économie, de la propreté et de l'intensité de la
lumière, ont fait abandonner l'éclairage à l'huile qui n'est
conservé que dans un certain nombre de rues excentriques,
encore dépourvues de conduites pour amener le gaz, et sur
quelques quais de la Seine et des canaux. Encore a-t-on
substitué le pétrole à l'huile à quinquets.

LA QUESTION DE L'ABAISSEMENT DU PRIX DU GAZ

Au moment où la question du monopole de la Compagnie
actuelle est en discussion, où l'on cherche des combinaisons
de nature à amener l'abaissement du prix du gaz sans
prolonger le monopole actuel, il nous a paru intéressant de
faire un court historique du traité entre la Compagnie parisienne du gaz et la Ville.

Antérieurement à 1855, les conditions de fabrication, de
distribution et d'usage du gaz avaient bien appelé l'attention de l'administration et fait l'objet des règlements de
police; mais on subissait ce grave inconvénient que six
Compagnies, ayant chacune un périmètre séparé, vendaient
le gaz à des prix différents, soit au public, soit à la Ville
de Paris. En 1855, l'administration municipale se préoc-
cupa d'établir la régularité dans le service et de fixer un
prix uniforme de consommation qui, tout en étant rému-
nérateur pour les Compagnies, fût moins onéreux pour les
particuliers. Les Compagnies existantes opérèrent leur

fusion avec l'une d'elles, la *Compagnie parisienne d'éclairage et de chauffage par le gaz*. En compensation du monopole accordé à cette Compagnie, qui, par un traité du 23 juillet 1855, est devenue concessionnaire pour une durée de cinquante ans du droit exclusif de conserver et d'établir des tuyaux pour la conduite du gaz courant d'éclairage sous les voies publiques, elle s'engageait :

1° A réduire le prix du gaz à 30 centimes par mètre cube pour les particuliers, et à 15 centimes pour les services publics ;

2° A payer un droit annuel de 200 000 francs pour la location du sol de la voie publique occupé par ses conduites et un droit d'octroi de 2 centimes par mètre cube de gaz consommé dans Paris ;

3° A étendre la canalisation sur tous les points de la voie publique où l'administration le jugerait nécessaire, et à développer ses usines et ses moyens de fabrication de manière à pouvoir satisfaire à tous les besoins de la consommation ;

4° Enfin, à partager les bénéfices avec la Ville pour la part qui dépasserait 10 p. 100 du capital de 55 millions ; mais seulement à partir du 1er janvier 1872.

En outre, l'administration se réservait le droit de faire déplacer et même enlever, aux frais de l'entrepreneur et sans indemnité, les tuyaux de gaz toutes les fois que l'intérêt public l'exigerait ; de déterminer la direction et le diamètre de ces tuyaux, et d'autoriser, pour des essais de nouveaux systèmes d'éclairage, une canalisation spéciale dans la limite de 1 000 mètres de longueur.

A la suite de l'annexion à Paris d'un certain nombre de communes, en 1860, le traité de 1855 fut modifié afin d'assurer l'éclairage des nouvelles parties de la capitale.

En 1869, sous la pression d'impérieux besoins d'argent dus à la liquidation des travaux de M. Haussmann, la Ville étudia un nouveau traité qui fut conclu le 7 février 1870 et qui est en vigueur actuellement, et dont les clauses les plus importantes sont les suivantes :

Ce traité a maintenu à 2 centimes par mètre cube de gaz la redevance que la Compagnie doit verser à la caisse municipale, mais il a supprimé la faculté laissée à la Compagnie de s'exonérer de cette redevance au moyen du payement des droits d'octroi sur la houille. La Ville de Paris se trouve ainsi en possession d'un revenu ferme et à l'abri des changements qui pourraient être apportés aux taxes d'octroi.

La Compagnie faisait à la Ville l'avance de trois années des bénéfices qui, ne devant être partagés entre la Ville et la Compagnie qu'à partir de 1872, le furent à partir de 1869.

Toutefois, afin de tenir compte à la Compagnie des charges nouvelles qui lui sont imposées, de l'avance de trois années de bénéfices qu'elle accorde à la Ville et de la dette de celle-ci pour l'éclairage de la zone annexée, de 1861 à 1872, le nouveau traité dispose que le partage des bénéfices ne commencera plus qu'au delà d'un service de 10 p. 100 pour dividende et intérêt des actions fixé à 12 400 000 francs jusqu'en 1887, et à 11 400 000 francs à partir de cette année jusqu'à la fin de la concession.

La part de la Ville dans les bénéfices de la Compagnie du gaz est fort productive. Elle est formée :

1° Par la redevance payée en vertu de l'art. 6 du traité de 1870 ;

2° Par la taxe de 2 centimes qui frappe chaque mètre cube de gaz consommé dans Paris ;

3° Par un droit fixe annuel de 200 000 francs pour la

location des parties du sous-sol occupées par les conduites de gaz.

En 1877 elle a produit . . . . 8 350 000 fr.
En 1882 . . . . 15 100 000 »
En 1887 . . . . 12 400 000 »
En 1889 . . . . 19 863 000 »

En 1879, le Conseil municipal étudia la question de l'abaissement du prix du gaz et tenta d'imposer à la Compagnie une diminution en s'appuyant sur l'art. 48 du traité de 1870.

On espérait obtenir 5 centimes de diminution par mètre cube. Des pourparlers s'engagèrent alors entre l'administration municipale et la Compagnie du gaz en vue de la recherche des moyens propres à obtenir à l'amiable, et par des concessions réciproques, cette diminution de prix du gaz, et une commission, composée de membres du Conseil municipal, de la direction des travaux et du Conseil d'administration de la Compagnie du gaz, fut constituée en vue d'arrêter les bases de cette entente.

Cette tentative, reprise à nouveau en 1883, échoua complètement. La Compagnie du gaz déclara que si, comme cela était à espérer, la diminution de prix amenait un accroissement de consommation, il était indispensable qu'elle créât de nouvelles usines. Elle subordonnait toute atténuation de prix à une prolongation de concession lui permettant d'amortir son capital. Les représentants du Conseil municipal ne voulurent accorder aucune prorogation de concession.

Une nouvelle commission se réunit en 1883 pour étudier, à la suite d'une très remarquable étude faite par M. le conseiller Cochin, si une économie notable dans le prix de revient du gaz serait de nature à amener une réduction

de prix à partir de la période quinquennale commençant
en 1885; les conclusions de cette commission furent à peu
près les mêmes que celles de sa devancière.

La Ville alors intenta à la Compagnie un procès qu'elle
perdit devant toutes les juridictions.

Il s'ensuit que le prix du gaz est resté fixé à 30 centimes
pour le particulier et à 15 centimes pour la commune parisienne suivant les termes du traité de 1855-56.

Enfin, en 1890, à la suite du renouvellement du Conseil
municipal, de nouvelles négociations furent entamées, au
cours desquelles la Compagnie proposa d'abaisser à 25 centimes le prix du gaz d'éclairage, à la condition d'obtenir
une prolongation de son monopole pendant vingt-cinq
années, de 1905 à 1930.

La commission chargée d'étudier cette proposition a
rejeté le principe de la prorogation; mais elle a étudié une
série de combinaisons financières tendant à faire rembourser purement et simplement à la Compagnie, par la
Ville de Paris, qui pourrait repasser cette charge aux successeurs de la Compagnie actuelle, les pertes dues à l'abaissement du prix du gaz. Aucune solution n'a pu intervenir.

Il est à craindre que le Conseil municipal, ne réussissant
à trouver de combinaisons avantageuses, maintienne les
prix actuels jusqu'en 1905, date d'expiration du traité en
vigueur. Alors la Ville pourra reprendre l'exploitation directe des usines à gaz, comme cela se fait déjà dans plusieurs villes de France et de l'étranger, notamment à Bir-
mingham et à Bruxelles.

LE NOMBRE DES BECS DE GAZ A PARIS. — LA DÉPENSE
DE GAZ ANNUELLE

Mais revenons à l'éclairage de la voie publique.

L'éclairage de la voie publique comprend actuellement 50 500 becs alimentés par le gaz et 444 becs éclairés au pétrole. Nous sommes loin des 8 000 lanternes de La Reynie.

Les appareils d'éclairage public varient en nombre, selon les besoins du service et les travaux de viabilité. Ou bien :

Ils sont en service permanent, c'est-à-dire allumés toute la nuit ;

Ils sont en service variable, c'est-à-dire allumés une partie de la nuit ;

Ils sont en cessation, c'est-à-dire qu'ils ne sont pas allumés du tout momentanément, par mesure d'économie.

La charge de l'éclairage public pèse sur les finances municipales, annuellement, pour 6 250 000 francs.

Dans cette somme, le montant de l'éclairage des établissements communaux de toute nature entre pour 1 585 000 fr.

Depuis quelques années, par suite de la concurrence que fait au gaz la lumière électrique, on a installé aux abords des halles et marchés, aux carrefours des grandes voies, beaucoup d'appareils à foyer intensif, mais le type du bec de gaz ordinaire, c'est-à-dire le bec brûlant 140 litres à l'heure, reste le type le plus répandu, puisque, sur un total de 50 500 appareils, il y en a 47 505 à brûleurs de 140 litres.

La dépense d'un appareil (ancien modèle) à un bec éclairé par le gaz s'élève à 93 fr. 34 par année, en supposant un éclairage moyen de 10 heures 15 minutes par nuit. Ce prix est ainsi fixé :

Consommation du gaz, à raison de 0fr,021 par heures et par bec.   78 fr. 50
Entretien, 2 centimes par jour.   . . . .   14 fr. 84
TOTAL ÉGAL. . . . .   93 fr. 34

Les appareils du nouveau modèle Oudry à lanterne ronde, qui exigent un entretien plus soigné, coûtent annuellement 104 fr. 77.

Les appareils du modèle à foyer intensif coûtent annuellement,

Pour foyer de 1 400 litres :

Gaz. . . . .   469 57 } 515 fr. 20
Entretien. . . . .   25 63 }

Pour foyer de 875 litres :

Gaz. . . . .   306 62 } 348 fr. 60
Entretien. . . . .   41 98 }

Enfin la dépense pour chaque appareil de l'éclairage au pétrole est de 156 fr. 95.

La Ville fait procéder, dans un laboratoire spécial, à des expériences sur les diverses inventions de nature à améliorer l'éclairage au gaz des rues de Paris.

En 1884, il a été mis en service, à titre d'essai, sur la voie publique, deux foyers intensifs système Bourrey. — Le gaz avant d'arriver au brûleur traversait un cône renversé, placé au milieu de la couronne; ce cône était chauffé ainsi par la flamme qui l'embrassait complètement. Ces essais n'ont pas réussi.

Mais en ce moment on dote plusieurs voies d'appareils de divers inventeurs, appareils imaginés pour augmenter le pouvoir éclairant des becs de gaz, soit en le faisant brûler dans une couche d'air surchauffé, soit en employant d'autres procédés que la récupération de la chaleur : incandescence de couronne d'amiante, disposition des brûleurs, réflecteurs, carburateurs, etc. L'économie de gaz paye en cinq ans les frais d'installation de ces brûleurs perfectionnés.

L'éclairage dans les établissements municipaux est, comme celui de la voie publique, surveillé par les agents placés sous les ordres des ingénieurs de sections. Le relevé de la consommation du gaz est fait, tous les trimestres, par les agents du service municipal, contradictoirement avec ceux de la Compagnie parisienne.

La consommation du gaz, dans les écoles en particulier, a augmenté, depuis plusieurs années, dans une proportion considérable qui se justifie par le développement donné à l'ouverture des classes du soir, cours particuliers et conférences qui s'y font et qui jouissent du privilège de l'éclairage public. A tous les points de vue, cette augmentation de dépense, due à une cause d'instruction, doit être admise, car il faut espérer que les heureux effets ne tarderont pas à s'en faire sentir.

Cependant, afin d'éviter le gaspillage du gaz, l'administration a pris quelques mesures utiles.

Autrefois, tous les becs avaient le même calibre; par l'emploi des régulateurs, il a été facile de proportionner le débit des becs à l'importance des locaux à éclairer, de façon à mieux répartir la lumière tout en obtenant des consommations moindres.

C'est dans ces conditions qu'il a été possible de diminuer les propositions du budget de l'éclairage de l'exercice 1888 de 50 000 francs, et celles du budget de 1889 de 76 730 francs.

Nous ne dirons rien de l'éclairage privé, ce sujet n'entrant pas dans le cadre de notre livre, et nous passerons maintenant à l'examen des essais d'éclairage électrique tentés par la Ville tant sur la voie publique qu'aux Halles et à l'Hôtel de Ville et dans certains parcs.

L'ÉCLAIRAGE ÉLECTRIQUE

C'est au mois de février 1878 qu'eut lieu, à Paris, le premier essai d'éclairage électrique de la voie publique. La première installation fut faite au moyen de foyers Jablochkoff par le syndicat d'étude de la lumière électrique, d'abord sur la place de l'Opéra, puis sur l'avenue et enfin sur la place du Théâtre-Français.

Cette installation comprenait 62 foyers, dont 8 doubles, sur la place de l'Opéra. Elle était divisée en quatre groupes ayant chacun une force motrice distincte, installée : pour le premier groupe, dans les sous-sols de l'Opéra; pour les deuxième et troisième groupes, dans la cour d'une maison neuve de l'avenue de l'Opéra, et enfin, pour le quatrième groupe, dans un sous-sol de la rue d'Argenteuil.

Le 28 décembre 1878, le Conseil municipal fut saisi d'un rapport tendant à de nouvelles applications de l'éclairage électrique sur diverses voies publiques de Paris, et proposant la continuation pendant un an, à partir du 15 janvier, des essais de ce mode d'éclairage sur l'avenue de l'Opéra et les places annexes.

En 1881, la place du Carrousel fut éclairée au moyen de foyers du système Mersanne.

Divers autres essais plus ou moins importants furent faits sans résultats satisfaisants à la suite de l'Exposition internationale d'électricité qui eut un si grand succès en 1881 au palais de l'Industrie.

De tous les essais sur la voie publique tentés à ce moment, un seul s'est poursuivi jusqu'à ce jour, c'est celui de la place du Carrousel, qui est continué actuellement par la Société Lyonnaise de constructions mécaniques. D'un autre côté, deux parcs sont définitivement éclairés à l'électricité : l'un, le parc Monceau, depuis le 1er décembre 1882; l'autre, le parc des Buttes-Chaumont, depuis le 14 juillet 1884. Le premier est éclairé par 12 foyers Jablochkoff, le second par 47 foyers Brush. L'exploitation est faite en régie par la Ville. La dépense pour le parc Monceau s'élève par an à 15 200 francs; pour les Buttes-Chaumont, elle est de 27 300 francs.

L'arc voltaïque seul a donc été employé sur la voie publique, l'incandescence ne s'y est encore produite qu'à titre d'essai sur deux voies : rue Auber et rue des Halles. C'est un point curieux de l'histoire de l'éclairage à Paris, car après l'Exposition d'électricité de 1881, le public avait manifesté pour cette nature de lumière une préférence que l'on n'a cherché à exploiter que depuis 1889.

La Ville a consacré une somme de 200 000 francs à l'éclairage électrique des grands boulevards pendant la durée de l'Exposition et cet essai a été continué et étendu en 1890 et 1891. On a de même éclairé les abords du canal Saint-Martin dans un but de sécurité.

Ces essais ont été rendus définitifs au cours de l'année 1891, en ce sens qu'on a concédé l'éclairage aux titulaires actuels pour une période de dix ans.

L'ÉCLAIRAGE DES MONUMENTS MUNICIPAUX

L'éclairage électrique de l'Hôtel de Ville fonctionne régulièrement depuis le 20 octobre 1883. L'installation comporte actuellement :

1° Sept machines à vapeur et sept machines dynamo-électriques pouvant alimenter chacune 300 lampes de 16 bougies.

Ces machines alimentent 550 lampes Edison de 16 bou-gies, réparties dans les locaux du Conseil municipal et dans diff érents bureaux;

4 000 lampes Edison de 10 bougies, réparties sur 106 lus-tres placés dans les salons et les salles des fêtes; cette dernière installation a été achevée en vue des fêtes données pendant l'Exp osition de 1889 et a été faite directement par la Ville qui assure l'exploitation elle-même en régie.

Au moment où l'on a concédé à diverses Sociétés le droit de poser des réseaux de câbles pour la distribution de l'électricité, le Conseil municipal, dans le but de créer un terme de comparaison et d'établir un contrepoids aux tarifs des compagnies d'éclairage électrique, a décidé la création d'une *usine municipale d'électricité*. Cette usine, établie dans le sous-sol des Halles Centrales, a coûté plus de onze cent mille francs et ne dessert encore que de rares abonnés en dehors de l'éclairage des pavillons et des sous-sols des Halles.

Pour qu'elle ait une véritable influence, il faudrait qu'on y fît régulièrement des essais, qu'on y mît en application les perfectionnements réalisés ou proposés et surtout qu'on la considérât davantage comme marchande d'électricité pour le public.

AQUEDUC D ARCUEIL

CHAPITRE IX

LES EAUX ET LES ÉGOUTS

I. *Les Eaux :* Les vieilles fontaines parisiennes. — Les eaux du roi. — Les premières machines hydrauliques. — L'aqueduc de Marie de Médicis. — Les pompes à feu. — Les premiers projets de dérivation. — Belgrand. — La Compagnie des eaux.

II. *Les eaux de source amenées à Paris :* La Dhuis, la Vanne, les sources de Cochepies. — Les réservoirs. — Les puits artésiens. — Les nouvelles dérivations.

III. *Comment on livre l'eau :* La jauge, le robinet libre. — Le compteur. — Ce qu'on fait payer l'eau aux Parisiens. — La question de l'abonnement obligatoire.

IV. *Les Égouts :* Les anciens égouts. — Le plan d'ensemble de Belgrand. — Une route souterraine de 1 240 kilomètres. — Les divers types d'égouts. — Les canalisations dans les égouts. — Le curage. — Les réservoirs de chasse.

I

LES EAUX

Une des plus graves difficultés de l'administration municipale a toujours été d'alimenter en eau potable le service
privé des habitants de Paris, tout en ayant un volume
d'eau suffisant pour les services publics.

D'après le recensement de 1887 la population totale étant
de 2 345 000 habitants environ, et les travaux des ingénieurs
hydrauliciens ayant établi que la quantité d'eau par tête
d'habitant devait être 100 litres, on voit quelles difficultés
présente la distribution régulière à la population parisienne
d'un volume d'eau qui devra être porté à 234 500 000 litres par
jour.

Les anciennes fontaines parisiennes.
Les eaux du roi.

Sans parler des petites sources de Belleville et des Prés-
Saint-Gervais qui, depuis l'origine même de Paris, ou tout
au moins depuis l'époque mérovingienne et carlovingienne
ont servi à son alimentation, la seule ressource des Parisiens, qui ne pouvaient faire usage de l'eau de la Seine ou
qui n'avaient pas la disposition de puits, se réduisait aux
fontaines Maubuée, des Innocents et des Halles, qu'on soupçonne avoir été créées par Philippe-Auguste et qui seules
alimentèrent la capitale jusqu'au xive siècle.

A la fin du xve siècle, les fontaines publiques n'étaient encore qu'au nombre de seize, toutes situées sur la rive droite.

Douze étaient dans l'intérieur de la Ville, les fontaines Maubuée, de Marle, Saint-Avoye, Barre-du-Bec, Baudoyer, Saint-Julien, alimentées en eaux de Belleville; des Halles, des Innocents, du Ponceau, de la Reine, de la Trinité, des Cinq-Diamants, qui recevaient les eaux des Prés-Saint-Gervais.

Quatre au contraire étaient hors des murs, celles de :

Saint-Lazare, des Filles-Dieu, des Cultures-Saint-Martin et du Temple.

Au commencement du xvi⁵ siècle, on établit à la vérité trois nouvelles fontaines : celles de la Croix-du-Trahoir, de Birague et du Palais, sans cependant augmenter pour cela le volume d'eau disponible. Le mince filet d'eau fourni par ces fontaines publiques était encore réduit par l'abus de concessions particulières gratuites faites aux gens de la Cour, à certains membres du Parlement et de la bourgeoisie. Le roi faisait ces concessions et l'ensemble des fontaines avait nom : les *Eaux du Roi*.

Établissement des premières machines hydrauliques.

Cette insuffisance notoire de l'eau à Paris frappa vivement Henri IV, qui, voulant rendre à la distribution de la Ville le volume d'eau que recevaient les maisons royales à cette époque, approuva, en 1606, le projet de la pompe de la Samaritaine présenté par un Flamand nommé Jean Limlaer. Cet établissement hydraulique fut érigé en 1608, malgré l'opposition du prévôt et des échevins. L'eau élevée fut substituée à celle que l'on tirait de la fontaine de la Croix-du-Trahoir.

C'est la première fois qu'on faisait usage de machines hydrauliques pour élever l'eau du fleuve.

L'aqueduc de Marie de Médicis et les anciennes pompes à feu.

On prétend qu'Henri IV songea à réparer et à agrandir l'*aqueduc d'Arcueil* établi par les Romains pour desservir avec les eaux des sources de Rungis et d'Arcueil les thermes de Julien.

Marie de Médicis exécuta ce projet quand elle fit construire le palais du Luxembourg et ce travail, important pour l'époque, permit, en portant presque au double le volume des eaux qui alimentaient Paris, de desservir certains quartiers de la rive gauche.

De nouvelles machines furent établies également en 1670 au pont Notre-Dame, et en 1778 une *Compagnie des eaux de Paris* fut chargée d'établir des pompes à feu à Chaillot et au Gros-Caillou. Cette compagnie devait placer des conduites sous les rues et distribuer l'eau à l'aide d'abonnements aux particuliers. Mais cette dernière entreprise, ruinée par l'agiotage, fut réunie en 1789 à l'administration des anciennes sources du roi, et c'est ainsi que se trouva créée l'administration des eaux de Paris.

Les premiers projets de dérivation. — De Parcieux, Riquet et Belgrand.

A la moindre sécheresse toutes ces machines hydrauliques, tous ces petits aqueducs ne fournissaient plus qu'un volume d'eau insignifiant, et, au xviii° siècle, De Parcieux, abordant hardiment le problème, conçut le projet de dériver les eaux de l'Yvette au moyen d'un canal maçonné, et découvert pour alimenter le quartier de l'Observatoire.

Ce projet fut malheureusement abandonné par suite du mauvais état des finances de la Ville, mais il fut repris plus tard et complété.

En 1788, un tracé modifié par M. De Fer fut approuvé et une société fut formée au capital de 5 760 000 livres divisé en 4 800 actions de 1 200 livres chacune; mais ces travaux, à peine commencés, furent interdits par le Conseil d'État à la suite des plaintes des teinturiers, mégissiers et tanneurs de la Bièvre.

Riquet de Bon-Repos, l'illustre créateur du canal du Languedoc, avait également formé le projet d'amener à Paris, près l'arc de triomphe du faubourg Saint-Antoine l'eau de la petite rivière de l'Ourcq, qui prend sa source dans la forêt de Retz, un peu au-dessus de Fère-en-Tardenois.

Ce projet ne fut réalisé que le 27 floréal an X (19 mai 1802) qui fit ouvrir un canal de dérivation de la rivière de l'Ourcq pour amener les eaux dans un bassin près de la Villette.

Il y a quarante ans à peine, Paris, avec ses 1 180 000 habitants, n'avait encore, pour tous les usages indistinctement, que les eaux du canal de l'Ourcq et le produit de trois petites usines puisant en Seine, le tout devant fournir en théorie 140 000 mètres cubes par jour et n'en donnant en fait que la moitié.

Le préfet de la Seine chargea Belgrand de faire des recherches sur les sources du bassin de la Seine qu'il serait possible de conduire à Paris.

16

Cet illustre ingénieur fit remarquer que Paris était en-
touré d'une lentille de gypse qui gâtait l'eau des sources
entre Château-Thierry et Meulan et qu'il fallait aller chercher l'eau nécessaire aux besoins domestiques au delà de
ces limites, c'est-à-dire à de grandes distances. La situation
de Paris était ainsi, sous ce rapport, inférieure à celle de
la plupart des autres grandes villes. Mais, néanmoins, ces
mauvaises conditions ne devaient pas faire reculer l'administration, car, disait Belgrand, il n'est pas plus possible
de marchander à l'ouvrier l'eau saine et agréable que l'air
pur et le bon pain.

Les études de Belgrand conclurent à deux projets de dérivation de sources; l'un comprenant les sources de la
Somme-Soude, petite rivière de la Champagne Pouilleuse,
l'autre, la dérivation de la Vanne, autre rivière de la même
région.

Quand il s'agit de réaliser ce programme, diverses difficultés financières et administratives se présentèrent; mais
'annexion de l'ancienne banlieue en 1860 vint presser la
solution de cette importante question, et, comme il s'agissait surtout de desservir les quartiers hauts des XVIIIᵉ, XIXᵉ
et XXᵉ arrondissements, on se décida enfin à exécuter la
dérivation de la Dhuis, étudiée également sous la direction
de Belgrand.

Mais ce n'était pas seulement de l'insuffisance d'eau que
les habitants de la zone annexée pouvaient se plaindre.

L'eau montée par les pompes à feu de Saint-Ouen dans
les réservoirs de la Fontenelle, du Château et des Batignolles n'était pas moins répugnante qu'insalubre, et les
eaux noirâtres distribuées aux Batignolles, à Montmartre
et à la Villette provoquaient un scandale général; la presse

prit une part très active à la discussion qui s'engagea alors, et, il faut bien le reconnaître, jamais critiques ne furent mieux fondées.

La question se compliquait encore de ce fait que l'administration municipale qui desservait l'ancien Paris se trouvait, pour les communes annexées, en présence de la Compagnie générale des eaux qui avait passé des traités pour presque tous les quartiers du nouveau Paris. Il devint indispensable d'arriver à un arrangement amiable. Cet arrangement fut sanctionné par le traité de 1860.

Aux termes de ce traité, la Ville reste maîtresse absolue de ses eaux ; elle est seule juge du choix de celles qu'elle considère comme les meilleures pour les usages publics et privés, elle construit et entretient les machines, conduites, canaux, aqueducs, réservoirs, etc., destinés à l'adduction de l'eau.

Elle met à la disposition de la Compagnie l'eau qu'elle juge suffisante pour les besoins du service privé, sans que la Compagnie ait le droit d'en critiquer soit la quantité, soit la qualité.

La Compagnie, elle, est chargée du placement de cette eau ; elle construit les branchements particuliers jusqu'à la façade des maisons, perçoit le produit des abonnements, exploite les fontaines marchandes et verse chaque semaine le produit des recettes à la Caisse municipale. Au fond, la Compagnie n'est qu'une sorte de régie financière.

Diverses modifications ont été apportées au texte de cet arrangement, mais la base même du traité est restée la même.

Nous ne nous étendrons pas plus longuement sur les services en eau de rivière, notons simplement que de plus en plus l'administration tend à restreindre l'emploi de cette nature d'eau aux établissements industriels, au nettoiement de la voie publique et aux fontaines monumentales. Nous nous occuperons davantage de l'alimentation de Paris en eau de source, qui intéresse si directement la santé des Parisiens.

II

LES EAUX DE SOURCES AMENÉES A PARIS

Les dérivations. — La Dhuis. — La Vanne. — Les sources de Cochepies. — Les puits artésiens.

La première dérivation importante a été celle de la belle source de la *Dhuis*, dont l'eau est d'une pureté remarquable et qui vient des vallées du Verdon et du Surmelin, à l'est de Paris, un peu en amont de la station de Mezy.

La longueur totale de l'aqueduc est de 131 162 mètres; l'eau arrive au réservoir de Ménilmontant par la seule impulsion de la pente naturelle qui, en dehors du siphon, est uniformément de $0^m,10$ par kilomètre.

Le volume quotidien d'eau de la Dhuis, amené au réservoir de Ménilmontant, est en moyenne de 20 000 mètres cubes. Ce réservoir est à deux étages présentant ensemble une surface utile de 2 hectares environ.

Les bassins inférieurs, d'une capacité de 28 500 mètres, reçoivent des eaux de la Marne refoulées par des machines établies à Saint-Maur. L'eau de la Dhuis est conservée dans les bassins supérieurs qui peuvent contenir environ 95 000 mètres cubes.

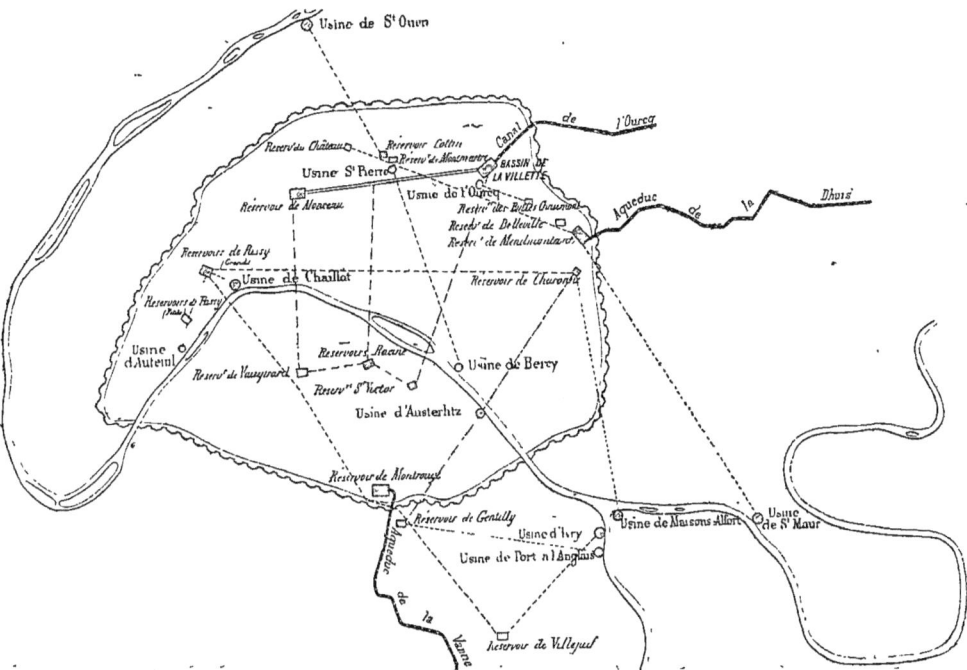

Usine de St Ouen

Canal de l'Oureq

Reserv. du Château — Reservoir Cottin
Reserv. de Montmartre
Usine St Pierre
Usine de l'Oureq
Reservoir de Monceau
Reserv. des Buttes Ornement.
Reserv. de Belleville
Reserv. de Menilmontant.

Aqueduc de la Dhuis

BASSIN DE LA VILLETTE

Reservoirs de Passy
(Grands)
Usine de Chaillot
Reservoir de Thurenne
Reservoirs de Passy
(Petits)
Usine d'Auteuil
Reservoirs Record
Reserv. de Vaugirard
Reserv.r St Victor
Usine de Bercy
Usine d'Austerlitz

Reservoir de Montrouge

Reservoir de Gentilly
Usine d'Ivry
Usine de Port à l'Anglais
Usine de Maisons Alfort
Usine de St Maur

Aqueduc de la Vanne

Reservoir de Villejuif

USINES ET RÉSERVOIRS

La dérivation de la Dhuis, y compris l'acquisition des sources, chutes et usines et la construction de l'aqueduc, a coûté 18 millions en chiffres ronds; et les travaux de construction du réservoir de Ménilmontant 4 150 000 francs.

L'usine de Saint-Maur, dont il vient d'être parlé, a été établie en 1864 sur la rive gauche du canal pour alimenter les services publics des quartiers hauts. Elle comporte sept moteurs hydrauliques ou turbines développant une puissance de 780 chevaux; mais, en 1874, pour remédier au chômage ou aux sécheresses, on leur adjoignit deux machines à vapeur de renfort, ce qui a porté à 1 080 chevaux sa force totale.

Cet établissement a coûté 8 632 000 francs.

Pour le service des hauteurs de Belleville, on a dû construire sur la butte du télégraphe, près du cimetière de cette ancienne commune, un second réservoir alimenté par des eaux puisées dans les bassins de celui de Ménilmontant, par les pompes d'une usine de relais, qui est en service depuis 1867.

La dérivation de la Dhuis avait permis de remplacer par de l'eau de source les eaux de la Seine dans les quartiers hauts de la rive droite. On songea en 1865 à reprendre l'étude de la dérivation des sources de la Vanne, ajournée en 1860, et qui devait assurer le service en eau de source du vieux Paris.

Cette dérivation fut déclarée d'utilité publique le 19 décembre 1866. Les travaux, commencés l'année suivante, furent malheureusement interrompus par la guerre de 1870-1871; repris en 1872, ils furent terminés en 1874.

La *Vanne* est une petite rivière qui prend sa source dans le département de l'Aube, à Fontvanne, près d'Estissac, à la limite des plaines crayeuses de la Champagne et à 14 kilomètres de Troyes. La direction générale de son cours est de l'est à l'ouest, et elle tombe dans l'Yonne, un peu en amont de la ville de Sens. Son bassin, de 965 kilomètres carrés de superficie, est formé de 665 kilomètres carrés de craie blanche très perméable et de 300 kilomètres carrés de terrain tertiaire, composé de limon rouge mêlé de cailloux. Ce dernier terrain occupe les plateaux et recouvre la craie, qui le draine.

L'aqueduc, beaucoup plus important que celui de la Dhuis, est de 173 000 mètres, dont 16 000 mètres en arcades.

Les travaux ont été fort minutieux, et parfois fort difficiles. L'aqueduc de dérivation avait à traverser des terrains très accidentés, nécessitant des constructions de nombreux ouvrages d'art. L'importante rivière l'Yonne a dû être traversée par un siphon qui mesure plus de 3 730 mètres.

La forêt de Fontainebleau, les plateaux de Chevannes, de Meunecy et de Courcouronne ont nécessité la construction de très hautes arcades. Enfin, arrivé au village d'Arcueil, l'aqueduc avait à franchir la vallée de la Bièvre, à 38 mètres au-dessus du fond de cette vallée.

On a alors établi un ouvrage gigantesque, superposant en partie 77 arcades de 10 mètres d'ouverture à celles du vieux pont-aqueduc de Marie de Médicis, pour former un pont aqueduc de près d'un kilomètre.

La dépense totale de cette dérivation s'est élevée à 39 millions environ, et le volume d'eau ainsi capté est évalué en moyenne à 36 500 000 mètres cubes par an.

Les eaux de la Vanne sont, avant leur distribution dans Paris, emmagasinées dans d'immenses réservoirs, établis à Montrouge sur une superficie de plus de 3 hectares.

Ces réservoirs sont également à deux étages. L'étage

supérieur peut contenir, sur une hauteur de 2^m,60 un cube
de 118 000 mètres d'eau; l'étage inférieur peut contenir,
sur une hauteur de 5^m,50 un cube de 148 000 mètres.

En dehors des 30 millions dépensés pour la dérivation
proprement dite de la Vanne, il a fallu encore payer 10 millions pour la construction des réservoirs de Montrouge, et
l'établissement des conduites maîtresses de la distribution.

Soit qu'on ait voulu réaliser le maximum d'économie au
cours de la construction de l'aqueduc de la Vanne, soit que
la mort de Belgrand n'ait pas maintenu dans une sage
défiance les entrepreneurs, soit même que des mouvements
de terrain se soient produits depuis sa construction, toujours est-il que de nombreuses fissures se produisaient, et
qu'une fuite, en détrempant les ouvrages et le terrain, menaçait l'existence de cette importante construction.

On a dû gazonner, afin de soustraire le plus possible l'aqueduc aux variations de la température, l'extrados de toutes
les arcades; quelques-unes même ont dû être refaites en
partie; mais à l'aqueduc d'Arcueil on a dû, pour éviter les
fuites, revêtir d'une feuille de plomb l'intérieur de la conduite.

Heureusement que le dosage des eaux de la Vanne fait
qu'elles n'attaquent pas le plomb.

En prévision des années de sécheresse, qui font tomber
le débit de la Vanne au-dessous de 100 000 mètres cubes,
la Ville a acheté, près de Villeneuve-sur-Yonne, un groupe
important de sources dénommées : *Sources de Cochepies*,
lesquelles ne sont qu'à 10 kilomètres de l'aqueduc principal
de la Vanne.

Cette dérivation secondaire, commencée en 1880, a été
terminée en 1888.

Pour refouler ces eaux, une petite usine de 200 chevaux a été créée, et l'ensemble des travaux s'est élevé à
3 180 000 francs.

Ils ont permis d'amener à Paris, par l'aqueduc de la
Vanne, 120 000 mètres cubes en vingt-quatre heures.

En dehors de ces dérivations, la Ville s'est procuré de
l'eau pure pour la distribution aux particuliers au moyen de
puits artésiens. Toutefois, ce système ne paraît pas jusqu'ici
avoir donné les résultats espérés.

En effet, le puits artésien de Grenelle, dont les travaux
ont duré huit ans, de 1833 à 1841, ne donna qu'un produit
de 12^{lit},5 par seconde ; mais à la suite de désordres considérables arrivés au tubage, et malgré de nombreux travaux
de perfectionnement entrepris depuis, le débit du puits de
Grenelle n'est plus, depuis le forage de celui de Passy, que
de 3^{lit},96 par seconde.

Le puits artésien de Passy, creusé en vue de l'alimentation
du bois de Boulogne, et dont les travaux, commencés en
mars 1857, ne furent finis qu'en septembre 1860, ne donne
qu'un volume d'eau de 6 000 mètres cubes par jour.

Quant au puits de la place Hébert, poussé cependant au
delà de 785 mètres, on a dû y travailler onze ans, dépenser
plus de 2 500 008 francs, pour n'arriver qu'à moins de
1 200 mètres cubes d'eau par jour. Ce puits n'est pas encore terminé.

Le puits de la Butte-aux-Cailles, commencé comme l'autre
en 1863, a été momentanément délaissé jusqu'à l'achèvement complet du travail de la place Hébert, à cause des
nombreuses difficultés d'exécution.

Les nouvelles dérivations.

Nous ne saurions mieux faire, pour exposer nettement la situation actuelle de l'approvisionnement d'eau à Paris et l'importance des travaux à faire pour le compléter, que de recourir à nouveau au notes de l'inspecteur général des ponts et chaussées, directeur des travaux de Paris, à l'appui du projet de budget de 1890 [1].

Le volume d'eau maximum dont on peut disposer aujourd'hui à Paris se répartit de la manière suivante :

Eau de rivière.	465 000 mèt. c.
Eau de source.	145 000 —
Eau des puits artésiens et d'Arcueil. . . .	8 000 —
ENSEMBLE.	618 000 —

Mais on considère qu'il n'y a de disponible réellement, d'une manière normale, que 130 000 mètres cubes d'eau de source et 430 000 mètres cubes d'eau de rivière, d'Arcueil et des puits artésiens.

Si le service public peut avec ces proportions se trouver suffisamment pourvu, le service privé est certainement insuffisant.

En effet, dès que les grandes chaleurs arrivent, la consommation d'eau de source augmente rapidement; les réservoirs se vident, et l'on est obligé de substituer, dans plusieurs arrondissements, l'eau de rivière à l'eau de source.

Cet état de choses, qui soulève de trop justes plaintes,

1. Paris, Chaix, 1889.

ne peut que s'aggraver avec l'accroissement des abonnements et de la population ; aussi l'administration s'en est-elle émue depuis plusieurs années, et a-t-elle étudié les moyens d'y remédier.

Elle s'est d'abord préoccupée de rechercher la quantité d'eau de source supplémentaire qu'il faudrait amener pour parer aux besoins actuels et prochains.

D'après les renseignements recueillis à Londres, la consommation domestique atteint, en été, 150 litres par tête et par jour, mesurés au réservoir. Sur cette quantité, on peut considérer que le tiers destiné au lavage des cours et jardins, aux établissements de bains qui remplacent, à Paris, les salles particulières de bains existant presque dans toutes les maisons de Londres et aux besoins industriels, peut être fourni en eaux de rivière, et que le surplus, soit 100 litres par habitant, doit seul être livré en eaux de source.

Cette base est confirmée par l'expérience. Ainsi, la dépense moyenne en eaux de source, calculée sur une semaine de juin 1888, a été de 153 500 mètres cubes par jour. En déduisant de ce nombre la quantité d'eau consommée dans les établissements publics, celle prise aux bornes-fontaines, puis les pertes par la canalisation et les robinets, dont l'ensemble peut être évalué à 39 500 mètres cubes, il reste, pour la dépense domestique, 114 000 mètres cubes.

Or, ce volume a été distribué dans 36 150 immeubles habités par une population de 1 113 080 personnes ; il en résulte que l'eau de source consommée dans les maisons qui disposent d'un abonnement a été d'environ 100 litres par tête et par jour.

Si, donc, l'eau de source était mise à la portée de tous

les habitants de Paris, la consommation s'élèverait, d'après les calculs qui précèdent, à 245 000 mètres cubes pour la population actuelle et, pour satisfaire à ces besoins, il faudrait, en y ajoutant ceux des établissements publics et les pertes de la canalisation, disposer dans les réservoirs de 270 000 mètres cubes par jour, c'est-à-dire de 140 000 mètres en plus du volume qui est aujourd'hui assuré en été.

C'est ce volume supplémentaire d'eau de source qu'il faut se procurer, mais il convient de l'augmenter en vue de l'accroissement de la population dans un avenir peu éloigné. Et, dans cette supputation des besoins futurs, on ne saurait négliger l'éventualité d'une extension du territoire parisien par la suppression des fortifications sur une partie de son enceinte.

Aussi l'administration municipale a-t-elle admis en principe qu'un supplément de 240 000 mètres cubes d'eaux de source devait être amené à Paris, afin de pouvoir satisfaire en tout temps et avec toute l'ampleur désirable aux besoins actuels ou prochains de la population.

Or, aucun des groupes des grandes sources du bassin de la Seine ne pourrait fournir, à lui seul, un volume d'eau aussi considérable.

Dans ces circonstances, la solution la meilleure consiste à prendre des deux côtés de Paris, à des distances à peu près égales, les groupes de sources qui peuvent donner chacun 120 000 mètres cubes, c'est-à-dire, à l'ouest, les sources de la Vigne et de l'Avre, et à l'est, les sources de la Voulzie grossies par celles du Loing.

Une estimation sommaire portait les dépenses de la première dérivation à 35 millions et celles de la seconde à 32 millions.

· Les travaux d'amenée pour les eaux de l'Avre comprennent 3 kilomètres d'aqueducs de prise d'eau et un aqueduc principal, qui part du confluent de la Vigne et de l'Avre, traverse l'Eure au delà de Dreux, et gagne Versailles à l'extrémité du parc. La dérivation y entre en souterrain pour n'en sortir qu'au nord de Saint-Cloud; elle aboutit ensuite au réservoir qui est en construction à Montretout. De là, elle pénétrera dans Paris par la porte d'Auteuil, après avoir traversé la Seine, et se rend au réservoir de Passy.

. Sa longueur totale entre les points de départ et le réservoir sera de 102 kilomètres.

. On aura ainsi de 110 à 130 000 mètres cubes d'eau nouvelle.

Ces travaux, commencés au début de l'année 1891, ont été finis au printemps de 1893.

Là Ville de Paris est donc, depuis 1893, largement pourvue d'eau absolument salubre et pourra attendre que sa situation budgétaire la mette à même de compléter ses adductions par la dérivation soit des sources de la vallée du Loing soit des sources de la haute Seine ou l'Yonne.

Le plan intercalé p. 245 montre comment les diverses usines et les réservoirs municipaux assurent le service de distribution dans Paris.

III

COMMENT ON LIVRE L'EAU

Le *mode de délivrance de l'eau* n'est pas uniforme. Originairement, à la suite du traité de 1860 passé entre la ville et la Compagnie des eaux la distribution était réglée :

Par un robinet de jauge ;

Par estimation ;

Par compteurs ;

et, pour les délivrances temporaires comme les constructions, par exemple, par attachement.

Dans le premier système, l'eau est livrée par un écoulement continu, que l'abonné peut interrompre, ou qui est suspendu par la fermeture automatique du robinet de prise, mais qui est réglé de manière à fournir en vingt-quatre heures le volume fixé par la police d'abonnement. Cette eau est emmagasinée dans un réservoir et consommée par l'abonné aux heures et dans le temps qu'il veut, mais le total dont il dispose par jour est rigoureusement limité.

L'estimation était de 45 litres par tête quand on n'avait qu'un seul robinet, et de 33 litres par robinet supplémentaire s'il y en avait plusieurs.

Le mode de livraison aux compteurs ne fut tout d'abord qu'employé de manière exceptionnelle, en raison du prix de ces instruments et surtout de l'imperfection de leur fabrication, qui ne permettait pas d'en faire des enregistreurs exacts.

Mais lorsque l'eau de source fut distribuée et que son emploi se fut généralisé, on reconnut bientôt que le volume dont on disposait serait bientôt insuffisant, si l'on n'arrêtait pas le gaspillage qui se trouvait facilité surtout par le système de l'estimation.

L'administration chercha donc à imposer presque partout le compteur. Elle y a réussi comme on va le constater par le tableau suivant des abonnements en 1878 et en 1889 :

	1878	1889
Abonnements à la jauge.	16,858	13,340
— à l'estimation (robinet libre) . . .	26,217	2,590
— au compteur.	541	51,870

Pour les *usages domestiques*, l'abonnement à 1 mètre cube, ou 10 hectolitres par jour, est de 120 francs par an, soit 12 francs par hectolitre de consommation journalière.

Aujourd'hui, l'abonnement de 500 litres, soit à la jauge, soit au compteur, coûte 60 francs; celui de 250 litres 40 francs, enfin, on sert des petits abonnements de 125 litres à raison de 20 francs, prix inférieur des deux tiers à l'ancien minimum du tarif de 1860.

Ces prix ont été fixés en 1880.

On a créé depuis des *petits abonnements* d'appartement servis en eaux de source à robinet libre. Ils ne coûtent que 19 fr. 20 c. par an pour trois personnes, et 4 francs par personne supplémentaire.

On peut dire que, parmi les capitales, Paris est une de celles où l'eau de consommation domestique est relativement bon marché, en même temps qu'elle est excellente. Malheureusement, le volume d'eau de source est encore insuffisant l'été et il faudra attendre quatre années avant qu'il soit augmenté.

Afin de réserver l'eau de source à l'alimentation, la Ville a arrêté pour les eaux de rivière, destinées plus particulièrement aux usages industriels, un tarif de 60 francs par mètre cube de consommation journalière, soit moitié du prix de l'eau de source à plein tarif.

Actuellement, dans tous les quartiers indistinctement, l'eau qui fait le service public dans la rue, que ce soit de l'eau d'Ourcq, de l'eau de Seine ou de l'eau de Marne, est livrée aux riverains de cette rue au prix de 60 francs le mètre pour tous les usages industriels et commerciaux et, par extension, pour les arrosages des cours et jardins et le service des écuries et remises.

La nécessité de se procurer de l'argent pour les dépenses énormes des nouvelles adductions a amené l'administration à étudier la question de savoir si, à Paris, on ne pourrait obliger tout propriétaire d'immeuble à avoir un abonnement aux eaux de la Ville.

Malgré les facilités données aux propriétaires pour introduire l'eau dans leurs maisons, *la moitié des immeubles* de Paris reste encore privée d'abonnements aux eaux de la Ville. On ne peut voir, dans cette résistance au progrès, que l'intérêt des propriétaires qui reculent devant des dépenses d'installation, et surtout devant le prix que leur coûte l'eau à enlever dans les fosses d'aisance.

L'administration s'est donc demandé si, dans l'intérêt supérieur de la salubrité, il n'y aurait pas lieu de contraindre tout propriétaire d'un immeuble habité à y livrer l'eau nécessaire aux usages domestiques des locataires.

Il est probable que, bientôt, soit à l'aide d'un décret, soit en vertu d'une loi, l'abonnement obligatoire fonctionnera et cela sera d'autant plus juste que les eaux coûtent à la Ville annuellement un million en plus de ce qu'elles rapportent.

IV

LES ÉGOUTS

Les anciens égouts.

Le premier égout voûté que Paris posséda, fut celui de la rue Montmartre, construit sous le règne de Charles VI par les ordres d'Hugues Aubriot, prévôt des marchands.

Il vient d'être reconstruit tout dernièrement (mai-juin 1891).

Sous Henri IV et Louis XIII, François Miron, prévôt des marchands, fit couvrir d'une voûte l'égout du Ponceau, l'égout de la Courtille-Barbette qui suivait le tracé actuel de la rue Vieille-du-Temple, et ceux des rues Sainte-Catherine, Saint-Louis (de Turenne aujourd'hui) et des Filles-du-Calvaire, si bien qu'au temps de Louis XIV, Paris ne possédait encore que 2 355 mètres d'égouts voûtés. Les égouts à ciel ouvert avaient, au contraire, un développement de 8 035^m,95, y compris pour 6 218^m,55 le grand égout de ceinture (Ruisseau de Ménilmontant), situé, à cette époque, entièrement *extra muros*.

Sur la rive gauche, il n'y avait que quelques ruisseaux infects qui suivaient le fond des fossés des fortifications et l'égout Guénégaud qu'on voûta ultérieurement et qui débouchait à l'aval de la tour de Nesle.

En dépit des efforts de divers prévôts des marchands et de Turgot, on fit peu de chose pour les égouts jusqu'à

17

notre époque, car en 1824, la longueur du réseau des égouts de la capitale n'était encore que de 37 kilomètres. Victor Hugo, qui les visita vers 1830, en a fait une description admirable.

Lorsque, en 1860, la banlieue fut annexée à Paris, elle apportait 48 488 mètres d'égout qui s'ajoutèrent aux 179 600 mètres de l'ancienne ville. Le nouveau Paris possédait donc 228 000 mètres d'égout.

C'est alors que fut tracé le réseau des collecteurs. Par une heureuse inspiration, Belgrand imagina de profiter du long détour que fait la Seine pour reporter jusqu'au pont d'Asnières le débouché du collecteur principal de la rive droite dont le point de départ était fixé à la place de la Concorde ; sur la rive gauche, il détourna les eaux de la Bièvre, emprisonnées depuis 1841 dans un canal en maçonnerie qui les conduisait à la Seine, près du Jardin des Plantes, et les reçut dans un égout de grande section qui, suivant la rue Geoffroy-Saint-Hilaire, les boulevards Saint-Germain et Saint-Michel et les quais, vint se déverser au pont de l'Alma ; puis, au moyen du siphon établi en ce point et qui fut mis en service le 12 novembre 1868, il leur fit franchir le fleuve pour les conduire ensuite sous le coteau de l'Étoile et leur faire rejoindre le collecteur d'Asnières près de son débouché en Seine.

Un troisième collecteur, dit du Nord ou départemental, fut en outre construit à frais communs avec l'État et la ville de Saint-Denis pour recevoir les eaux provenant de la zone nord-est du nouveau Paris et les diriger vers la Seine où il aboutit à Saint-Denis un peu en amont de la sortie du canal.

En même temps on construisait chaque année 35 kilomètres d'égouts secondaires. Arrêté par la guerre de 1870, le mouvement reprit bientôt après, mais l'accroissement annuel fut réduit à 25 kilomètres. A la mort de Belgrand, en 1878, la longueur totale des égouts de Paris était de 600 kilomètres environ.

Elle est aujourd'hui de 866 kilomètres pour les égouts publics; mais si l'on veut tenir compte des branchements, on arrive à une longueur de galeries souterraines de 1 240 kilomètres, ce qui dépasse la distance de Paris à Naples de près de 100 kilomètres. Il reste, pour drainer toutes les voies *classées*, à exécuter environ 260 kilomètres d'égouts.

Quand Paris aura terminé son réseau d'égouts et qu'il aura l'eau de source en quantité suffisante, il sera l'une des villes les plus salubres du monde.

On s'imagine facilement que tous les égouts ne sont pas de la même importance ni de la même grandeur. Il y a, en effet, vingt types différents, depuis le grand collecteur avec ses 5^m,60 de diamètre de voûte jusqu'au petit égout de 90 centimètres : aussi classe-t-on les égouts en trois grandes catégories : les collecteurs généraux, les collecteurs secondaires et les égouts ordinaires.

Il y a, toutefois, des exceptions à cette classification : en effet, la section de chaque galerie n'est pas déterminée uniquement par le rôle qu'elle doit jouer dans l'assainissement, mais aussi par le diamètre des conduites d'eau qu'elle est appelée à recevoir. C'est que, à Paris, les égouts ne fonctionnent pas seulement comme des conduits souterrains destinés à porter hors de la ville les eaux souillées de toute provenance, eaux ménagères, eaux de lavage des chaussées, eaux de pluie et même les eaux vannes, mais qu'ils constituent, en outre, des galeries formant enveloppe pour la canalisation d'eau pure qui alimente la ville.

Paris possède ainsi aujourd'hui 1 650 kilomètres de canalisation entièrement logée dans les égouts.

A côté des conduites d'eau sont venues se loger, dans ces derniers temps, toutes les artères de la correspondance télégraphique ou téléphonique, les tubes du service pneumatique par l'intermédiaire desquels se fait le transport des dépêches écrites, puis les conduites d'air comprimé qui transmettent le mouvement aux aiguilles des horloges pneumatiques, ou celles qui vont distribuer à domicile la force motrice par ce moyen.

Le curage des égouts.

Il ne suffit pas d'évacuer les eaux souillées, il importe de ne pas laisser les cunettes des égouts s'envaser; c'est le but du *curage*.

Le curage des *collecteurs* a pour but d'entraîner, soit dans des réservoirs désignés sous le nom de bassins à sable, soit vers la Seine, les sables que la faible vitesse du courant laisse accumuler.

Pour entraîner les boues, vases et sables, des retenues sont opérées, grâce à l'emploi de vannes mobiles, montées tantôt sur bateaux, tantôt sur wagons ou trucs roulants, suivant la nature des collecteurs à parcourir. Les collecteurs dont la cunette a 3^m,50 et 2^m,20 de largeur, portent bateaux; ceux dont la cunette a 1^m,20 et 0^m,80 sont munis de rails sur lesquels circulent les wagons ou trucs roulants. Ces vannes, placées à l'avant du bateau ou sur le wagon, sont descendues dans le courant jusqu'à une faible dis-

tance du fond ou radier[1]. La retenue d'eau qui se forme
derrière la vanne produit en avant des chasses énergiques.
Les sables soulevés s'amoncellent en une sorte de dune mou-
vante qui progresse avec le bateau ou le wagon, porteur
de la vanne, mis en mouvement lui-même par le courant
de l'eau. Dans le collecteur d'Asnières, la dune de sable
que le bateau-vanne chasse devant lui atteint jusqu'à
200 mètres; dans les collecteurs à wagons, le volume atteint
50 mètres, il descend à 10 mètres dans les égouts ordinaires
où fonctionne le wagonnet-vanne.

Dans les égouts de moindres dimensions le manque de
continuité du courant et le petit débit de l'eau font que les
envasements sont irréguliers; c'est pourquoi on a dû recourir, pour les enlever, à la main intelligente de l'ouvrier,
en lui fournissant d'ailleurs presque partout, comme un
auxiliaire indispensable, l'eau qu'on a obtenue encore en
pratiquant des retenues.

A cet effet, les égouts bien alimentés d'eau sont pourvus
de petites vannes, maintenues horizontales en temps ordinaire et qu'on abaisse au moment du curage, pour produire
ensuite, en les enlevant brusquement, des chasses dans
l'égout voisin.

Si l'eau manque entièrement, ce qui est aujourd'hui l'exception, le curage se fait à la pelle et, pour faire avancer
les sables, on les tire jusqu'au collecteur.

Ce n'est plus que dans des cas très rares qu'on fait, comme
autrefois, l'extraction du sable par les regards au moyen
de seaux, élevés à l'aide d'une poulie jusqu'au-dessus du
sol. Fréquemment les sables sont chargés dans des wagon-

---

1. Ce sont ces wagons et ces bateaux qui transportent les personnes
autorisées à visiter les égouts dans la partie du collecteur qui va du
Châtelet à la place de la Concorde.

.nets, qui circulent sur les rails des collecteurs secondaires,
et conduits souterrainement en quelque point d'embarquement, sur la seine ou le canal Saint Martin, où des bateaux
les reçoivent et vont les transporter au loin.

Contrairement à ce qu'on pourrait croire, le travail dans
les égouts n'est pas insalubre; mais les égoutiers sont
exposés aux refroidissements subits quand ils quittent des
égouts où se déversent des eaux d'usine ou de machines à
vapeur à haute température. Les crues subites causées par
les pluies d'orages sont également à redouter. Aussi cher-
che-t-on à substituer partout le curage par les chasses d'eau
au curage à bras.

Il n'est plus construit maintenant d'égout neuf qui ne
soit pourvu de réservoirs de chasse, et l'on en place successivement sur les anciens égouts ; on les dispose, soit au
point de départ d'un égout, à son point haut, soit au point
heurt d'un égout à deux versants, soit enfin au croisement
de deux galeries, de façon à pouvoir utiliser la chasse sur
deux directions.

La réforme de la distribution de l'eau et de l'évacuation des matières de vidange.

Après s'être occupé d'amener à Paris une quantité d'eau
suffisante pour que tous les immeubles puissent en être
pourvus, le Conseil a dû prendre les mesures nécessaires
pour assurer la répartition des eaux dans toutes les maisons de Paris.

A cette première question se trouvait liée l'évacuation
des matières de vidanges à l'égout.

En 1892, le Conseil a adopté le texte d'un projet de loi à

présenter aux Chambres, dont la première partie, relative aux eaux de sources, vise tous les propriétaires d'immeubles, sans exception, tandis que la deuxième partie, relative à l'évacuation des matières de vidanges, ne vise que les propriétaires de maisons sises en bordure de rues pourvues d'égout public.

En ce qui concerne *l'eau*, « tous les propriétaires sont tenus d'avoir, soit dans chaque appartement, soit au moins à chaque étage, un robinet d'eau de source à la disposition constante des personnes qui habitent leurs immeubles ou y séjournent pendant tout ou partie de la journée ».

Cette eau est livrée aux propriétaires à des prix et conditions fixés par un règlement délibéré par le Conseil municipal et approuvé par décret en Conseil d'État. Un délai de trois ans est accordé pour l'exécution des travaux nécessaires.

En ce qui concerne *res matières de vidanges*, tous les propriétaires d'immeubles en bordure des rues pourvues d'un égout public « doivent écouler souterrainement à l'égout les matières solides et liquides des cabinets d'aisances de ces immeubles, suivant les conditions et dans les délais qui seront déterminés par un décret d'administration publique ».

Cet écoulement donne lieu à la perception d'une taxe municipale basée sur le revenu net imposable de l'immeuble et variant entre 10 fr. pour les immeubles d'un revenu inférieur à 500 fr. et 1 500 fr. pour les immeubles d'un revenu supérieur à 200 000 fr.

Mais il ne suffisait pas d'obliger les propriétaires à prendre des mesures d'assainissement de leurs immeubles; il fallait encore assurer l'évacuation et l'utilisation des matières de vidanges.

Tel est le but du nouvel emprunt dont on a voté le principe dans la séance du 16 mars 1893, et qui fait l'objet du mémoire préfectoral.

Les 117 millions 1/2 de cet emprunt, sont ainsi répartis :

1° *Assainissement extérieur*. — Travaux d'adduction et d'élévation des eaux d'égout, jusqu'aux terrains à affecter à l'épuration; acquisition et aménagement de ces terrains, 30 800 000 fr.

Il convient de remarquer que la dépense s'élèvera à 40 millions; mais elle est déjà gagée jusqu'à concurrence de 9 200 000 fr. sur l'emprunt de 200 millions autorisé par la loi du 22 janvier 1892.

Cette première partie de l'œuvre d'assainissement comprend les opérations suivantes :

> *a*. Opération d'Achères. 10 500 000
> *b*. Opération de Méry. 10 700 000
> *c*. Opération des Muraux. 13 770 000
> *d*. Matériel d'exploitation. 5 000 000
>   Total, 40 millions.

2° *Assainissement intérieur*. — Travaux à exécuter dans Paris pour :

> *a*. Transformation des égouts défectueux et établissement de réservoirs de chasse. . 12 000 000
> *b*. Collecteurs complémentaires. 8 000 000
> *c*. Egouts neufs (250 kil.). 28 000 000

Au total, 48 millions, desquels il faut déduire 12 800 000 fr. prévus sur l'emprunt de 1886, ce qui réduit à 35 200 000 fr. la somme à prélever sur l'emprunt futur.

Achèvement de l'alimentation de Paris en eaux de sources, par la captation et l'adduction des sources du Loing et du Lunain. Réfection de la canalisation de la Vanne, filtrage des eaux, établissement de trois mille bouches d'incendie. Dépenses évaluées à 55 millions sur lesquels 5 millions prévus à l'emprunt de 1886.

, Le total du nouvel emprunt a atteint le chiffre de 116 millions, qu'il faut élever de 1 million et demi pour frais d'émission.

Tel est le plan général d'assainissement adopté en principe par le Conseil et qui doit faire de Paris, suivant l'expression de M. le préfet de la Seine, « la Ville la plus saine et la plus propre du monde ». Reste à savoir si le Gouvernement et les Chambres accepteront ces projets.

LE MONT-DE-PIÉTÉ

CHAPITRE X

LE MONT-DE-PIÉTÉ

L'origine du Mont-de-Piété. — Pas d'usure. — Les récentes améliorations du service des petits prêts. — Le projet de prêts sur titres.

I

Contrairement à l'opinion généralement reçue, le Mont-
de-Piété n'est pas un établissement de bienfaisance : son
seul but est de combattre l'usure.

Il ne reçoit aucune subvention; c'est une sorte de banque

de prêts sur gages ne réalisant aucun bénéfice pour elle-même et n'ayant en vue que l'intérêt des emprunteurs.

Ces derniers ne sont point non plus des pauvres qu'on secourt, car ils payent le service qui leur est rendu, et même ils le payent assez cher pour qu'il en résulte un certain *boni* dont profite l'Assistance publique.

Le Mont-de-Piété est un établissement d'utilité publique qui a pour but d'effectuer *des prêts sur nantissement d'effets mobiliers*[1].

Créé en 1777 pour remédier aux ravages causés par l'usure, il fut fermé en l'an IV par le Directoire, qui, au bout d'une année, se vit obligé d'en autoriser la réouverture, vu les désordres occasionnés par les maisons de prêt sur gages.

Il est actuellement régi par le décret du 8 thermidor an XIII, la loi du 24 juin 1851 et le décret du 24 mars 1852.

La direction en est confiée à un directeur général responsable, nommé par le ministre de l'intérieur, investi des pouvoirs les plus étendus et assisté d'un conseil de surveillance ainsi composé :

Préfet de la Seine, président ;

Préfet de police ;

3 membres du Conseil municipal ;

3 membres pris dans le conseil de surveillance de l'Assistance publique ou parmi les administrateurs des bureaux de bienfaisance ;

3 citoyens domiciliés à Paris.

Les fonctions de conseiller de surveillance sont gratuites.

Le Mont-de-Piété qui ne reçoit aucune subvention et dont

---

1. Voir le remarquable ouvrage de M. DUVAL : *Manuel de législation, d'administration et de comptabilité concernant le Mont-de-Piété de Paris.*

le privilège consiste en ce que nulle autre maison sur nantissement ne peut être établie à Paris, n'a pas de ressources
spéciales et ne possède aucun capital en propre. C'est au
moyen des fonds qui lui sont apportés en échange de bons
de caisse productifs d'intérêts que l'établissement pourvoit
au service des prêts. Il emprunte d'une main pour donner
de l'autre. Ses émissions sont permanentes, proportionnées
à ses besoins, et varient tous les ans.

En l'année 1889, le total des sommes empruntées s'est
élevé à 54 465 177 francs, pour lesquelles le Mont-de-Piété a
payé un intérêt de

3 p. 100 pour les placements d'un an ;
2 1/2 p. 100 pour les placements de six mois ;
2 p. 100 pour les placements de trois mois.

Le public peut donc avoir affaire au Mont-de-Piété soit
comme prêteur soit comme emprunteur.

Le *prêteur* se présente à la Caisse et contre son dépôt
d'argent (minimum 100 fr.) il reçoit un *bon* au porteur ou
nominatif dont l'échéance est de trois, six ou douze mois.

Le taux d'intérêt est fixé chaque année, il n'a pas varié
depuis le 18 juin 1886.

Pour le service de cet emprunt permanent, la Caisse est
ouverte au public chaque jour de 10 heures à 2 heures.

L'*emprunteur* au contraire qui sollicite un prêt est soumis
à diverses formalités; il doit être connu et domicilié, ou
assisté d'une personne connue et domiciliée; mais il peut
s'adresser à n'importe quel bureau de l'administration.

L'objet présenté en nantissement est immédiatement
estimé par un commissaire appréciateur qui fixe le montant de la somme à prêter (les quatre cinquièmes de la
valeur du poids des bijoux d'or ou d'argent et de l'argen-

terie ; les deux tiers du prix de leur estimation pour les autres objets).

Le minimum des prêts est fixé à 3 francs; il n'y a plus de maximum depuis le 2 août 1887, date de l'abrogation du décret de 1863 qui avait fixé à 10000 francs et à 500 francs, selon les bureaux, le maximum du prêt.

Les prêts sur nantissements sont faits pour une durée d'une année. Ce délai passé, si les objets engagés n'ont pas été dégagés ou renouvelés ils sont livrés à la vente.

Pour *dégager*, que le terme stipulé dans l'engagement soit expiré ou que l'emprunteur ne veuille pas attendre cette époque, il n'a qu'à présenter sa reconnaissance et à acquitter les intérêts et droits. L'objet lui est restitué. (Les demandes de dégagement sont reçues de 9 heures à 3 heures dans les établissements à magasin, et de 9 heures à 8 heures du soir dans les bureaux auxiliaires; les dimanches jusqu'à midi seulement.)

Pour *renouveler*, l'emprunteur rapporte la reconnaissance ancienne qui est échangée contre une nouvelle. Il peut d'ailleurs renouveler son engagement aux mêmes conditions et pour le même délai que l'engagement primitif; il doit seulement acquitter les droits et intérêts échus qui sont calculés comme pour les dégagements.

Sont au contraire *livrés à la vente* les nantissements non dégagés ou renouvelés dans les délais.

Ces ventes se font aux enchères publiques, au siège de l'administration centrale et dans les succursales, par le ministère des commissaires-priseurs de l'établissement; elles sont annoncées dix jours à l'avance.

Tout nantissement non renouvelé ou dégagé dans le délai d'un an, est susceptible d'être vendu dans le cours du 13e mois. Si le montant de la vente est supérieur à la somme prêtée, plus les droits, l'excédent ou boni reste à la disposition de l'emprunteur; mais tout boni qui n'est pas réclamé dans le délai de 3 ans à partir du jour de l'engagement est versé à l'Assistance publique.

Voici les différents bureaux et succursales ouverts actuellement au public :

SIÈGE DE L'ADMINISTRATION

Rue des Francs-Bourgeois

Succursales.

Rue Capron, 31.
Rue de Rennes, 112.
Rue Servan, 2.

Bureaux auxiliaires.

A. Rue Delaborde, 13.
B. Rue du Cardinal-Lemoine 20.
C. Rue de Buffault, 2.
D. Rue du Faubourg-Saint-Denis, 10.
E. Rue de Bondy, 32.

J. Rue Brey, 19.
K. Rue des Blancs-Manteaux, 22.
M. Rue de la Jussienne, 2.
O. Rue de Bellot, 9 *bis*.
R. Rue de Valenciennes, 10.
U. Boulevard de Port-Royal, 26.
Y. Rue Cavé, 36.
H. Rue du Regard, 15.
I. Rue du Château, 163.
V. Rue de Vaugirard, 196.
F. Rue de Lyon, 49.
N. Rue de l'Équerre, 13.
S. Rue Morand, 32.
X. Rue de Charenton, 251.

Le chef-lieu et les succursales ont seuls des magasins renfermant les gages déposés dans l'établissement même ou dans les bureaux y ressortissant. Dans ces établissements, les services fonctionnent tous les jours de 9 heures à 3 heures pour dégager ou renouveler, de 9 heures à 4 heures pour engager ou toucher les bonis. Il n'est pas fait d'engagements les dimanches et fêtes; les objets dégagés sont rendus immédiatement.

Au chef-lieu (55, rue des Francs-Bourgeois, et 16, rue des Blancs-Manteaux) se trouvent le siège de l'Administration et les services généraux. En outre le chef-lieu reçoit les gages des bureaux du nord et du centre de Paris.

La 1re succursale reçoit ceux de la rive gauche et de l'ouest de la capitale. Enfin la 2e succursale emmagasine les nantissements de l'est de la capitale et la 3e succursale reçoit ceux des VIIIe, IXe, XVIIe et XVIIIe arrondissements.

Les bureaux auxiliaires sont des établissements sans magasins ouverts de 9 heures du matin à 8 heures du soir pour toutes les opérations. Dimanches et fêtes jusqu'à midi. Au contraire des succursales, les nantissements ne sont délivrés dans les bureaux auxiliaires que le lendemain de la demande de dégagement, c'est-à-dire après le temps nécessaire pour faire venir l'objet.

Les matelas ne sont acceptés que dans les établissements à magasin.

II

Le Mont-de-Piété a été en butte à de très nombreuses accusations.

Entre autres choses, on lui reprochait de prêter à un taux beaucoup trop élevé, surtout lorsqu'il s'agissait d'engagements minimes; de n'avancer que des sommes disproportionnées eu égard à la valeur du gage; de refuser tout nantissement dont la vente pouvait paraître aléatoire; de favoriser le vol en offrant aux malfaiteurs un moyen de se débarrasser facilement des objets dérobés, etc.

Quelques chiffres démontreront facilement la fausseté de ces accusations, et prouveront, au contraire, tout ce que cette administration a fait pour venir en aide aux classes nécessiteuses et pour moraliser le prêt.

Le tableau suivant permettra également au lecteur de voir combien est minime la somme que prend l'administration dans une foule d'opérations, même quand il s'agit de nantissements encombrants qui doivent être transportés plusieurs fois et souvent désinfectés : la literie, par exemple.

Perceptions effectuées pendant une année.

PERCEPTIONS.	ARTICLES ENGAGÉS et dégagés dans les établissements principaux.	ARTICLES ENGAGÉS dans les bureaux auxiliaires et dégagés dans les établissements principaux. (Transportés une fois)	ARTICLES ENGAGÉS et dégagés dans les bureaux auxiliaires. (Transportés 2 fois.)	TOTAUX.
Dégagements sans droits..	»	»	»	124
0 f. 05	30 559	65 878	80 325	176 762
0 10	20 607	35 649	60 622	116 878
0 15	25 034	37 529	60 569	123 132
0 20	17 154	24 091	35 658	76 903
0 25	18 968	22 727	41 583	83 278
0 30 à 0 1.50	60 454	69 535	110 731	240 720
0 55 à 0 95.	54 148	48 204	73 660	176 012
1 » à 1 95.	44 910	31 377	39 324	115 611
2 » à 2 95.	20 162	14 157	15 223	49 542
3 » à 3 95.	12 684	8 000	8 439	29 123
4 » à 4 95.	8 651	5 222	5 259	19 132
5 » à 5 95.	5 605	3 469	3 237	12 311
6 » à 9 95.	10 998	5 674	4 623	21 295
10 » à 19 95.	6 806	2 994	2 172	11 972
20 » à 49 95.	3 280	1 066	549	4 904
50 » à 99 95.	869	155	12	1 036
100 » à 199 95.	417	32	2	451
200 » à 499 95.	191	8	»	199
500 » à 999 95.	44	»	»	44
1 000 » et au-dessus.. . .	2	»	»	2
TOTAUX. . . .	341 552	375 767	541 988	1 259 307

Le Mont-de-Piété perçoit 6 p. 100 pour l'intérêt de ses
prêts, proportionnellement au temps couru, et 1 p. 100 de
droit fixe. Ces intérêts et droits sont peu élevés si l'on considère qu'ils servent à acquitter le loyer de l'argent, les
frais de régie, de manutention et d'assurance.

De plus, tout prêt inférieur à 21 francs est onéreux à
l'établissement : or, sur 2 291 343 opérations faites en
l'année 1888, il y en a environ 1 770 000 inférieures à
21 francs. Il ne reste donc que 520 000 prêts productifs, qui
devront supporter toutes les charges résultant de l'emprunt,
de l'administration tout entière et de la perte qu'occa-
sionnent les opérations inférieures au chiffre de 21 francs.

Le reproche au sujet de l'élévation du taux des prêts sur
gage, n'est donc pas mérité, car on obtient actuellement
au Mont-de-Piété de Paris, pour tous frais compris, 7 p. 100
l'an, ce qui coûte à Londres et à Berlin 24 p. 100, et à
Amsterdam, 10 p. 100.

Le reproche fait à l'administration de recéler quantités
d'objets volés n'est également pas plus justifié, car, sur les
3 500 000 montres (objet cependant qui tente le plus les voleurs) engagées depuis dix ans, 2 078 seulement ont été reconnues comme provenant de vols; c'est-à-dire environ
6 p. 10 000.

Nous devons, au contraire, constater que l'administration du Mont-de-Piété, si bien secondée dans son œuvre
par son éminent directeur, M. Duval, fait tous ses efforts
pour venir en aide aux classes pauvres de la société parisienne, améliorer les services, faciliter les prêts et en réduire sans cesse le taux. On peut donc louer sans réserve
l'esprit de progrès qui anime cet établissement, l'ordre et
l'économie qui y règnent.

III

Les améliorations réalisées par le Mont-de-Piété pendant ces dernières années sont importantes.

A l'origine, les vingt bureaux auxiliaires, dont nous avons donné la liste, n'existaient pas, aussi l'administration avait-elle agréé des *commissionnaires* qui, moyennant une redevance de 2 p. 100 par chaque nature d'opération, servaient d'intermédiaires entre elle et les emprunteurs.

Ces droits supplémentaires représentaient encore, dans ces dernières années, alors que les bureaux auxiliaires fonctionnaient concurremment, une somme de 300 000 francs.

Aussi, l'administration, dès l'ouverture de ses bureaux auxiliaires, a-t-elle supprimé ce rouage inutile et fermé les bureaux de commission.

Le *droit de prisée* perçu jusqu'alors sur les emprunteurs a été également pris en charge par l'administration (280 000 francs environ).

Mais la plus importante des réformes a été l'abaissement successif de l'intérêt des prêts qui, de 9 p. 100 en 1886, est descendu à 7 p. 100 en 1887. Ce qui, rien que pour l'année 1889, a occasionné aux emprunteurs un bénéfice de 1 132 175 francs.

Enfin dans un but de salubrité publique, le Mont-de-Piété s'est imposé un nouveau sacrifice : il a installé des étuves à épuration pour les objets de literie qui lui sont apportés. L'importance de cette précaution est considérable, car plus de 30 000 objets de literie sont engagés chaque année au Mont-de-Piété à la suite de besoins causés par la maladie.

C'est une amélioration qui profite à toute la population et contribue efficacement à l'assainissement de la ville.

Le tableau ci-dessous nous a paru intéressant à publier : plus qu'aucun autre document, il établit la richesse et la pauvreté des différents arrondissements de Paris.

Relevé des matelas et lits de plume engagés pendant une année.

	MATELAS.	LITS de PLUME.	TOTAL
1er arrondissement.	98	28	126
2e —	240	40	280
3e —	488	123	611
4e —	593	143	736
5e —	531	131	662
6e —	266	76	342
7e —	268	50	318
8e —	67	20	87
9e —	155	27	182
10e —	414	97	511
11e —	2 255	1 112	3 367
12e —	454	146	600
13e —	489	122	611
14e —	461	177	638
15e —	396	129	525
16e —	98	33	131
17e —	286	54	340
18e —	737	212	949
19e —	340	108	448
20e —	2 144	1 068	3 212
TOTAL. .	10 780	3 896	14 676

Nous croyons qu'en l'état actuel des choses, l'administration est à peu près arrivée à l'extrême limite des dégrèvements, mais dans son désir d'améliorer encore les conditions du prêt sur gage, elle a cependant élaboré les deux projets suivants qui sont soumis en ce moment à l'approbation des Chambres.

1° Le Mont-de-Piété de Paris serait autorisé à prêter sur *nantissement de valeurs mobilières* libérées au porteur, sans que le prêt puisse excéder 500 francs par opération et par emprunteur. Le montant des avances, la durée du prêt et le taux d'intérêt seraient fixés par arrêté du directeur approuvé par le préfet de la Seine.

2° Actuellement, le *service de la prisée* est fait au Mont-de-Piété par quatorze commissaires-priseurs du département de la Seine, aidés d'assesseurs qui sont sous leur entière dépendance.

Étant responsables de leurs appréciations et devant, en cas de perte à la vente, rembourser à l'administration l'écart existant entre le chiffre de leur prêt et le montant de l'adjudication, ces commissaires-priseurs ont intérêt à prêter le moins possible et à refuser tout nantissement dont la vente leur paraît aléatoire.

On constate qu'en 1889, ils ont ainsi refusé 71 484 articles ne pouvant, selon eux, donner lieu à un prêt minimum de 3 francs, et que 33 334 emprunteurs n'ont pas accepté la somme qui leur était offerte. Or, les commissaires-priseurs attachés au Mont-de-Piété perçoivent chacun de 19 000 à 22 000 francs.

Dans le nouveau projet, l'appréciation des gages serait confiée à des employés, commissaires-priseurs ou autres, non responsables, qui n'auraient pas les mêmes craintes que des experts soumis à la responsabilité.

De plus, le quantum du prêt pourrait être porté aux neuf dixièmes de l'estimation si l'emprunteur le désirait et s'il consentait à recevoir de son dépôt un récépissé inaliénable en échange de sa reconnaissance qui serait conservée par le Mont-de-Piété.

Cette dernière disposition porterait une profonde atteinte au *trafic des reconnaissances*, qui a pris une extension considérable.

Ces projets, qui ont été soutenus par le gouvernement, ont toute chance d'être bientôt adoptés, et alors le Mont-de-Piété pourra achever l'œuvre qu'il a entreprise et qu'il poursuit depuis plusieurs années : venir en aide à ses emprunteurs à des conditions que l'on n'aurait jamais osé espérer.

REFUGE-OUVROIR DE FEMMES

CHAPITRE XI

LA PART DES PAUVRES

I

L'ASSISTANCE PUBLIQUE A PARIS

Notes historiques.

I

Nous venons de voir la grandeur et la richesse de la Ville de Paris et nous avons passé en revue les principaux rouages qui assurent la sécurité et le bien-être de la capitale.

Mais le nombre des pauvres est si considérable que l'initiative privée, réduite à ses propres forces, serait incapable de subvenir à leurs besoins. Aussi de tout temps a-t-il fallu venir en aide à la charité particulière en créant des ressources spéciales, destinées à faire face aux dépenses occasionnées par les malades, les vieillards et les orphelins, à subvenir, en un mot, aux charges de l'Assistance publique.

A Paris, tout ce qui concerne les soins à donner aux indigents, qu'ils se trouvent dans un *hôpital*, un *hospice*, un *asile de vieillards* ou dans un *asile d'aliénés*, qu'ils reçoivent des secours médicaux à leur domicile, etc., se trouve réuni dans les divers services de l'administration de l'Assistance publique, gérante officielle du bien des pauvres et dispensatrice des aumônes de la collectivité.

L'importance d'une telle administration (dont le budget s'élève à 42 millions de francs) se comprendra quand nous dirons qu'on évalue à plus de 400 000 le nombre des personnes auxquelles elle porte secours annuellement.

En voici le dénombrement officiel pour l'exercice 1889 [1] :

Malades traités dans les hôpitaux	137900
Infirmes et vieillards dans les hospices et maisons de retraites, etc.	12441
Enfants placés en dépôt.	8000
Aliénés (Bicêtre et Salpêtrière).	2200
Enfants assistés à l'hospice dépositaire.	4500
— — à la campagne.	30000
— moralement abandonnés.	3600
— secourus.	9000
— — à domicile	92248
Malades traités à domicile.	87300
Accouchées à domicile.	11400
— chez les sages-femmes de la Ville . . .	7624
	406213

II

L'origine de l'administration de l'Assistance publique de Paris remonte au *bureau des pauvres*. Le prévôt des marchands, Jean Morin, obtint de François Ier en 1544 des lettres patentes qui attribuaient à ce magistrat et aux échevins l'entretien des pauvres de la ville, dont jusqu'alors le Parlement avait eu la principale direction. Bientôt ce bureau, qui était situé place de Grève, presque à l'endroit où sont actuellement les bureaux de l'Assistance publique, se qualifia de *grand bureau des pauvres*. Il eut dès son origine l'administration de presque tous les hôpitaux de Paris.

Le bureau des pauvres avait des huissiers pour contraindre les particuliers à payer ses taxes : la bienfaisance sous François Ier était déjà convertie en impôt. Ce bureau s'est maintenu jusqu'à la Révolution, après laquelle il fut

1. Administration générale de l'assistance publique à Paris en 1889.

remplacé par des administrateurs auxquels succéda le *conseil général des hospices.*

Cette organisation subsista jusqu'en 1849. Mais, déjà depuis longtemps, on réclamait une centralisation, et on se décida enfin à remettre tous les pouvoirs entre les mains d'un chef unique et responsable : le directeur de l'Assistance publique.

Les divers établissements hospitaliers de Paris n'étant pas, en effet, soumis à une même direction, il se produisait des abus dont le principal était la mauvaise répartition des grandes richesses léguées par de nombreux bienfaiteurs aux hospices de Paris.

On hésita longtemps sur les moyens propres à remédier à un tel état de choses: ce fut le but de la loi de 1849 qui organisa l'administration de l'Assistance publique de Paris telle qu'elle est encore aujourd'hui.

Nous disons Assistance publique de Paris, car cette administration diffère totalement de l'assistance publique des départements, de fondation récente et qui ressortit au ministère de l'intérieur.

A Paris, elle relève de la Préfecture de la Seine et est confiée à un *directeur* responsable nommé par le ministre de l'intérieur.

Les bureaux de l'administration centrale.
Organisation actuelle des services.

L'Assistance publique s'occupe de tant de questions, et comprend tant de services différents, que le public se trouve pour ainsi dire perdu quand il a quelque démarche à faire près de cette administration.

.Voici quelques renseignements qui éviteront au lecteur bien des courses inutiles.

. En général, pour toute question on devra de préférence s'adresser à l'administration centrale dont le siège est 3, avenue Victoria, et dont les différents services sont organisés en 4 divisions.

La 1re *division*, qui est dirigée par le secrétaire général est chargé des services généraux, du personnel, du service de santé, des adjudications, des travaux et des archives.

La 2e *division* a dans ses attributions la perception du droit des pauvres, la distribution des secours à domicile et tout ce qui concerne les hospices et hôpitaux. Trois inspecteurs sont chargés de l'inspection générale des services hospitaliers et du service des secours à domicile.

La 3e *division* ne s'occupe que des Enfants-Assistés; elle est chargée également d'un service qui, primitivement départemental, est devenu en 1889 un service mixte, concernant l'État et le département, celui des enfants *moralement* abandonnés.

Enfin la 4e *division* s'occupe de la comptabilité, de la gestion du domaine urbain et rural des pauvres, ainsi que du contentieux.

Soixante *visiteurs* sont chargés de faire les enquêtes nécessaires, d'aller constater à domicile la position des indigents qui réclament leur admission gratuite soit dans les hôpitaux comme malades, soit dans les hospices comme vieillards ou incurables.

Voilà pour l'administration proprement dite. Il reste maintenant :

Le *service de santé* qui comprend environ 200 médecins,

chirurgiens, pharmaciens, accoucheurs; 212 élèves internes, plus des élèves externes en quantité illimitée.

Le *personnel administratif* comptant près de 400 employés.

Le *personnel secondaire*, qui se compose de 3 500 personnes concourant directement aux soins à donner aux malades et chargées de la cuisine, du blanchissage, etc.

Au total, plus de 4 000 personnes coûtant environ 5 millions, sans parler des auxiliaires bénévoles du service des secours à domicile comprenant des administrateurs, des commissaires et des dames de bienfaisance dont les fonctions sont gratuites !

Nous ne saurions encore trop engager nos lecteurs, quand ils ont une difficulté quelconque au sujet d'un des services de l'Assistance, à aller réclamer les secours et les conseils des chefs de service de l'administration centrale.

De même, il ne faut pas hésiter à signaler, avec tous les détails possibles, les cas de maladie, de misère ou d'abandon, par lettre adressée à M. le directeur de l'Assistance publique.

Bien souvent des drames atroces causés par la misère auraient pu être évités par un simple avis envoyé à temps avenue Victoria.

Quelques renseignements pratiques.

S'il s'agit d'un *malade à faire transporter d'urgence*, ou dans un temps plus ou moins éloigné, dans un hôpital, il faut s'adresser soit à la mairie de l'arrondissement, soit au siège de l'administration centrale, 3, avenue Victoria, verbalement, par lettre, ou au besoin par le téléphone; avoir bien soin d'indiquer clairement l'adresse et le nom de la personne à transporter, la maladie dont elle est atteinte ou l'accident dont elle est victime; en un mot, toutes les circonstances dans lesquelles elle se trouve.

Dans le *cas d'accident*, on peut prévenir téléphoniqement soit l'un des postes des ambulances urbaines dont nous parlerons tout à l'heure, soit le bureau central des hôpitaux, soit enfin le directeur de l'hôpital le plus proche. On peut également s'adresser à un poste de police.

S'il s'agit simplement de *malheureux*, il faut s'adresser au bureau de bienfaisance de l'arrondissement ou à son défaut, et dans des cas particulièrement intéressants, en dehors des conditions d'assistance courante, à M. le directeur de l'Assistance publique ou à M. le préfet de la Seine, qui ont à leur disposition des fonds spéciaux,

Pour les *secours médicaux à domicile*, ainsi que pour la distribution des allocations représentatives des frais d'hôpitaux aux indigents soignés à domicile, il faut s'adresser au maire de l'arrondisssment ou à l'un des administrateurs du bureau de bienfaisance.

Quand il s'agit de secours à donner à des *femmes enceintes* ou à des *nouvelles accouchées*, il faut s'adresser de préférence, directement, à l'Assistance publique, 3, avenue Victoria, où des employés spéciaux sont chargés d'envoyer la malade soit à la Maternité, soit chez l'une des sages-femmes qui reçoivent des pensionnaires au compte de l'Assistance publique, soit dans les petites maternités établies dans quelques-uns des hôpitaux parisiens.

S'il s'agit d'un *nouveau-né*, et qu'il soit seulement nécessaire d'allouer des secours d'argent et de vêtements à la mère ou de l'aider au placement en nourrice de l'enfant, c'est encore à l'avenue Victoria qu'il convient d'avoir recours.

Si, au contraire, ce sont des *soins médicaux* qu'il lui faille, la mère devra s'adresser directement à l'un des hôpitaux d'enfants installés à Paris.

Dans le cas d'*abandon d'enfant* (et nous ne souhaitons pas au lecteur de faire une semblable trouvaille!) c'est à l'hospice des Enfants-Assistés, situé près de l'Observatoire, rue Denfert-Rochereau, qu'il faudrait porter l'infortuné nourrisson.

Quant aux *vieillards*, il y a une distinction à établir entre les asiles temporaires et les hospices et maisons de retraite.

S'il s'agit d'un vieillard absolument *dénué de ressources* et sans domicile, il convient de l'adresser à la Préfecture de police qui lui donnera asile provisoirement soit à la section spéciale de la maison départementale de Nanterre, soit à l'asile de Villers-Cotterets.

Quand c'est un vieillard à bout de forces ou atteint de *maladies incurables,* il faut s'adresser au bureau de bienfaisance de la mairie et faire demander par l'intéressé son admission dans l'un des hospices de vieillards dépendant de l'Assistance publique. Mais comme ces admissions sont souvent différées pendant de nombreuses années, il est indispensable d'insister auprès du bureau de bienfaisance de l'arrondissement où l'intéressé a son *domicile de secours,* pour lui obtenir une allocation provisoire.

Enfin, s'il s'agit de vieillards pouvant disposer de la petite somme exigée pour l'admission à l'hospice des Ménages, de la Rochefoucauld ou autre maison de retraite analogue, mais qui, soit qu'ils aient besoin de secours immédiats, soit qu'ils craignent, en n'y étant pas admis de suite, de dissiper leur petit pécule, il faut demander pour eux, en attendant leur admission dans une maison de retraite, leur réception, à titre temporaire, soit à l'hospice d'Ivry, d'Issy ou de la Salpêtrière.

Nous n'avons pas ici à nous occuper des *aliénés*, les asiles affectés à leur traitement dépendant uniquement de l'administration départementale. Tous les renseignements qu'on pourrait désirer avoir à cet égard seraient obtenus au service des aliénés dans les bureaux de la Préfecture de la Seine.

Les Hôpitaux généraux. — Les Fondations particulières.

Le rôle actuel de l'Assistance publique à Paris est considérable; c'est elle, en effet, qui *soigne les malades susceptibles de guérison*, et dans ce but entretient à grands frais des *hôpitaux* de deux sortes : des hôpitaux généraux consacrés au traitement des affections aiguës et des blessures, et des hôpitaux spéciaux réservés à des affections particulières.

Ces hôpitaux généraux sont au nombre de quatorze :

Hôtel-Dieu, place du Parvis-Notre-Dame, 1.

Dans cet hôpital, où l'on traite les maladies aiguës, il existe trois cliniques de la Faculté : une de médecine, une de chirurgie et une d'ophthalmologie.

Des voitures spéciales pour le transport des malades atteints d'affections contagieuses sont attachées à l'établissement.

Il est desservi par les dames Augustines hospitalières.

La Pitié, rue Lacépède, 1.

L'hôpital de la Pitié est le siège d'une école municipale d'infirmiers et d'infirmières.

La Charité, 47, rue Jacob, possède deux chaires de clinique (une médicale et une chirurgicale)*.

Il existe dans cet hôpital un service externe de bains.

Saint-Antoine, faubourg Saint-Antoine, 181 *.

---

* Établissements laïcisés.

Neckor, rue de Sèvres *, possède deux chaires de clinique (une médicale et une chirurgicale).

Cochin, 47, rue du Faubourg-Saint-Jacques (avec un important service d'ovariotomie*.

Beaujon, 238, rue du Faubourg-Saint-Honoré*.

Lariboisière, 2, rue Ambroise-Paré *.

Tenon, 2, rue de la Chine *.

Laënnec, 42, rue de Sèvres *.

Bichat, boulevard Ney. Le service de bains qui dépend de cet établissement délivre 30 000 bains par an à la population environnante.

Aubervilliers, à Aubervilliers.

Andral, 35, rue des Tournelles.

Broussais, 96, rue Didot.

Le tout offrant aux malades un total d'environ 6 500 lits.

Dans tous ces hôpitaux l'entrée des visiteurs est fixée au jeudi et au dimanche de 1 heure à 3 heures.

Les consultations gratuites ont lieu tous les jours de 8 à 9 heures du matin.

Les *hôpitaux spéciaux,* c'est-à-dire ceux réservés à des maladies particulières, sont au nombre de sept et contiennent 2 000 lits; ce sont :

Saint-Louis. 40, rue Bichat, pour les affections de la peau, comme la gale, la teigne, le scorbut.

Il existe dans l'établissement un traitement externe auquel peuvent prendre part les *personnes du dehors;* des médicaments, des douches, des bains sont délivrés gratuitement aux malades du dehors dont l'état d'indigence a été constaté. C'est une innovation qui a été fort appréciée par le public.

Il y a également à Saint-Louis des *chambres particulieres* dans des pavillons isoles, à 5 et 6 francs par jour.

Midi *, 111, boulevard de Port-Royal, réservé aux hommes atteints de maladies syphilitiques.

Il y a egalement des chambres payantes à raison de 6 francs par jour.

Lourcine, 111, rue de Lourcine, pour les femmes atteintes de la même affection *.

* Établissements laïcisés.

La Maternité *, 125, boulevard de Port-Royal (maison et école d'accouchement).

On y admet toutes les femmes enceintes qui s'y présentent pour faire leurs couches et qui sont dans le neuvième mois de leur grossesse ou en péril d'accouchement avant terme.

On reçoit aussi quelques pensionnaires payantes.

Les visiteurs ne sont admis qu'après une autorisation du directeur le jeudi et le lundi de 1 à 3 heures et le dimanche de 1 à 2 heures, pour les hommes seulement. Ceux-ci doivent être munis d'une pièce constatant leur mariage avec la personne qu'ils viennent visiter.

Il existe dans la maison une école d'accouchement qui peut recevoir près de 100 élèves sages-femmes.

La Clinique d'accouchement *, 89, rue d'Assas, pour les malades dont les affections presentent un intérêt particulier.

La maison de santé Dubois *, 200, rue du Faubourg-Saint-Denis, est destinée aux personnes malades ou blessées qui, ne pouvant se faire traiter chez elles, sont cependant à même de payer un prix de journée fixé ainsi qu'il suit : chambres particulieres, 10 francs ; chambres communes à 2 lits, 7 francs ; chambres communes à 3 lits, 6 et 5 francs. Dans ces prix de journée sont compris les visites des médecins, tous les frais de nourriture, médicaments, les bains de toute nature, les opérations, les accouchements, ainsi que le traitement des maladies de la peau.

L'administration de l'Assistance publique possède également ment cinq *hôpitaux d'enfants* pouvant recevoir environ 2100 enfants de 2 à 15 ans.

Hôpital Trousseau, 89, rue de Charenton. Des services d'isolement y sont installés pour les teigneux et les varioleux *.

Enfants-Malades, 149, rue de Sèvres *. Un traitement externe comportant la délivrance gratuite de médicaments, bains et douches, y est établi pour les affections de toute nature.

(Ces deux hôpitaux sont situés à l'intérieur de Paris.)

Forges-les-Bains, à Forges (Seine-et-Oise), affecté au traitement des enfants scrofuleux *.

La Roche-Guyon (Seine-et-Oise), pour les enfants convalescents sortant des deux hôpitaux d'enfants de Paris.

Hôpital maritime de Berck-sur-Mer (Pas-de-Calais), pour les enfants scrofuleux sortant des hôpitaux de Paris et pour les convalescents.

Nous venons de voir ce que l'Assistance faisait pour les

* Établissements laïcisés.

malades et les blessés; mais il reste une catégorie d'individus tout aussi digne d'intérêt : *les vieillards et les incurables* hors d'état de pourvoir eux-mêmes aux besoins de leur
existence. Ceux-là, l'administration de l'Assistance publique
les recueille également dans ses *hospices* qui sont au nombre
de cinq et qui contiennent une population de 9500 personnes environ :

Hospice de la vieillesse hommes *, Bicêtre, commune de Gentilly (Seine).
Hospice de la vieillesse femmes *, Salpêtrière, boulevard de l'Hôpital, 47.
Un service de bains dessert l'etablissement, et le public y est admis, soit
en payant, soit sur la production d'une carte d'indigent.
Hospice des Incurables, à Ivry (Seine), destiné aux incurables des deux
sexes *.
Hospice de Brévannes *, à Brévannes (Seine-et-Oise), construit au
milieu d'un parc magnifique.
Hospice des Enfants-Assistés *, 74, rue Denfert-Rochereau, où sont
admis les enfants en dépôt, les enfants assistés, et ceux moralement
abandonnés.

Les différents établissements hospitaliers dont nous venons de parler ont pour but de recueillir les indigents.

Mais à côté de ces personnes tout à fait déshéritées sous le
rapport de la fortune, il en existe d'autres qui, sans être bien
riches, ont cependant quelque avoir. C'est pour elles qu'ont
été fondées diverses *maisons de retraite* affectées spécialement
aux personnes qui, quoique non dénuées absolument de toutes
ressources, sont néanmoins incapables de suffire à tous
leurs besoins. De cette façon, chaque pensionnaire, moyennant une faible indemnité de séjour, jouit de soins et d'un
bien-être qu'il ne pourrait avoir ailleurs pour le même prix.

Ces maisons sont au nombre de trois :

Ménages *, 13, rue du Vivier, à Issy (Seine), destinée à recevoir de
vieux époux en ménage réunissant 130 ans d'âge, et des veufs ou

---

* Établissements laïcisés.

veuves âgés de 60 ans; la pension est de .250 francs par personne ; on peut la remplacer par le versement d'un capital, une fois payé, de 1 200 francs.

La Roohefoucauld *, 15, avenue d'Orléans, à Paris, reçoit des hommes ou des femmes âgés de 60 ans, et des individus atteints d'infirmités incurables. La pension est de 250 à 312 francs ; elle peut être remplacée par le versement d'un capital qui varie suivant l'âge des pensionnaires.

Sainte-Périne, 65, rue de la Municipalité, à Paris, qui recueille une population de près de 2 000 personnes, a été créée pour venir en aide à d'anciens fonctionnaires et à des veuves d'employés âgées de 60 ans. La pension est de 1 300 francs. Les pensionnaires doivent en outre supporter les frais de leur service particulier, de leur habillement, du chauffage et de l'éclairage.

En plus de ces maisons qui relèvent entièrement de l'Assistance publique, se trouvent diverses *fondations*, sortes. de maisons de retraite placées sous la direction de l'Assistance publique, mais qui ont des règlements imposés par leurs fondateurs, et des ressources nécessaires pour leur assurer une existence indépendante.

Elles peuvent recueillir actuellement environ 1 000 personnes. Ces fondations portent les noms suivants :

Boulard, à Saint-Mandé (Seine), destiné à recevoir vingt pauvres honteux septuagénaires; un versement une fois payé, de 120 francs, est exigé en entrant.

Lenoir-Jousseran, à Saint-Mandé (Seine), pour les deux sexes; mêmes conditions d'admission que pour les hospices gratuits de l'administration.

Brézin, à Garches (Seine-et-Oise), destinée aux ouvriers indigents. Le postulant doit produire un certificat du bureau de bienfaisance attestant qu'il est dans une indigence absolue et sans parents pouvant subvenir à ses besoins.

Devilas, à Issy (Seine), pour les vieillards des deux sexes atteints d'infirmités incurables et inscrits sur les contrôles des indigents; 52 lits sont à la nomination des bureaux de bienfaisance de Paris, et 13 autres à la nomination du Consistoire protestant de Paris.

Chardon-Lagache, place d'Auteuil, 1, à Paris. Les postulants des deux sexes doivent être âgés de 60 ans.; on reçoit également des époux en ménage depuis cinq ans : la pension est de 500 francs. Les fondateurs se sont réservé le droit de nomination à la plupart des lits.

19

Orphelinat Riboutté-Vitalis, à Forges-les-Bains, destiné à recueillir des orphelins auxquels on doit apprendre un métier manuel.

Galignani, boulevard Bineau, 53, à Neuilly-sur-Seine, reçoit 100 personnes des deux sexes âgées de 60 ans, reconnues pour être sans moyens d'existence suffisants ; 50 personnes payent une pension de 500 francs, 50 autres sont reçues gratuitement. Dans ces 50 dernières admissions, 10 sont destinées à d'anciens libraires, leurs veuves ou leurs filles ; 20 à des savants, à leurs père, mère, veuve ou filles ; 20 à des hommes de lettres ou artistes, à leurs père, mère, femme ou filles.

Rossini, 5, rue Mirabeau, pour les artistes chanteurs français et italiens, âgés ou infirmes, des deux sexes.

Asile Lambrechts, rue de Colombes, à Courbevoie (Seine), pour les aveugles indigents des deux sexes, âgés de 30 ans ; pour les vieillards indigents des deux sexes âgés de 70 ans ; pour les personnes atteintes d'infirmités et âgées de 50 et 55 ans, pour les orphelins du sexe masculin âgés de 7 ans au moins et de 13 ans au plus.

Tous les postulants doivent être de la religion protestante ou de l'Église chrétienne de la confession d'Augsbourg, soit de l'Église chrétienne réformée.

Nous ne parlerons que pour mémoire de l'hôpital *Boucicaut* dont les plans sont actuellement à l'étude et qui, selon toutes probabilités, s'élèvera rue de Sèvres, près des magasins du Bon Marché.

HÔPITAUX INTERCOMMUNAUX

A juste titre, depuis longtemps, l'Assistance se plaignait d'être obligée de recevoir en foule dans ses établissements les malades et les vieillards de province.

C'était une forte dépense pour la population parisienne qui supportait de ce fait des frais incombant aux autres communes.

Pour remédier à cet état de choses, on a établi le *modus vivendi* suivant :

Paris reçoit dans ses *hôpitaux* tous les malades même non parisiens : il y a là en effet un cas de force majeure, ces malheureux ne pouvant attendre. Quant aux frais qui en résultent (estimés à forfait à 3 francs par journée de malade) ils sont supportés, un tiers par la Ville, un tiers par le département et un tiers par la commune à laquelle appartient l'hospitalisé.

Mais il en est autrement pour les vieillards admis dans les *hospices* : les soins à donner à cette dernière classe d'hospitalisés n'offrant point le même caractère d'urgence, et les communes ayant tout le temps nécessaire de s'occuper elles-mêmes du sort de leurs vieillards ou de leurs infirmes.

C'est ainsi que, dernièrement, les trois communes de Fontenay-sous-Bois, Nanterre et Vincennes se sont syndiquées pour créer un hospice de vieillards à frais communs. Actuellement Pantin, les Lilas et Bagnolet étudient une combinaison semblable. Espérons que cet exemple sera suivi par les autres communes.

HÔPITAUX SPÉCIAUX DESTINÉS AUX PERSONNES ATTEINTES DE MALADIES INFECTIEUSES

Il est certain que tout hôpital où sont traitées des maladies contagieuses devient une source d'infection tant pour les autres malades que pour les habitants du voisinage; et que le danger devient d'autant plus grand que l'agglomération de la population est plus considérable.

C'est pourquoi l'administration a maintes fois tenté de créer, en dehors de Paris, des hôpitaux destinés à recevoir les personnes atteintes de maladies infectieuses [1].

Malheureusement elle s'est toujours buttée au mauvais vouloir des communes environnantes qui, peu satisfaites à

---

1. Voir le remarquable rapport de M. Chautemps au Conseil municipal.

bon droit de voir arriver tant de malades sur leur territoire, se sont opposées aux desseins de la Ville de Paris par
tous les moyens possibles : pétitions, décisions des conseils
municipaux, etc.

Rien de sérieux n'a donc pu être fait jusqu'ici, car nous
ne pouvons compter comme véritable hôpital l'établissement
d'*Aubervilliers* destiné aux varioleux, et qui n'est qu'un
simple baraquement provisoire élevé sur les glacis des fortifications et toléré par le ministère de la guerre.

CONSULTATIONS GRATUITES. — VACCINATION. — AIDE DONNÉE AUX RECHERCHES SCIENTIFIQUES

L'administration hospitalière ne s'est point contentée de
recueillir dans ses établissements les malades et les indigents, elle a tenu à venir en aide aux Parisiens peu for-
tunés mais désireux cependant de se soigner chez eux, au
milieu de leur famille.

Elle a mis à leur disposition un service de *consultations
gratuites*, et actuellement, dans tous les hôpitaux, chaque
jour, à une heure déterminée, les malades peuvent se présenter et sont examinés par les meilleurs docteurs qui leur
délivrent en même temps des *bons de bains*, des *médicaments*, etc.

Pour prévenir les ravages occasionnés par la petite vé-
role, un service de *vaccination* a été créé dès 1865, et dans
chaque hôpital, à jour fixe, toutes les semaines, un vaccina-
teur se tient à la disposition du public.

On évalue à 50 000 le nombre des personnes qui profitent
annuellement de cette institution, et qui, sans elle, par né-
gligence ou par pauvreté, seraient restées une proie trop
facile à la terrible maladie.

L'Assistance publique, également, a toujours tenu à favoriser les *progrès de la science médicale*, et dans ce but elle
s'est imposé des sacrifices considérables.

Dans ses établissements, notamment, elle a fondé des
musées, des *collections*, aménagé des *laboratoires* pour les
recherches scientifiques, et mis gratuitement à la disposition des élèves un vaste *amphithéâtre d'anatomie;* elle autorise aussi ses médecins et ses chirurgiens à faire des
cours au lit des malades et dans les amphithéâtres. Enfin,
elle cherche sans cesse à améliorer le sort des malades en
perfectionnant ses établissements, en les modifiant selon
les besoins du service et les progrès de la science.

Les Secours à domicile. — Les Bureaux de bien-faisance et les Maisons de secours.

Il nous reste à examiner une branche capitale de l'administration de l'Assistance publique : les secours à domicile.

Si l'Assistance, en effet, se contentait de recevoir les
enfants, les vieillards et les malades dans ses divers établissements hospitaliers, et de les y soigner, sa tâche serait
singulièrement simplifiée, mais elle serait incomplète, car
nombre d'infortunes ne seraient pas secourues.

Les secours à domicile sont donc le complément néces
saire de la charité officielle ; ils ressortissent aux *bureaux de
bienfaisance*.

Cette institution a pris dernièrement un grand développement, et on tend avec raison, de plus en plus, à réserver
le traitement à l'hôpital aux malades qui sont sans famille
et dans un complet dénuement.

On veut que le père malade reste au milieu des siens, on

cherche à resserrer les liens de la famille, et en définitive l'expérience de chaque jour prouve que non seulement ce mode de traitement est plus salutaire au malade, mais encore qu'il coûte moins cher à l'administration.

Ce qui caractérise, en effet, les bureaux de bienfaisance, c'est que presque toutes les personnes qui en font partie y consacrent leurs temps par esprit de charité et ne reçoivent aucun traitement.

Voici en quelques mots leur organisation :

Chaque arrondissement à Paris possède un bureau de bienfaisance et des *maisons de secours* où les médecins du bureau de bienfaisance donnent leurs consultations, et où les administrateurs reçoivent les indigents.

Le nombre de ces maisons de secours varie suivant le chiffre de la population indigente.

On y distribue également des objets de literie et des vêtements, des bons de bains, d'appareils d'orthopédie et de médicaments, et même quelques menus objets de pharmacie courante.

Les maisons de secours, autrefois desservies par les religieuses, ont été, dans beaucoup d'arrondissements, récemment laïcisées (1889-90).

Dans l'espérance d'être utile au public qui trop souvent ignore l'adresse de ces maisons de secours, où cependant il trouverait tant d'aide en cas de besoin, nous en donnerons la liste par arrondissement.

Arrondissements.		
Ier	Bureau de bienfaisance, à la mairie du Louvre. — Maisons de secours,	rue de l'Arbre-Sec, 17 * et rue du Marché-Saint-Honoré, 22.

* Personnel laïque.

Arrondis-
sements.

II⁰ Bureau de bienfaisance, à
la mairie de la Bourse.
— Maison de secours,
rue de la Jussienne, 2 *.

III⁰ Bureau de bienfaisance, à
la mairie du Temple. —
Maisons de secours, rue
du Vert-Bois, 40 * et
rue de Béarn, 10 *.

IVᵉ Bureau de bienfaisance, à
la mairie de l'Hôtel-de-
Ville, — Maison de se-
cours, rue Sainte-Croix-
de-la-Bretonnerie, 22 *.

Vᵉ Bureau de bienfaisance, à
la mairie du Panthéon.
— Maisons de secours,
rue de l'Epée-de-Bois, 3,
rue Saint-Jacques, 250,
rue Boutebrie, 1 et rue de
Thouin, 15 *.

VIᵉ Bureau de bienfaisance, à
la mairie du Luxembourg.
— Maisons de secours,
rue Saint-André-des-
Arts, 39, rue de Vaugi-
rard, 82 et rue Saint-Be-
noît, 18.

VIIᵉ Bureau de bienfaisance, à
la mairie du Palais-
Bourbon. — Maisons de
secours, rue Saint-Do-
minique, 107 *, rue Oudi-
not *, et Hospice Le-
prince, rue Saint-Domi-
nique, 109 *.

VIIIᵉ Bureau de bienfaisance, à
la mairie de l'Élysée. —
Maisons de secours, rue
de la Ville-l'Évêque, 17,

rue de Monceaux, 15 et
du Général-Foy, 22.

IXᵉ Bureau de bienfaisance, à
la mairie de l'Opéra. —
Maison de secours, rue de
La Rochefoucauld, 25 *.

Xᵉ Bureau de bienfaisance, à
la mairie de l'Enclos-
Saint-Laurent. — Mai-
sons de secours, avenue
Parmentier * 179, rue du
Terrage, 16 * et rue des
Petites-Écuries, 45 *. —
Fondation Lesecq, rue
de Belzunce, 24.

XIᵉ Bureau de bienfaisance, à
la mairie place Voltaire.
— Maisons de secours,
rue Saint-Bernard, 33 *,
rue du Chemin-Vert, 70 *
et rue Oberkampf, 108 *.

XIIᵉ Bureau de bienfaisance, à
la mairie de Bercy. —
Maisons de secours, rue
de Citeaux, 28 et rue du
Trou-à-Sable, 1.

XIIIᵉ Bureau de bienfaisance, à
la mairie des Gobelins.
— Maisons de secours,
rue Vandrezanne, 34 *,
rue de la Glacière, 52 *
et rue Jenner, 40 *.

XIVᵉ Bureau de bienfaisance, à
la mairie de l'Observa-
toire. — Maisons de
secours, rue de la Tombe-
Issoire, 77 *, rue d'Alé-
sia, 176 * et place de la
Mairie *. — Fondation Tis-
serand, rue d'Alésia, *.

* Personnel laïque.

Arrondis-
sements.

XV⁰ .Bureau de bienfaisance, à la mairie de Vaugirard. — Maisons de secours, rue d'Alleray, 13 *. rue de Vaugirard. 149 et rue Violet, 69 *.

XVI⁰ Bureau de bienfaisance, à la mairie de Passy. — Maisons de secours. rue Lauriston, 78, rue du Ranelagh, 68 et rue Jouvenet, 23.

XVII⁰ Bureau de bienfaisance, rue Truffaut, 17. — Maisons de secours. rue Guersant, 15, rue Legendre, 26. rue Gauthey, 43. — Fondation Damet, rue Lemercier, 19.

XVIII⁰ Bureau de bienfaisance, rue Ordener, 115 *. —

Arrondis-
sements.

Maisons de secours, rue Affre, 13 *, rue Ordener, 115 * et rue Damrémont, 6 *.

XIX⁰ Bureau de bienfaisance, à la mairie des Buttes-Chaumont. — Maisons de secours, rue Jomard, 5 *, rue Delouvain, 7 * et rue Bolivar, 103 *.

XX⁰ Bureau de bienfaisance, à la mairie de. Ménilmontant. — Maisons de secours, rue des Rigoles, 28 *, rue Étienne-Dolet, 30 *, rue de Bagnolet, 121 *, rue des Cendriers, 45 *. — Hospice de Belleville, rue Pelleport, 180.

Le fonctionnement normal des bureaux de bienfaisance est des plus simples, car chaque bureau relève de l'Assistance publique et ne jouit que d'une autonomie très relative. C'est l'administration centrale qui détient la dotation de chacun des bureaux, reçoit les legs qui leur sont faits et leur en remet les revenus chaque année.

Chaque bureau de bienfaisance se compose du maire et des adjoints, de 12 à 18 administrateurs, de commissaires de bienfaisance et de dames de charité en nombre illimité. Toutes ces fonctions sont gratuites; seuls, les divers employés que l'Assistance publique détache près de chaque bureau pour s'occuper de l'administration, le secrétaire-

* Personnel laïque.

trésorier, ainsi que les médecins et les sages-femmes, sont rémunérés.

Dans tout bureau une *commission* statue sur les demandes et les propositions de secours. En outre chaque administrateur, aidé de commissaires et de dames de charité, est chargé d'une partie distincte de l'arrondissement et renseigne la commission sur les besoins des pauvres et des malades indigents de sa circonscription.

SECOURS EN ARGENT ET EN NATURE

Les secours accordés peuvent être en argent ou en nature.

Les *secours en argent* sont eux-mêmes de deux sortes : annuels ou temporaires. Les secours annuels ne sont donnés qu'aux personnes atteintes d'infirmités ou de maladies chroniques, aux vieillards de soixante-quatre ans révolus, aux orphelins âgés de moins de treize ans : pour les obtenir il faut être Français et domicilié à Paris depuis plus d'un an.

Les secours temporaires sont accordés aux personnes qui se trouveront dans un cas d'indigence momentanée par suite de blessures, maladies, couches, etc.

Tous les trois ans, une liste des indigents de l'arrondissement est dressée par les soins du bureau de bienfaisance ; et tout malade inscrit au bureau a droit à la visite du médecin et à la gratuité des médicaments. Il est question de reviser cette liste chaque année, car on comprend facilement tous les inconvénients qui découlent de l'ancienneté de telles indications.

Nous avons vu que des *secours en nature* étaient également distribués : ce sont en général des effets de couchage et d'habillement, du combustible, etc.

En dehors des secours en argent (secours de nourrice,

de loyer, etc.), il y a encore des secours spéciaux destinés aux vieillards infirmes et des secours d'hospice donnés à des vieillards qui auraient droit à l'admission dans un hospice.

Des *secours représentatifs de séjour* sont également accordés aux personnes âgées qui, ayant été admises dans un hospice, en sortent ensuite pour rentrer dans leur famille.

Les bureaux de bienfaisance viennent aussi en aide aux femmes en couches et leur fournissent gratuitement les soins médicaux et autres nécessaires à leur accouchement.

On voit par ce très rapide aperçu toute l'importance des secours à domicile : 10 millions sont annuellement distribués par les bureaux de bienfaisance, et il serait à souhaiter que les nombreux abus qui existent encore dans l'organisation de ce service fussent enfin supprimés. Dans la suite, nous nous étendrons davantage sur ce sujet.

RESSOURCES DES BUREAUX DE BIENFAISANCE

Nous avons dit plus haut que tous les ans l'administration centrale de l'Assistance publique remettait à chaque bureau les revenus de la dotation qui lui appartenaient. Il semblerait en résulter qu'un bureau de bienfaisance n'aurait comme ressources que les revenus des dons et legs faits directement en faveur des pauvres de son arrondissement. Ce serait une erreur, car il peut s'en créer d'autres par le produit des quêtes, bals, concerts, etc., qu'il organise lui-même chaque année.

Mais, par cela même, il résulte une grande inégalité dans les ressources des bureaux des divers arrondissements. Les quartiers les plus riches de Paris sont naturellement ceux qui font les plus belles recettes et qui comptent le moins d'indigents, alors que les quartiers populeux, où le produit des quêtes et bals est forcément moindre, ont une population indigente considérable. Certains bureaux, enfin, ont reçu de nombreuses donations et d'autres ont été moins favorisés. De sorte que, par exemple, dans le IXe arrondissement, la moyenne des secours alloués par le bureau de bienfaisance à chaque indigent s'élève à 80 francs par an et que, pour le XIXe, au contraire, elle n'atteint pas même la faible somme de 20 francs.

On voit combien ces allocations en argent sont infimes ; encore, les bureaux les plus pauvres ne distribuent-ils ces trop modiques sommes que parce que l'administration leur vient en aide en les favorisant dans la répartition générale des sommes qu'elle alloue chaque année à l'ensemble des bureaux de bienfaisance de tous les arrondissements pour les aider dans leur tâche.

N'oublions pas que les bureaux de bienfaisance sont en outre chargés de la répartition des sommes votées pour les familles des *réservistes* pauvres et pour les *secours de loyer*.

Les Asiles de nuit municipaux.

I

Les *Refuges de nuit pour les hommes* sont au nombre de deux : 1° quai Valmy, 107 ; 2° rue du Château-des-Rentiers.

Dans chacun de ces établissements le public est reçu le soir sans autre formalité que la présentation d'une carte.

Ces cartes sont distribuées au refuge même à toute personne qui se présente dans la journée, de façon à éviter l'encombrement qui, sans cette sage mesure, se produirait certainement le soir.

Chaque refuge contient 200 lits.

En arrivant, on donne au bureau : ses nom, lieu de naissance, date de naissance, profession; la cause du chômage s'il y a lieu.

Les réfugiés sont ensuite conduits par petits groupes dans une salle spéciale où ils se déshabillent; puis leurs vêtements sont envoyés à l'étuve et de là au séchoir. Eux-mêmes passent dans la salle de douches.

On leur distribue des vêtements appartenant au refuge, *la soupe*, puis ils se couchent.

Le lendemain au réveil, 6 ou 7 heures, suivant la saison, ils se lèvent et font leur lit. Leurs vêtements leur sont rendus et ils partent après la distribution du pain pour chercher du travail en conservant leur carte d'admission qui leur donne droit à trois jours d'hospitalisation.

Quelques-uns, volontairement, restent pour la corvée ou la cuisine et ils reçoivent une petite indemnité.

Du fil et des aiguilles leur sont remis pour arranger et raccommoder leurs effets s'ils le désirent.

Le refuge reçoit tous les dons en vêtements et les distribue aux plus nécessiteux, et à ce sujet nous ne saurions trop engager le lecteur à favoriser cette distribution de vêtements : le moindre don, le moindre envoi sera accueilli avec reconnaissance par l'établissement. Nous engageons donc vivement à leur envoyer de vieux effets et surtout de la vieille chaussure.

Le personnel chargé de tout conduire est peu nombreux, il se compose d'un surveillant-chef et de deux surveillants.

L'administration procure, en outre gratuitement, aux réfugiés toutes les pièces qui leur sont utiles pour trouver du

travail : casier judiciaire, etc. C'est un véritable bienfait
pour ces infortunés qui, sans cela, ne pourraient se présenter nulle part.

II

Refuge-ouvroir de femmes, rue Fessart, 47.

L'organisation matérielle est la même que celle des refuges d'hommes, du moins au point de vue de l'hygiène et
de la nourriture.

Mais pour y être admis, il faut d'abord demander l'autorisation à l'administration centrale.

De préférence, cette autorisation est accordée aux femmes
enceintes ou accompagnées de jeunes enfants et qui, dans
cette situation, ne peuvent travailler. On les garde quinze
jours ou un mois. Elles doivent travailler à l'entretien ou
au blanchissage du linge et des vêtements du refuge.

Lorsque celles qui sont enceintes sont sur le point d'être
délivrées, une voiture des ambulances municipales les conduit à la Maternité.

Les autres, qui ont le droit de sortir pour chercher du
travail, sont gardées plus ou moins longtemps, suivant l'intérêt que comporte leur situation : jusqu'à ce qu'elles soient
placées si cela est possible. On en rapatrie également un
certain nombre.

Le personnel se compose d'une directrice, de deux maîtresses d'atelier et de deux ambulancières.

Telle est, en résumé, l'organisation de ces établissements ;
nous souhaitons en voir augmenter le nombre, car c'est une
création des plus utiles.

Le Budget des Pauvres à Paris.

BUDGET DE L'ASSISTANCE PUBLIQUE, SES RESSOURCES ET SES DÉPENSES

Nous n'entrerons assurément pas dans les détails du *budget de l'Assistance publique*, notre cadre est trop restreint ; mais il est cependant nécessaire de faire connaître, au moins superficiellement, les ressources et les dépenses de cette administration.

Les *dépenses* pour l'année 1889 se sont élevées à plus de 41 millions.

Nous y voyons figurer par exemple :

	Fr.
Le service des secours pour environ.	10 000 000
La pharmacie.	1 000 000
La boulangerie	1 500 000
La boucherie	3 000 000
La cave.	1 500 000
Les comestibles.	3 000 000
Le chauffage et l'éclairage	2 000 000
Le blanchissage.	736 000

Comme *ressources*, et pour faire face à de pareilles charges, l'administration de l'Assistance publique possède d'abord les revenus de la fortune particulière que lui ont constituée de généreux bienfaiteurs : c'est-à-dire environ 6 millions et demi ; — le droit des pauvres qui porte sur les billets de théâtre, de bal et de concert, ci encore 3 millions ; — le remboursement des frais de séjour dans ses établissements hospitaliers, certains droits perçus sur les concessions de cimetière, les legs, etc. Enfin, les revenus propres aux fondations particulières.

Mais toutes ces recettes ne produisent guère que la moitié de ce qui est nécessaire à l'administration de l'Assistance publique ; aussi doit-elle avoir recours à la Ville de Paris, qui généreusement chaque année comble le déficit.

En 1889, sur un budget de 41 millions, la *subvention municipale* a été de 20 millions environ.

C'est ce qui donne quelque raison au Conseil municipal quand il réclame une plus large part dans la direction de l'administration de l'Assistance publique et dans le contrôle de ses dépenses.

Car, en définitive, ce sera toujours à la générosité de la Ville de Paris qu'on devra s'adresser pour trouver la très forte somme nécessaire à parfaire les ressources de l'Assistance publique.

Mais ce procédé a le grave inconvénient de ne pas permettre de se rendre compte exactement des économies qu'il serait possible de réaliser si l'administration des pauvres, réduite à ses seules ressources, ne pouvait faire appel aux fonds municipaux que pour les dépenses extraordinaires ou pour les appliquer uniquement à des services séparés.

Et, en résumé, le système actuel peut faciliter un certain gaspillage.

Dans ces derniers temps le *pari mutuel* a également fourni d'assez belles recettes à l'Assistance publique, ayant produit :

	Fr. c.
En 1887	403 007,95
En 1888	951 785,50
Total.	1 354 793,45

dont, par décision du ministre de l'intérieur, en date du 6 février 1886, les deux tiers revenaient à l'Assistance pu-

blique de Paris. Mais il est probable que dorénavant, par
suite de nouvelles mesures prises par le ministre, l'Assistance ne pourra plus compter sur une somme aussi forte [1].

Quelques mots sur la réforme du système actuel.

NÉCESSITÉ D'UNE RÉORGANISATION COMPLÈTE

Le projet de budget de l'Assistance publique pour l'année
1891 atteint le chiffre de 42 278 035 francs et, comme subvention, les contribuables parisiens auront à donner plus
de dix-neuf millions, alors qu'en 1860 ils n'en payaient que
sept, dix en 1876, treize en 1881 et dix-sept en 1887.

Dans l'avenir même, ils devront s'attendre à voir augmenter encore le chiffre de cette subvention, car le conseil
de surveillance de l'Assistance publique déclare que les
ressources propres de l'administration sont loin de se développer aussi rapidement que les dépenses.

Devant cette éventualité de l'accroissement continuel des
dépenses de l'Assistance, on ne saurait trop rechercher les
réformes à apporter au système actuel, non seulement
pour faire des économies, mais surtout pour tirer un meilleur parti du colossal budget destiné à venir en aide aux
pauvres.

L'administration, en effet, est impuissante à secourir
nombre d'infortunes.

Les hôpitaux sont encombrés, et même en temps ordinaire on a dû établir des abris provisoires où sont *campés*

---

1. Voir le rapport de M. Paul Strauss sur le budget de l'Assistance
publique en 1889.

de nombreux malades. Que sera-ce en cas d'épidémie !

Hospices, maisons de retraite, sont aussi au grand complet ; si bien qu'on ne peut y envoyer quantité de vieillards et d'incurables qui continuent à occuper dans les hôpitaux des places qui devraient être réservées aux seuls patients atteints de maladies aiguës.

Cette année-ci encore, plus de 2 000 demandes pressantes, concernant des enfants incurables ou des vieillards, n'ont pu recevoir de solution favorable.

Il faut actuellement des années pour obtenir une admission dans un des établissements hospitaliers.

On se trouve donc dans l'absolue nécessité, ou de fonder des hôpitaux nouveaux, ou de renvoyer partie des pensionnaires dans ceux qui existent, pour faire de la place.

C'est à ce dernier moyen qu'il faudra malheureusement avoir recours, vu les frais considérables qu'occasionnerait la création de nouveaux établissements.

Pourquoi cependant, lorsque l'indigent a une famille, ne pas lui accorder de préférence un secours journalier ? Ce serait un pensionnaire de moins à loger et en même temps une économie pour l'Assistance, à laquelle un secours sera toujours moins onéreux qu'une admission à l'hospice.

Pourquoi également ne pas envoyer les vieillards et les incurables, sans liens de famille à Paris, dans les hospices de province où le prix de pension est moins élevé ?

Il faut aussi faire en sorte que les diverses communes de France supportent davantage les frais occasionnés par leurs indigents dans les établissements hospitaliers de la capitale. Car c'est une véritable plaie pour l'Assistance que cette affluence sans cesse croissante des malheureux de la province et de l'étranger.

L'humanité empêche certainement de repousser ceux qui viennent échouer sur le pavé de Paris; mais le flot toujours plus fort des malades du dehors finit par nous mettre nous-mêmes dans l'impossibilité de soigner convenablement nos pauvres.

Combien de malades ne viennent à l'hôpital que par l'impossibilité où ils sont d'avoir chez eux tous les soins d'un médecin! Que l'Assistance perfectionne le plus possible son système de consultations gratuites et elle aura moins de demandes d'admission. Mais actuellement ces consultations sont données trop irrégulièrement et trop rapidement, par un médecin déjà absorbé par son service intérieur d'hôpital. Quoi de plus touchant cependant que cette foule de malades mornes et silencieux qui, à la porte des hôpitaux, attendent patiemment le moment de la consultation!

En outre, le nombreux personnel de l'Assistance publique pourrait mieux être réparti qu'il ne l'est et par conséquent rendre plus de services. Pourquoi, par exemple, un caissier dans chaque bureau de bienfaisance; celui de la mairie ne serait-il pas suffisant?

Une cause de profond étonnement pour le public, quand il compare les dépenses des grands hôpitaux et le prix annuel de revient pour chaque lit, est l'écart considérable qui existe entre la Pitié, par exemple, et l'hôpital Cochin ou tel autre hôpital. Pourquoi de telles différences?

A toutes ces critiques, l'administration de l'Assistance publique répond que ce n'est pas sa faute si les établissements sont encombrés. Elle, aussi, réclame la création de nouveaux hôpitaux et une loi qui la défende contre les pauvres de la province.

Quant à la différence qui existe entre les prix de journées des divers hôpitaux, elle l'explique en faisant remarquer que tous ces établissements n'ont pas le même nombre de pensionnaires, quoique les frais d'administration soient toujours les mêmes; qu'enfin on y soigne des affections différentes qui exigent des régimes plus ou moins onéreux; que sur ce point encore elle est complètement à la merci des médecins, qui seuls déterminent le *régime* auquel doit être soumis le malade.

Elle prétend encore que depuis dix ans le personnel n'a pas augmenté, quoique le budget de l'Assistance ait doublé.

On se rappelle, en effet, quelles sont les ressources des bureaux de bienfaisance : revenus de leur fortune particulière, quêtes faites dans l'arrondissement, subvention de l'Assistance, etc.

De là résulte une grande inégalité dans leurs recettes : les quartiers luxueux, où habitent par conséquent peu de pauvres, étant favorisés sous le chapitre des dons et legs, et faisant des quêtes plus fructueuses que celles recueillies dans les quartiers populeux encombrés d'indigents.

Il y a peu de temps encore, pour remédier à un tel état de choses l'Administration attribuait dans sa subvention annuelle à chaque bureau de bienfaisance une part proportionnelle au nombre d'indigents qu'il avait à secourir.

Mais depuis 1886 on a substitué une nouvelle répartition, de laquelle il résulte que les arrondissements les plus populeux et les plus pauvres touchent beaucoup moins qu'auparavant.

Aussi les maires des arrondissements délaissés, débordés par les demandes, ne sachant plus à qui entendre, éparpillent-ils en secours de quelques francs les maigres ressources dont ils disposent.

Il y a là certainement une injustice à réparer, mais ce
n'est pas le seul défaut de l'institution actuelle des secours
à domicile.

On reproche aux bureaux de bienfaisance d'être insuffi-
samment renseignés sur les besoins de leur arrondissement,
de distribuer les secours trop tardivement ou quand il n'est
plus temps, d'éparpiller leurs efforts ; de ne pas s'inspirer
assez du principe que, pour être utile, la somme donnée doit
être importante et capable de tirer d'affaire celui qui l'obtient. Qu'enfin elle ne doit jamais être accordée sans une
enquête préalable, afin d'éloigner les paresseux ou les gens
habiles qui savent se faire de véritables rentes avec le bien
des pauvres.

On prétend encore que les recommandations de person-
nages politiques jouent un trop grand rôle dans l'obtention
des secours. On demande également qu'ils ne soient plus
accordés d'après une liste vieille de trois ans et qu'on fasse
chaque année le recensement des indigents.

Bien des systèmes ont été proposés pour remédier aux
défauts des bureaux de bienfaisance. Presque tous réclamen
la création d'une seule caisse des pauvres au siège de l'administration, et la transformation des bureaux de bienfaisance
actuels en véritables succursales de l'Assistance publique.

Ainsi transformés, les bureaux de bienfaisance ne seraient
que des intermédiaires entre l'Assistance publique et les
indigents, et n'auraient en propre que les seuls revenus
des donations particulières qui ont pu leur être faites directement. Comme conséquence du système, substituer aux
quêtes partielles une quête générale.

Certains vont plus loin et demandent que les administrateurs et commissaires non rétribués soient remplacés par des employés salariés, desquels on pourra réclamer un service plus régulier et plus assidu.

En résumé, quel que soit le système proposé, il est un point sur lequel tout le monde est d'accord, c'est que l'organisation des secours à domicile est à remanier en entier, et que le *statu quo* ne peut durer.

II

L'ASSISTANCE DE L'ENFANCE

Enfants assistés. — Moralement abandonnés. — Secours pour prévenir l'abandon. — Secours aux Orphelins. — Protection aux Enfants du premier âge.

I

A Paris, la première maison vraiment consacrée à recueillir les enfants trouvés, sans distinction aucune, est due à une femme qui, profondément émue des misères supportées par ces infortunés, les recueillit dans sa propre maison qui prit le nom de *Maison de la Couche*. La fondatrice malheureusement étant venue à mourir, son œuvre fut détournée de son but charitable.

La plus grande partie des enfants y mouraient, on vendait le reste aux bateleurs qui les martyrisaient, ou aux nécromanciens qui s'en servaient pour leurs expériences[1].

---

1. *Les Enfants assistés*, par le Dr THULIÉ.

La terrible renommée de la maison y conduisit saint Vincent de Paul, qui, consterné des horreurs qu'il y vit, n'hésita pas à consacrer sa vie à adoucir le sort de ces innocents. Il parvint à intéresser Anne d'Autriche à son œuvre, et obtint du roi une pension annuelle de 3 000 livres.

L'État s'occupait enfin des enfants trouvés!

Depuis cette époque, l'œuvre prospéra sans cesse, les revenus augmentèrent ainsi que les dons, et la maison de la Couche devint l'hôpital des Enfants-Trouvés.

Nous ne suivrons pas les différentes phases par lesquelles ont encore passé les Enfants-trouvés, disons seulement que les réels progrès réalisés pendant ces quinze dernières années sont dus principalement aux efforts du Conseil général de la Seine et du Conseil municipal de Paris.

Actuellement, l'administration étend sa protection sur tous les enfants sans exception :

Elle aide la mère à élever son enfant (*secours pour prévenir l'abandon*).

Elle encourage la famille à se charger des enfants dont les père et mère sont morts (*secours aux orphelins*).

En l'absence de toute famille, enfin, elle les recueille et s'en occupe exclusivement (*enfants assistés*).

Quand il s'agira d'enfants plus âgés, ayant de 12 à 16 ans, laissés par leur famille sans éducation morale et abandonnés à eux-mêmes, elle s'en chargera également (*enfants moralement abandonnés*).

En outre, étendant sa protection même sur les enfants appartenant à des familles dans l'aisance, l'administration protège la vie et la santé du bébé âgé de moins de 2 ans, placé, moyennant salaire, hors du domicile de ses parents : en nourrice, en garde ou en sevrage. Elle impose, à toute

nourrice qui se charge d'un enfant, l'obligation d'avoir
un livret délivré par le maire de sa commune, constatant
sa bonne conduite, l'âge de son lait, etc.

Elle lui interdit également d'emmener le nourrisson sans
avoir fait viser son livret à la mairie du lieu où habite l'enfant,
et de retour dans son pays, la nourrice restera encore sous
la surveillance de l'inspecteur départemental et du maire.

Dans notre examen du fonctionnement de l'Assistance
publique de Paris, nous n'avons pas à entrer dans les détails
de tous ces divers services qui relèvent, tantôt du Ministère
de l'intérieur, tantôt du Département, et tantôt de la Ville.

Nous devons nous limiter strictement au rôle de la Ville.

Mais ici, contrairement au principe que l'Assistance
publique de Paris réserve ses établissements hospitaliers
aux seuls habitants de Paris, elle est chargée du *service des
enfants assistés*, qui est cependant départemental et non
communal. De là une organisation assez compliquée.

Le Conseil général réglant ce service et l'alimentant en
grande partie, le préfet de la Seine devrait le diriger. Il en
est autrement et, par une nouvelle anomalie, c'est le directeur de l'Assistance publique, à Paris, qui en a été chargé et
qui a été investi de la tutelle des Enfants-Assistés de la Seine.

En outre, parler du service des Enfants-Assistés, n'est-ce
pas parler de l'hospice dépositaire de la rue Denfert-Rochereau, qui est utilisé aussi bien par la Ville que par le Département ?

Voilà pourquoi nous sommes conduit, dans cet exposé
de l'administration de l'Assistance publique de Paris, à nous
occuper de ces divers services qui ne regardent cependant
pas uniquement la Ville.

C'est le décret du 19 janvier 1811 qui sert de base à l'organisation du service, tel qu'il existe encore à peu près actuellement.

Il divise les Enfants-Assistés en trois classes :

1° Les enfants trouvés, c'est-à-dire ceux nés de parents inconnus, et qui ont été trouvés exposés dans un lieu quelconque ou portés dans des hospices destinés à les recevoir.

2° Les enfants abandonnés, c'est-à-dire ceux qui, nés de parents connus et d'abord élevés par eux, en sont délaissés plus tard.

3° Les orphelins.

Tous ces enfants, légitimes ou naturels, sont recueillis par l'Assistance, dans l'hospice des Enfants-Assistés, rue Denfert-Rochereau, n° 74. Mais ils y viennent de diverses manières :

Quand il s'agit d'un *enfant trouvé*, c'est ordinairement au commissaire de police que revient le soin de le présenter à l'hospice, car c'est à son bureau qu'il aura été porté en premier lieu. Dans ce cas, le commissaire, en livrant l'enfant à l'hospice, établit un procès-verbal constatant les circonstances dans lesquelles l'enfant a été trouvé.

Pour les *enfants abandonnés*, au contraire, c'est ordinairement la mère ou la sage-femme qui les apportent.

Quand c'est la mère, l'employé de l'hospice lui pose une série de questions au sujet de l'état civil de l'enfant; mais il lui dit en même temps *qu'elle peut ne donner aucun renseignement si tel est son désir*. Il l'exhorte cependant à garder son enfant et lui propose même des secours d'allaitement dans le cas où elle le conserverait.

Quand c'est une sage-femme, cette dernière doit avoir eu préalablement recours au commissaire de police et, de plus, elle doit fournir le bulletin de naissance de l'enfant.

Tel est le système qui a remplacé le *tour*, supprimé à Paris en 1864, et qui est devenu inutile, puisque les admissions d'enfants abandonnés se font aujourd'hui à *bureau ouvert, jour et nuit*, sans que l'administration puisse subordonner la réception de l'enfant à la production d'aucun document,

Le système actuel présente donc tous les avantages du tour et n'en a pas les inconvénients qui étaient nombreux. En effet, souvent, les cadavres d'enfants, tués par leur mère, étaient déposés dans le tour que finalement la police avait dû faire surveiller. De plus, quantité de parents dénaturés ne déposaient l'enfant, même pendant la saison la plus rigoureuse, que dépouillé de tout vêtement, et le malheureux bébé contractait, pendant les quelques minutes de son séjour dans l'appareil, des maladies mortelles.

Les *enfants orphelins* sont admis sur la production de leur acte de naissance, les actes de décès de leurs parents et un certificat d'indigence.

Aussitôt son admission, l'enfant est immatriculé et confié à une nourrice qui l'emmène à la campagne; il est porteur d'un collier qui ne pourra pas être détaché de son cou avant qu'il ait atteint l'âge de 6 ans.

L'administration paye une pension à la nourrice jusqu'à ce que l'enfant ait atteint l'âge de 13 ans. Mais à cette époque, deux cas peuvent se présenter :

1° Le nourrisson reste chez ses nourriciers qui, l'aimant, lui constituent une véritable famille; alors, un contrat est passé entre l'administration et ceux qui se chargent de l'enfant, et la modeste somme qui est fixée pour son salaire revient à l'enfant quand il atteint l'époque de sa majorité; l'administration recrutant ses nourrices parmi d'honnêtes familles de cultivateurs, c'est surtout aux travaux agricoles qu'est destiné l'enfant;

2° Le nourrisson ne peut rester chez ceux qui l'ont élevé; alors, l'administration consultant le degré d'intelligence de l'enfant le met en apprentissage ou lui fait donner une éducation plus élevée.

Disons à la louange de ces modestes nourriciers, qu'en général ils s'attachent à l'enfant et lui reconstituent une famille.

SECOURS POUR PRÉVENIR L'ABANDON, SECOURS AUX ORPHELINS

Comme nous l'avons vu précédemment, l'administration fait tout son possible pour prévenir l'abandon et pour conserver à l'enfant sa véritable famille. Un des meilleurs moyens pour arriver à ce résultat est de venir au secours de la mère trop pauvre ou trop faible pour nourrir son enfant et le conserver auprès d'elle.

C'est dans ce but qu'on alloue pendant un an une nourrice à l'enfant que la mère ne peut nourrir, ou qu'on accorde à la mère elle-même des secours d'allaitement pendant une période de douze à dix-huit mois.

Enfin dans la même pensée l'Assistance publique donne un secours spécial, dit *secours d'orphelin*, aux orphelins de père et de mère, nés dans le département de la Seine et recueillis par des parents ou des amis de la famille défunte. Ce secours varie de 6 à 15 francs par mois, suivant l'âge, et il cesse lorsque l'enfant a atteint l'âge de 21 ans.

MORALEMENT ABANDONNÉS

Dès l'année 1881, le Conseil général de la Seine, devançant la loi du 24 juillet 1889, a créé le service des enfants *moralement abandonnés*, qui a pour but de recueillir :

Les enfants abandonnés, trouvés ou orphelins, âgés de 12 à 16 ans, que ne prenait plus le service des Enfants-Assistés sous prétexte qu'ils pouvaient se passer de protection à cet âge, qui est cependant pour l'enfance la période critique !

Les enfants de 12 à 16 ans, de parents condamnés.

Les mineurs de 16 ans qui, arrêtés par les agents de la Préfecture de police pour menus délits ou vagabondage, sont déférés au parquet. Jusqu'ici, les magistrats étaient dans l'obligation ou de relâcher ces enfants et les rendre à leur vie de vagabondage, ou bien de les acquitter comme ayant agi sans discernement en les envoyant par le même jugement dans une maison de correction ; ce qui leur portait un grave préjudice dans l'avenir.

Les enfants qui n'ont commis aucune faute, mais que les parents trop pauvres ou malades ne peuvent surveiller et qui deviendraient des vagabonds.

Les enfants de parents indignes qu'il faut sauver du mauvais exemple.

Les enfants vicieux que les parents ne peuvent diriger.

Une différence fondamentale sépare donc le service des Enfants-Assistés de celui des Moralement abandonnés dans le résultat qu'on cherche à obtenir.

Pour les premiers, on s'efforce de prévenir l'abandon des parents ; et quand, malgré tout, le nourrisson est livré à l'Assistance publique, on le place à la campagne chez de braves nourriciers qui s'attachent généralement à l'enfant et lui constituent une famille nouvelle.

Pour les seconds, au contraire, il faut avant tout les sauver de leurs parents, et comme ils sont d'un âge déjà avancé,

et qu'il n'est plus possible de les habituer à la vie de la campagne; on s'efforce à leur faire apprendre un métier qui
puisse les faire vivre.

Mais ici encore, l'œuvre moralisatrice se buttait jadis à une
difficulté considérable : les parents indignes pouvant, au bout
de n'importe quel temps, redemander leur enfant et rendre
nuls tous les efforts faits pour son redressement moral.

Heureusement, depuis quelques mois, une loi est enfin
venue modifier et restreindre la puissance paternelle en
en transmettant les droits et les devoirs à l'administration.

En 1890, l'œuvre des moralement abandonnés avait, depuis l'origine, recueilli environ 4000 garçons et 2000 filles,
qu'elle avait placés, soit isolément. soit par groupes, soit
enfin dans les écoles professionnelles suivantes :

École d'Alembert (Seine-et-Marne), pour les travaux d'ébénisterie.

École de Villepreux (Seine-et-Oise), pour l'apprentissage
de l'horticulture et de la vannerie.

École d'Yseure (Allier), destinée aux filles pour l'apprentissage de la couture et du ménage.

École d'Alençon (Orne), pour la typographie.

Ferme-École de Ben-Chicao (Algérie), destinée à former
des vignerons-cultivateurs. Les meilleurs élèves recevront
à leur retour du régiment des concessions de terres à titre
gratuit.

Devant les résultats obtenus, on ne peut que louer entièrement le Conseil général de la Seine de l'exemple qu'il a
donné en se préoccupant du sort des enfants moralement
abandonnés, et souhaiter que les autres Conseils généraux
entrent dans la même voie.

Malheureusement, si plusieurs départements ont imité l'exemple donné par la Seine, beaucoup se sont refusés à voter des fonds pour l'organisation du service.

STATISTIQUE, BUDGET

Le nombre des enfants admis sous la tutelle du directeur de l'Assistance publique augmente chaque année, malgré les secours qui sont prodigués pour prévenir l'abandon[1].

ANNÉES.	NOMBRE D'ENFANTS ABANDONNÉS.	MONTANT DES SECOURS pour prévenir les abandons.
		francs.
1879..	2 774	692 125
1880..	2 730	734 720
1881..	2 834	770 416
1882..	2 746	771 639
1883..	3 151	771 791
1884..	3 128	786 706
1885..	3 137	789 055
1886..	3 257	686 086
1887..	3 477	786 511
1888..	3 724	806 384

On remarque également que sur les 3 724 Enfants-Assistés de l'année 1888, les enfants trouvés ne figurent que pour 183, et les orphelins pour 263, tous les autres sont des enfants abandonnés.

Quant à savoir par qui sont faits les abandons :

Le père figure pour . . . . 3,52 p. 100
La mère   —   . . . . 62,60 —
Divers   —   . . . . 9,37 —

1. Rapport sur le service des Enfants-Assistés de la Seine en 1889.

Les sages-femmes figurent pour.	4,59 p. 100
Les nourrices —	5,37 —
Les hôpitaux —	4,59 —
Le Préfet de police —	1,53 —
Admissions sur place —	8,43 —

72 p. 100 sont des enfants naturels non reconnus.

Nous voyons également qu'en 1888, sur 3 724 enfants abandonnés, il y en avait :

De 1 jours à 7 jours.	473 soit 12,72 p. 100
— 8 jours à 15 jours.	1 000 — 26,91 —
— 16 jours à 1 mois.	258 — 6,92 —
— 1 mois à 3 mois.	236 — 6,33 —
— 3 mois à 6 mois.	231 — 6,21 —
— 6 mois à 1 an.	276 — 7,41 —
— 1 an à 3 ans.	469 — 12,59 —
— 3 ans à 6 ans.	327 — 8,78 —
— 6 ans à 13 ans.	396 — 10,63 —
Au-dessus de 13 ans.	56 — 1,50 —

Il est facile par ces quelques chiffres de se faire une idée de la difficulté que l'administration doit avoir pour trouver un nombre suffisant de nourrices.

Pour y parvenir, elle a recours à ses agences nourricières qui de province lui envoient chaque jour un convoi de nourrices. Ces femmes ne séjournent pas longtemps à Paris, elles arrivent à l'hospice des Enfants-Assistés pour prendre les enfants qui s'y trouvent et les emporter de suite dans les villages où ils seront élevés sous la surveillance des directeurs d'agences. Dans leurs tournées annuelles, les inspecteurs départementaux de la Seine visiteront les nourrissons et constateront si les visites réglementaires des directeurs d'agence et des médecins ont été faites.

Au 1er janvier 1889 les Enfants-Assistés étaient au nombre

de 32 470, auxquels il fallait ajouter 4 040 moralement abandonnés et 8 587 enfants secourus; au total 45 097.

HOSPICE DES ENFANTS-ASSISTÉS

Nous avons souvent, à propos des Enfants-Assistés, parlé de l'hospice de la rue Denfert-Rochereau. Nous ne saurions trop engager nos lecteurs à visiter ce curieux établissement où sont concentrés tous les services nécessaires à l'enfance.

C'est là en effet que sont conduits d'abord tous les petits infortunés dont se charge l'Assistance publique. L'hospice n'étant en définitive qu'un lieu de dépôt, de passage ou de traitement.

A son arrivée, chaque enfant est visité par le médecin et envoyé dans une section en rapport avec son âge et sa santé. Or, comme on reçoit des pensionnaires de tout âge, de 1 jour à 12 ans, et même au-dessus, l'administration a dû, pour faire face à tous les besoins, créer en dehors des services généraux (cuisine, lingerie, buanderie, vacherie, etc.) :

Une crèche, où sont envoyés tous ceux qui n'ont pas encore 4 ans. C'est dans ce même service que se trouvent les nourrices sédentaires restant en permanence à l'hospice pour allaiter les enfants qui sont apportés à chaque instant et ceux qui restent en traitement à l'hospice. C'est là également que séjournent les nourrices de campagne qui viennent chercher les nourrissons qu'elles emmèneront plus tard avec elles.

Deux divisions spéciales : une de garçons et une de filles.

Un lazaret, où tout enfant à son arrivée doit passer quelques jours en observation, pour s'assurer qu'il n'apporte pas quelque maladie contagieuse.

Deux infirmeries : l'une pour la chirurgie, l'autre pour la médecine.

Trois pavillons spéciaux où sont isolés les *rubéoleux*, les *diphtériques* et ceux qui ont été reconnus douteux par le médecin.

Deux *nourriceries* destinées à l'allaitement par des ânesses des enfants atteints de maladies contagieuses et particulièrement pour les syphilitiques qui ne pourraient être élevés au sein sans danger pour la nourrice.

Cette dernière création est une des curiosités de l'hospice. Chaque nourricerie se compose d'un pavillon à rez-de-chaussée, comprenant deux salles séparées entre elles par un office ; en arrière du pavillon, un bâtiment distinct est destiné aux animaux qui allaitent les enfants. Chaque salle contient huit berceaux et quatre lits pour les infirmières.

En outre, l'administration ayant reconnu le danger des agglomérations, a créé une *annexe* de l'hospice des Enfants-Assistés à Thiais (Seine), où elle expédie ceux qui sont bien portants ; elle ne les fait revenir rue Denfert-Rochereau qu'en cas de maladie pour les soigner.

Le nombre des enfants passant par l'hospice est donc considérable : en 1881, sans compter les enfants moralement abandonnés, on y comptait une population de [1] :

3 312 élèves immatriculés (admis ou réintégrés) ;

217 enfants secourus ;

3 554 enfants en dépôt [2] ;

126 nourrices sédentaires ;

---

1. *Les Enfants assistés,* par le Dr THULIÉ.
2. Ceux admis momentanément, les parents étant en prison ou dans les hôpitaux.

1 968 nourrices de campagne venant chercher des nourrissons ;

361 surveillantes.

C'est-à-dire un total de 9 538 personnes.

Depuis 1881, ces chiffres ont encore augmenté dans de
grandes proportions.

III

LES SERVICES D'APPROVISIONNEMENT

Établissements de Service général.

Le grand nombre de ses clients a conduit l'Assistance publique à créer divers services désignés sous le nom d'établissements de service général.

C'étaient, autrefois, les économats des divers hospices et
hôpitaux de Paris qui achetaient au jour le jour les denrées
nécessaires à chaque établissement.

Mais, frappée des inconvénients que présentait ce système,
l'administration de l'Assistance publique se décida à acheter, centraliser et fabriquer elle-même la plus grande partie des objets qui lui étaient indispensables, pensant qu'elle
y trouverait une économie considérable.

Le service de l'*approvisionnement* est installé aux Halles
centrales, pavillon 6; il est chargé d'acheter les denrées
fraîches (œufs, beurre, légumes, poisson, volaille, etc.). Il
distribue ensuite à chaque établissement ce qui lui est nécessaire.

En 1889, les achats, pour nourrir journellement 30 000 individus, se sont élevés à la somme de 1 800 000 francs environ; ils sont faits par un directeur assisté d'un économe et de quelques journaliers.

La *Boucherie centrale*, située à l'abattoir de Villejuif, boulevard de l'Hôpital, fournit toute la viande nécessaire aux établissements de l'Assistance. Elle est dirigée par un directeur assisté de deux employés.

L'Administration n'exploite pas elle-même, elle se contente de mettre chaque année en adjudication la fourniture de viande, et n'exerce qu'un contrôle sur l'adjudicataire, afin de l'obliger à observer les conditions rigoureuses du cahier des charges.

Le prix d'adjudication de la viande, pour l'année 1889, a été de 1 fr. 04.

La *Boulangerie centrale*, place Scipion, n° 13.

De très longue date, la fabrication du pain pour les établissements hospitaliers de Paris a été centralisée dans une boulangerie spéciale. Ici, l'administration fait tout par elle-même.

Les blés sont achetés par voie d'adjudication publique, transportés dans la *minoterie* où, réduits en farine, ils sont emmagasinés dans des locaux considérables, rue du Fer-à-Moulin. La *boulangerie*, ensuite, est chargée de subvenir à la fourniture journalière du pain.

En 1885 et 1886, le prix de revient du kilog. de pain, a varié entre 0 fr. 2739 et 0 fr. 2793.

La Boulangerie centrale occupe un personnel considérable : un directeur et 73 ouvriers et employés.

Elle fournit également du pain à bon nombre d'œuvres de charité privée au prix coûtant.

La *Cave centrale*, située à la Halle aux Vins, livre annuellement près de 4 millions de litres de vin aux hôpitaux ou hospices de Paris.

Cette fourniture fait l'objet chaque année de deux adjudications.

Les vins fournis ne doivent avoir été l'objet d'aucun coupage. Ce sera la Cave centrale elle-même qui, chaque mois, composera les vins de coupage qui devront être livrés aux établissements le mois suivant.

Autrefois, une notable portion d'eau était ajoutée au mélange; actuellement il n'en est plus de même, et voici, à titre de renseignement, la composition d'un coupage de 1889, et d'un de l'année 1848.

1889			1848		
Gard..	15 p. 100		Bordeaux rouge.	20 p.100	
Baixas.	10	—	— blanc.	20	—
Lézignan.	15	—	Marseille. . . .	25	—
Gers.	15	—	Narbonne. . . .	10	—
Corbieres.	20	—	Roussillon . . .	5	—
Leucate	10	—	Eau	20	—
Blaye	10	—			
Côtes-du-Rhône..	5	—			

Il y a donc de ce seul fait une amélioration considérable.

En 1889, les achats ont porté sur 1 860 000 litres de vin, dont le prix moyen dans Paris est de 0 fr. 5562.

Le *Magasin central*, situé boulevard de l'Hôpital, 89, est chargé de centraliser les objets de consommation susceptibles de conservation : le chauffage, l'éclairage, la literie, le linge, les effets d'habillement. De plus, il s'occupe du raccommodage, de la réforme du linge et du blanchissage.

Le Magasin central est sous les ordres d'un directeur, assisté de 109 employés; il emploie de plus un grand

nombre d'administrées de la Salpêtrière, et plus de 1 280 ouvrières ou ouvriers.

La *Pharmacie centrale*, quai de la Tournelle, 47, achète ses
produits par voie d'adjudication annuelle ; elle prépare tous
les composés pharmaceutiques et chimiques, toutes les eaux
minérales usitées dans les hôpitaux.

La Pharmacie centrale fournit également un grand
nombre d'établissements autres que ceux de l'Assistance :
prisons, préfecture de police, hôpitaux français situés à
l'étranger, chemins de fer divers, établissements privés, etc.

E. Letellier

CHAPITRE XII

LES MORTS

I. Détails historiques. — Les cimetières de Paris.
II. Concessions perpétuelles, temporaires et gratuites. — Ce qu'elles
coûtent. — Les dernières améliorations. — Les dépôts mortuaires.
III. Les pompes funèbres. — Enterrements civils et religieux. — Les
régleurs. — Les ordonnateurs.
IV. — La cremation.

I

LES CIMETIÈRES ET LES POMPES FUNÈBRES

La population parisienne a toujours eu un culte fervent
pour ses morts et ce sentiment a été assez puissant, en dé-

pit des inconvénients très graves qui résultent de la présence de vastes nécropoles dans l'intérieur de l'enceinte, pour retarder longtemps la désaffectation des anciens cimetières et pour faire rejeter le projet de la création d'une ville des morts à Méry-sur-Oise.

Les difficultés d'assurer une dernière demeure aux Parisiens se sont naturellement accrues avec l'augmentation de la population et ont amené l'organisation actuelle des cimetières.

Longtemps les cimetières furent une dépendance de l'Église. On enterrait un peu partout, sans règle, au hasard, mais le plus souvent autour des églises et même dans leurs parties souterraines.

Plus tard, les cimetières furent de préférence établis à la porte des villes ; mais bientôt, par suite de l'accroissement de la population, ils se trouvèrent eux-mêmes englobés dans les habitations, au grand préjudice de la santé publique.

De plus, par suite de l'exiguïté des cimetières, on fut amené à inhumer les corps, non plus isolément, mais dans de grandes fosses dont Fourcroy a laissé la description suivante :

Dans ces cavités de trente pieds de profondeur et de vingt de largeur, on plaçait par rangs très serrés les corps des pauvres renfermés dans leurs bières. La nécessité d'en entasser un grand nombre obligeait de placer les bières si près les unes des autres, qu'on peut se figurer ces fosses remplies comme d'un massif de cadavres, séparés par des planches d'environ six lignes d'épaisseur. Ces fosses contenaient chacune de 1 000 à 1 500 cadavres. Lorsqu'elles étaient pleines, on chargeait la dernière couche de corps d'environ un pied de terre et on creusait une nouvelle fosse à quelque distance. C'étaient autant de vastes foyers de corruption que contenait cette enceinte. Cependant, le sol, gonflé par ces dépôts si nombreux, excédait de plus de huit à dix pieds le niveau des rues, avec lequel il fallait parvenir à l'accorder. Enfin, d'innombrables milliers d'ossements successivement rejetés du sein de cette terre qui depuis longtemps rassasiée de funérailles, s'ouvrait encore chaque jour pour s'en pénétrer de nouveau, étaient entassés sous les toits des charniers et contenaient les débris de plusieurs générations que le temps avait englouties.

Les réclamations soulevées par cet état de choses furent si vives et si générales que le Parlement de Paris s'en émut, et rendit le 21 mai 1765 un arrêt interdisant de faire aucune inhumation dans les cimetières qui existaient alors dans Paris, et prescrivant de choisir hors la ville des terrains entre lesquels devaient être réparties les inhumations de toutes les paroisses de Paris.

Mais ces sages dispositions ne furent pas appliquées par suite des difficultés de toutes sortes qu'elles soulevèrent; et ce ne fut qu'en 1791 qu'une loi du 15 mai, en transférant la propriété des cimetières aux autorités communales, supprima le grand obstacle qui s'opposait à l'exécution de l'importante réforme réclamée par l'opinion publique, obstacle résultant du partage de pouvoirs maintenu en cette matière entre l'autorité civile et l'autorité ecclésiastique.

Ce fut le préfet de la Seine, Frochot, qui réglementa définitivement les cimetières de la capitale.

Par décret du 12 juin 1804, tous les cimetières paroissiaux, furent fermés, et il fut défendu d'ensevelir dans les édifices consacrés au culte, et dans l'intérieur des villes. Les communes durent acquérir des terrains en dehors de l'enceinte des habitations pour pouvoir ensevelir leurs morts.

Malheureusement Frochot ne put donner à son projet qu'un commencement d'exécution, en créant deux cimetières conformes aux nouvelles prescriptions légales : le *Père-Lachaise*, et le cimetière sous Montmartre ou *Champ du Repos*.

Pour suffire aux besoins de la capitale il fut obligé de lais-

ser ouverts provisoirement trois anciens cimetières : *Ouest,*
Sainte-Marguerite et *Clamart,* qui étaient dans des conditions illégales; mais qu'il se réservait de supprimer dès
qu'il le pourrait.

Ce furent ces cinq cimetières qui suffirent à toutes les
inhumations jusqu'en 1824.

A cette époque, l'administration en ouvre deux nouveaux,
celui du *Nord* et celui du *Sud,* et ferme les trois cimetières
irréguliers de Sainte-Marguerite, Clamart et de l'Ouest;
mais en 1859, elle doit encore, devant l'insuffisance du cimetière du Sud, créer celui d'*Ivry.*

Arrive enfin l'annexion des communes situées autour de
Paris, et de suite naissent mille difficultés; car presque
tous les cimetières des communes annexées tombent sous
le coup de la loi et doivent être fermés comme irréguliers.

Trois cimetières seulement se trouvent être dans des conditions légales, grâce à leur situation en dehors de la zone
de Paris.

Ce sont : ceux de *Batignolles, Montmartre* ou *Saint-Ouen*
et la *Chapelle.*

Immédiatement la Ville s'en empare et les agrandit.

Mais toutes ces mesures ne constituent que des palliatifs
insuffisants, et l'administration charge les ingénieurs de la
Ville de rechercher les emplacements les plus propres à
recevoir des nécropoles assez vastes pour assurer le service durant de longues années.

A la suite de ce travail, l'administration municipale choi-
sit l'emplacement de Méry-sur-Oise qui réunissait les meilleures conditions au point de vue tant de la surface
(827 hectares) que de la nature du sol, essentiellement perméable, et de la situation au nord-ouest de Paris, du côté
d'où le vent souffle le moins fréquemment sur la ville.

Malheureusement les événements de 1870 ajournèrent la réalisation de ce projet, et, pendant le siège de Paris, on dut fermer les cimetières *extra muros*, qui se trouvaient exposés au feu de l'ennemi, et rouvrir les cimetières intérieurs de la banlieue annexée.

Pendant ces tristes jours la mortalité fut considérable et tous les terrains qui étaient encore disponibles furent occupés.

On reprit donc l'idée du cimetière de Méry; et en attendant la fin des études on agrandit les cimetières d'Ivry et de Saint-Ouen.

Mais le projet de Méry présenta des difficultés insurmontables, dont la principale était la création de gares et lignes de chemins de fer spéciales pour subvenir aux transports et, en fin de compte, l'administration, reculant devant des dépenses évaluées à plus de 50 millions, abandonna le projet.

En 1879 on mit à l'étude divers projets, et après de longues discussions on finit par voter la création des deux cimetières périphériques de *Pantin* et de *Bagneux* qui furent ouverts en 1886, et qui assurent le service pour de nombreuses années.

II

CONCESSIONS PERPÉTUELLES, TRENTENAIRES, TEMPORAIRES ET GRATUITES

Ce serait une erreur de croire que les familles peuvent choisir des emplacements dans n'importe quel cimetière.

Certains d'entre eux sont complètement occupés par des caveaux de famille et il serait impossible d'y acquérir le moindre terrain ; d'autres sont réservés à certains modes de sépultures ; en outre, depuis 1860, on n'accorde plus que des concessions perpétuelles dans les cimetières intérieurs. On repousse dans les cimetières *extra muros* les concessions temporaires ou gratuites.

Pour ensevelir leurs morts les familles ont à choisir entre quatre genres de sépulture :

La concession perpétuelle ;

La concession trentenaire ;

La concession temporaire de cinq ans ;

La fosse commune.

Voici quel a été le nombre des différents genres d'inhumation pendant ces dernières années dans les cimetières de Paris :

ANNÉES.	NOMBRE.	CONCESSIONS			
		PERPÉ-TUELLES.	TRENTE-NAIRES.	TEMPORAIRES de 5 ans.	GRATUITES.
1887	53938	8591	91	13199	32065
1888	52412	8142	382	12873	31095
1889	54303	8457	304	13258	32246

On voit combien sont nombreuses les concessions gratuites ou temporaires de cinq années, puisqu'elles forment un chiffre six fois plus élevé que celui des concessions perpétuelles.

Nous allons donner maintenant, aussi succinctement que possible, quelques renseignements sur les différentes sortes de concessions.

§ 1. — Concessions perpétuelles.

Si la famille ne possède pas déjà de caveau particulier, elle peut acquérir de la Ville de Paris une concession perpétuelle dans un des cimetières suivants : *Père-Lachaise, Montmartre, Montparnasse, Grenelle-Vaugirard, Batignolles, Montmartre-Saint-Vincent, Belleville, Charonne, la Villette* et *Bercy*. Les cimetières d'Auteuil et de Passy n'ayant plus de terrain libre, on n'y peut plus délivrer de concession nouvelle et seules les familles propriétaires de caveaux peuvent y faire des inhumations.

Comme nous l'avons dit plus haut, les cimetières de Bagneux et de Pantin ne délivrent pas de concessions perpétuelles.

L'acquisition se fait, pour les grands comme les petits cimetières, au siège de la circonscription d'où relève le cimetière où l'on veut que l'inhumation ait lieu.

Il est à remarquer que la Ville n'aliène pas le sol des cimetières : elle en concède l'usage avec affectation spéciale et si le concessionnaire peut, par un seul acte de sa volonté, inhumer dans son caveau ses parents, par contre il ne peut inhumer un ami qu'avec une autorisation spéciale du préfet de la Seine.

Le prix des concessions perpétuelles est basé sur le tarif progressif du tableau page 334.

| NOMBRE DE MÈTRES. | PRIX [1] (y compris la SOMME REVENANT aux hospices). | DROITS | | SOMME TOTALE. |
		D'ENREGISTREMENT 5 p. 100.	DE TIMBRE.	
	francs.	francs.	fr. c.	fr. c.
1.	350	18	1 80	369 80
2.	700	35	1 80	736 80
3.	1 700	85	1 80	1 786 80
4.	2 700	135	1 80	2 836 80
5.	4 200	210	1 80	4 411 80
6.	5 700	285	1 80	5 986 80
7.	7 700	385	1 80	8 086 80
8.	9 700	485	1 80	10 186 80
9.	11 700	585	1 80	12 286 80
10.	13 700	685	1 80	14 386 80

1. Il ne peut être fait de concession perpétuelle ou trentenaire qu'aux personnes qui versent en même temps comme « offrande » aux hospices et bureaux de bienfaisance, le cinquième du prix total.

De son côté, le concessionnaire peut s'opposer à l'inhumation de toute personne de sa famille, même le touchant de très près.

§ 2. — Concessions trentenaires.

Les concessions trentenaires n'existent à Paris que depuis l'année 1887 ; elles ne sont délivrées que dans les cimetières de Pantin, Bagneux, Ivry et Saint-Ouen ; elles sont indéfiniment renouvelables et coûtent seulement 300 francs.

On peut y construire des caveaux, monuments et tombeaux.

§ 3. — Concessions temporaires.

Les concessions temporaires ou de cinq ans sont délivrées aux mairies d'arrondissement au moment même où l'on acquitte la taxe municipale d'inhumation. Leur prix est fixé à 50 francs.

Elles sont concentrées dans une partie distincte du cimetière et, au bout de cinq ans, les signes funéraires en doivent être enlevés.

Les familles peuvent. renouveler, une ou plusieurs fois, leurs concessions temporaires en payant, au bout de la cinquième année, une nouvelle somme de 50 francs.

§ 4. — Concessions gratuites (fosse commune).

Pour les inhumations en concession gratuite, les familles n'ont à s'occuper de rien.

Les corps sont inhumés dans une tranchée placée sur une seule ligne, les uns près des autres, et séparés par une épaisseur de terre de $0^m,20$.

La fosse commune de funeste mémoire n'existe donc plus. Chaque corps est inhumé séparément et défense expresse est faite de superposer les corps. On n'enterre pas en *puits* comme il est encore d'usage en Angleterre, par exemple.

La différence qui existe entre la *concession gratuite* et la *concession temporaire de cinq ans* consiste seulement en ce que, au lieu de creuser une fosse spéciale pour chaque corps, on place les bières les unes à côté des autres dans une tranchée creusée d'avance. Mais il n'existe guère, dans l'un et l'autre genre d'inhumation, que la même épaisseur de terre entre les cadavres.

AMÉLIORATIONS RÉCENTES

De nombreuses améliorations ont été apportées dans le service des cimetières.

Jadis, grâce à un mode d'inhumation défectueux, on ne pouvait faire le tour de la tombe ni placer de balustrade pour entourer le petit jardin que les familles parisiennes ont tant à cœur d'entretenir sur les tombes. Actuellement on a remédié à cet inconvénient.

On a récemment planté dans les cimetières de larges bandes d'arbres verts qui coupent la triste monotonie de cette longue suite de sépultures et permettent aux visiteurs de s'isoler plus facilement.

Enfin, jusqu'à ces dernières années, la tranchée gratuite produisait un lamentable effet sur les familles qui venaient conduire un des leurs à sa dernière demeure.

Les jours de pluie, en hiver principalement, on ne parvenait, en effet, à l'endroit où le corps devait être inhumé, qu'à travers des terres nouvellement remuées et détrempées. Pour remédier à ce grave inconvénient, l'administration fait maintenant placer des claies mobiles qui permettent d'approcher facilement jusqu'au bord de la fosse.

C'est également dans la même pensée que l'administration éclaire les cimetières : une grande partie des enterrements gratuits ayant lieu dans la soirée.

Toutes ces améliorations, qui, au premier abord, paraissent de peu d'importance, ont eu cependant pour l'administration des cimetières une grave conséquence, car pour un même·nombre de sépultures, elles nécessitent l'emploi du double de terrain qu'il n'en était employé auparavant.

Comme nous l'avons dit plus haut, tous les cinq ans, l'administration reprend possession des sépultures en concessions gratuites ou temporaires pour y faire de nouvelles inhumations.

Quelques détails pourront être intéressants sur ce point.

En général, les corps sont complètement décomposés après un séjour de cinq ans en terre. C'est ce qui permet à l'administration de se servir de nouveau du terrain.

Cependant la décomposition des cadavres dépend beaucoup de la nature du sol : celui qui est sablonneux et perméable est le meilleur et facilite la décomposition.

Parfois cependant l'administration, au bout de cinq années, se trouve en présence d'un cadavre non décomposé. Alors, elle fait creuser la fosse très profondément, met au fond le premier corps et place par-dessus le nouveau; mais nous le répétons, ce cas est très rare.

Une commission, à la tête de laquelle se trouvent MM. Brouardel et Pasteur, a été chargée de rechercher les causes de ces différences qu'on observe dans le temps nécessaire pour la décomposition des corps. Elle a fait des expériences nombreuses, mais n'a pu arriver à une conclusion certaine.

Tout ce qu'elle a pu constater, c'est que la décomposition était absolument variable, et qu'elle était plus ou moins rapide suivant l'âge, la maladie, et même les remèdes absorbés par le défunt.

Une nouvelle amélioration très appréciée du public a été la création des *dépôts mortuaires*, où les familles peu aisées,

qui vivent si nombreuses dans un si étroit logement, pourront faire transporter leurs morts.

III

LES POMPES FUNÈBRES

Depuis 1804, le service des pompes funèbres a été donné
en privilège aux fabriques et consistoires qui en touchent
le produit.

Jusqu'en 1875, il était confié, par voie d'adjudication, à
un régisseur exploitant pour leur compte, conformément à
un cahier des charges approuvé par l'autorité municipale.
Mais à cette époque, le régisseur s'étant retiré, les fabriques se sont syndiquées et exploitent par elles-mêmes.

Actuellement, l'administration des pompes funèbres est
confiée à un *directeur* assisté d'un conseil d'administration
ainsi composé :

10 membres des fabriques des paroisses.
1 membre du consistoire de l'Eglise réformée.
1 membre du consistoire de la Confession d'Augsbourg.
1 membre du consistoire israélite.

Quant aux bénéfices considérables qui résultent de
l'exploitation ils sont annuellement répartis entre les intéressés d'après la règle suivante :

Après avoir prélevé un dixième du produit pour être
réservé aux fabriques obérées, les neuf autres dixièmes
sont distribués aux différents membres du syndicat suivant
leur importance.

On peut évaluer les recettes encaissées annuellement par

l'administration des pompes funèbres à 7 millions, donnant, frais d'exploitation déduits, un bénéfice de 2 200 000 francs, que se partagent les établissements des différents cultes.

On a maintes fois attaqué ce privilège accordé aux fabriques, et on a demandé que la Ville se chargeât du service des pompes funèbres.

Si le privilège n'existait pas, il est certain en effet que les familles obtiendraient pour les enterrements des prix bien inférieurs à ceux qu'exigent actuellement les pompes funèbres.

Mais la Ville de Paris n'est pas libre de modifier l'état des choses, *car c'est une loi qui a établi ce privilège.*

En outre, dans certains cas, la Ville doit venir en aide aux fabriques nécessiteuses (décret du 30 décembre 1809). Or, par les ressources des pompes funèbres, la Ville vient en aide indirectement à ces fabriques pauvres, et se débarrasse ainsi d'une charge onéreuse[1].

Quant aux réclamations des libres penseurs qui pensent qu'ainsi l'Administration contribue indirectement aux recettes du culte, elles ne sont pas mieux fondées.

En effet, il ne faut pas oublier que si les fabriques ont un privilège productif, elles ont aussi de lourdes charges, car elles doivent supporter tous les frais des convois ordinaires et gratuits. Or, ces derniers sont en beaucoup plus grand nombre que les convois payants. En outre, les convois payants de 9e, 8e et même de 7e classe sont encore onéreux à l'administration. C'est donc seulement sur les enterrements de 1re, 2e, 3e, 4e, 5e et 6e classe que les pompes funèbres font des bénéfices assez grands pour compenser

---

1. Les fabriques les plus riches de Paris sont celles-ci : Saint-Philippe, la Madeleine, Chaillot et Saint-Augustin.
Les plus pauvres : Bercy, Saint-Marcel, Plaisance.

leurs frais d'exploitation et la perte qui résulte pour elles
des convois de dernières classes et de ceux qui sont gratuits.

D'ailleurs, ce n'est pas la pompe déployée à l'extérieur
de l'église qui rapporte le plus à l'administration, mais bien
celle qui a lieu dans l'église elle-même. Tout ce qui sert,
en effet, au transport du corps (chevaux, voitures, har-
nais, etc.), s'use et se détériore rapidement; dans l'église,
au contraire, les ornements et les draperies se conservent
indéfiniment et constituent le véritable bénéfice.

De sorte que si on écoutait ces réclamations et qu'on
chargeât la Ville des enterrements, ne passant pas par les
Temples, on arriverait au résultat suivant : la Ville n'ayant
pas à encaisser les bénéfices résultant de la pompe faite à
l'église et ayant, au contraire, à supporter les charges de la
pompe extérieure, et, en outre, tous les enterrements gratuits, se verrait à la tête d'une opération très onéreuse.

De plus, il faut ajouter que c'est surtout parmi les convois civils qu'on compte le plus grand nombre d'enterrements gratuits [1] :

Chaque année, à Paris, le nombre des enterrements est
considérable et s'élève à environ 53 000.

Pour faire face à toutes les demandes et éviter des déran-
gements aux familles, l'administration des pompes funèbres
a, dans chaque mairie, un employé spécial pour recevoir
le public, le renseigner sur le prix de la cérémonie, le
guider dans tous les détails du service funèbre.

Il faut en outre ajouter à ces dépenses le coût des céré-

1. La Ville paye à l'administration des pompes funèbres une redevance
de 5 fr. par corps : or, des calculs très sérieux ont établi qu'un convoi
ordinaire revenait à 27 fr. — C'est donc une perte de 22 fr. pour les
pompes funèbres.

monies religieuses, qui varie de 850 francs (1re classe, tarif 1) à 9 fr. 75 (9e classe).

Nous avons dit plus haut que pour les pompes funèbres, les sept premières classes seules étaient rémunératrices; les convois à partir de la 8e classe devenant une charge.

Voici le tarif des différentes classes :

| CLASSES. | MAISON mortuaire. | CORTÈGE. | ÉGLISE OU TEMPLE. | | | TOTAL |
			Portail.	Tenture.	Catafalque.	
1re Classe.	fr.	francs.	fr.	fr. c.	fr.	fr. c.
Tarif n° 1.	539	1636	168	3025 »	920	6288 »
2e Classe.						
Tarif n° 1.	407	846	148	1000 50	360	2761 50
3e Classe.						
Tarif n° 1.	213	414	102	697 »	214	1640 »
4e Classe.						
Tarif n° 1.	117	260	54	342 »	56	829 »
5^e Classe.						
Tarif n° 1.	93	· 114	37	100 »	36	380 »
6^e Classe.						
Tarif n° 1.	55	42	12	» »	»	109 »
7e Classe.						
Tarif n° 1.	36	37	»	» »	»	73 »
8e Classe	10	12	»	» »	»	22 »
9e Classe	3	Gratuit.	»	» »	»	3 »
Classe ordinaire. . .	Gratuites.		»	» »	»	» »
Classe gratuite. . . .						

Le tableau suivant permettra au lecteur de voir combien
sont peu nombreux les convois des classes supérieures (les
seuls très productifs) et combien sont en grand nombre
les dernières classes et surtout les enterrements ordinaires
et gratuits.

ANNÉES.	CONVOIS PAYANTS.									TOTAL DES ENTERREMENTS payants.	ENTERREMENTS ordinaires et gratuits.
	1re CLASSE.	2e CLASSE.	3e CLASSE.	4e CLASSE.	5e CLASSE.	6e CLASSE.	7e CLASSE.	8e CLASSE.	9e CLASSE.		
1885...	15	167	667	1 133	2 763	5 580	11 489	2 868	178	24 860	30 732
1886...	27	187	673	1 188	2 645	5 710	11 748	3 032	141	25 351	32 429
1887...	6	173	627	1 134	2 754	5 464	11 107	2 783	184	24 232	31 496
1888...	9	158	617	1 152	2 029	5 187	10 739	2 917	171	23 579	30 919
1889...	24	177	660	1 204	2 729	5 419	11 037	3 063	215	24 528	32 245

LES AGENCES DE FUNÉRAILLES

Les nombreuses formalités auxquelles sont astreintes les
familles quand elles ont à enterrer quelqu'un des leurs, les
conduisent, pour s'éviter tout ennui, à confier à un mandataire le soin de faire toutes les démarches nécessaires.

Ce mandataire, appelé communément « régleur », s'at-
tribue d'habitude 5 p. 100 sur le montant des frais d'enterrement; moyennant quoi il règle tout ce qui concerne les
funérailles.

Cette institution des régleurs donne lieu à des plaintes
continuelles, et maintes fois le Conseil municipal a été saisi
de la question.

Nous l'exposerons aussi brièvement que possible.

En parlant de l'organisation des pompes funèbres nous

avons dit que cette administration entretenait dans chaque mairie un employé spécial, chargé de se mettre à la disposition de toute personne venant faire une déclaration de décès. Nous savons également que dans son bureau il possède tous les renseignements possibles, tels que tarifs et photographies, permettant ainsi aux familles de se rendre compte de ce qu'elles vont commander.

Rien n'est donc plus facile que de se passer d'intermédiaire et de s'adresser directement aux représentants des pompes funèbres.

Malheureusement ces employés n'ont pas intérêt à être aussi complaisants pour le public que le sont les régleurs; ils ne vont point non plus au-devant des gens comme le font ces derniers; et il en résulte que la plupart du temps la famille s'est déjà entendue avec un intermédiaire quand le décès vient à être déclaré à la mairie.

Il faut avouer que dans un grand nombre de cas, surtout quand il s'agit de grandes cérémonies, un régleur peut rendre de véritables services. C'est lui qui fera toutes les démarches près de la mairie, qui veillera à la bonne tenue des voitures et à leur décoration, qui placera les assistants, avertira la famille des usages et lui évitera mille ennuis.

Mais il ne faut pas que, sous prétexte d'aide, il devienne une occasion de dépense, et c'est malheureusement ce qui a lieu trop souvent, car l'intérêt du régleur est de grossir la note sur laquelle il touchera un tant pour cent.

En cela comme en tout, il y a régleur et régleur, et il faut s'adresser aux maisons honnêtes.

On s'est à juste titre indigné de l'insistance et de l'indiscrétion des régleurs qui, à peine la mort entrée dans une maison, y pénètrent à leur tour, troublant ainsi la douleur de la famille; l'augmentant même s'il était possible.

Mais on ne se rend peut-être pas assez compte des difficultés de leur métier. La concurrence que se font entre elles les maisons de règlement est effroyable. A tout prix il faut arriver bon premier, et pour cela le régleur est obligé de recourir à mille moyens : soudoyer les employés des mairies, les sacristains dans les églises, les employés de pharmacie, les concierges... Il leur faut employer tout ce monde-là et partager la prime avec lui.

Il est certain également que les principales maisons de funérailles entretiennent dans les villes de malades (comme Pau ou Nice) des individus qui leur signalent la mort des personnes riches.

Il n'est pas moins évident qu'à côté de quelques très honorables maisons de funérailles, il existe une foule d'intermédiaires peu consciencieux, à la piste de tout bénéfice à faire et qui exploitent de préférence les familles ignorantes ou peu fortunées.

Le Conseil municipal a donc eu raison de s'occuper de la question et de chercher les remèdes à opposer à ces abus.

C'est ainsi que maintenant, pour éviter les pratiques déloyales de certains intermédiaires, le Conseil municipal a décidé de faire remettre aux familles, à la fin d'un service réglé par une agence, le duplicata du mémoire des pompes funèbres. Les familles peuvent alors comparer ce mémoire à la facture de l'agence de funérailles. Cet ingénieux système a rendu beaucoup plus difficiles les supercheries de certains régleurs et constitue un véritable progrès.

Mais, à notre avis, le meilleur moyen de combattre les fraudes est de faire connaître au public que les pompes funèbres n'ont pas de succursales en ville, pas de bureaux de quartier et que ces maisons situées près des églises, qui étaient en grosses lettres sur leurs enseignes : « Agences de funérailles », ne sont que des maisons de règlement, des intermédiaires sans aucun caractère officiel, entre le public et les pompes funèbres.

Pour terminer, disons quelques mots des *ordonnateurs*.

Tout le monde connaît, au moins de vue, ce personnage qui marche en tête du convoi, mais peu, certainement, savent quelle est sa mission. C'est l'ordonnateur, c'est lui qui est chargé par la préfecture de la Seine de veiller au bon ordre du convoi; de régler la place des couronnes sur le char, de veiller à ce que des insignes séditieux n'y soient pas placés. Quoique non assermenté, il peut faire des procès-verbaux en cas de besoin.

C'est l'ennemi naturel des régleurs avec lesquels il est toujours en contestation.

IV

LA CRÉMATION

Longtemps interdite en France, la crémation facultative des cadavres a été autorisée par la loi du 15 novembre 1887; et par le décret du 27 avril 1889, la Ville de Paris a fait ériger, au cimetière de l'Est, un monument de crémation dont l'appareil d'incinération le plus perfectionné est celui qui a été édifié en 1890, et comprend un gazogène produisant de l'oxyde de carbone dont la combustion dans un four à réverbère, avec récupérateur, produit la chaleur nécessaire pour incinérer les cadavres : l'opération ne dure qu'une heure.

Voici quelles sont les règles concernant l'incinération :

Aucune incinération ne peut être autorisée par l'officier de l'état civil du lieu du décès sans les pièces suivantes :

1º Une demande écrite du membre de la famille indiquant le lieu où doit s'effectuer l'incinération ;

2º Un certificat du médecin traitant, affirmant que la mort est le résultat d'une cause naturelle ;

3º Le rapport d'un médecin assermenté pour vérifier les causes du décès.

Dans aucun cas l'autorisation ne peut être accordée que si le médecin assermenté certifie que la mort est due à une cause naturelle.

La réception du corps et son incinération sont constatées par un procès-verbal qui est transmis à l'autorité municipale.

Les cendres ne peuvent être déposées, même à titre provisoire, que dans des lieux de sépulture régulièrement établis.

Les cendres ne peuvent être déplacées qu'en vertu d'une permission de l'autorité municipale.

La loi est donc sensiblement plus sévère pour la crémation que pour l'enterrement habituel.

Pour les incinérations en effet, elle ne se borne pas à faire vérifier le décès par le médecin de l'état civil. Il faut en outre, afin d'éviter la dissimulation de crimes, qu'une contre-vérification soit faite par un médecin assermenté.

Au sujet des dépenses imposées aux familles, le tarif des crémations est proportionné à la classe adoptée par le convoi des pompes funèbres :

Les 1ʳᵉ et 2ᵉ classes sont de 250 francs.
La 3ᵉ classe, 200 francs.
La 4ᵉ classe, 150 francs.
La 5ᵉ classe et corps amené directement de l'extérieur, 100 francs.
Les 6ᵉ, 7ᵉ, 8ᵉ classes et service ordinaire, 50 francs.

CHAPITRE XIII

LES TRANSPORTS

Les moyens de transport. — Les omnibus. — Les tramways. — Les bateaux à vapeur. — Les chemins de fer. — Les fiacres et les voitures de cercles.

La circulation de Paris n'est égalée que par celle de quelques voies de Londres et de New-York ; encore certaines parties du centre, comme le boulevard et la rue Montmartre, l'avenue de l'Opéra, etc., sont-elles aussi actives que les petites rues de la Cité de Londres ou le Broadway de New-York. Pour en donner une idée, nous notons, d'après un

document de la direction des travaux de Paris, qu'il passe
en moyenne par vingt-quatre heures, avenue de l'Opéra,
par exemple, 36185 chevaux traînant 29 460 voitures ; c'est-
à-dire qu'il y circule en moyenne 2 262 chevaux par mètre
de largeur.

Il faut distinguer entre les moyens de transport : le transport en commun est assuré par les omnibus et tramways,
les bateaux à vapeur, le chemin de fer de ceinture et le
tramway funiculaire ; les voitures de place et de remise, les
voitures de cercles et les équipages particuliers n'entrent
pas dans cette catégorie et sont, naturellement, moins directement placées sous l'autorité de l'administration municipale.

Voici la statistique, pour 1890, des moyens de transport
en commun dont disposent les Parisiens :

VOITURES PUBLIQUES

Nombre total des voitures publiques circulan. dans Paris.   11729

Savoir :

Voitures de place et de remise.	10500
Omnibus.	639
Tramways-Omnibus.	300
Tramways-Nord.	170
Tramways-Sud.	120

BATEAUX-OMNIBUS

En circulation en 1889.	328
Nombre de voyageurs.	32 885 104

LIGNES DES CHEMINS DE FER DE CEINTURE DE PARIS

Syndicat des deux chemins de fer de ceinture (rive gauche).

Nombre de voyageurs en 1888. . . . .   8 507 383
Nombre de voyageurs en 1889. . . . .   13 118 613

Syndicat des deux chemins de fer de ceinture (rive droite).

Nombre de voyageurs en 1888. . . . .   9 547 496
Nombre de voyageurs en 1889. . . . .   12 872 455

Les Omnibus.

L'idée première d'établir dans Paris des voitures publiques faisant régulièrement un trajet déterminé pour un
prix fixe, appartient, paraît-il, à Pascal. Il la communiqua à
son ami le duc de Rouhanne, qui obtint, en 1662, le privilège d'établir dans Paris, « des carrosses publiques (carrosse
était alors du féminin), qui feroient toujours les mêmes
trajets dans Paris, d'un quartier à l'autre, sçavoir les plus
grands pour cinq sols par place et les autres à moins ».

La mode fit prospérer tout d'abord les carrosses à cinq
sols ; mais peu à peu ils furent délaissés et l'entreprise prit
fin au bout de sept à huit années, tuée par une tentative
d'augmentation du prix.

Il faut sauter à l'année 1828 pour retrouver des voitures
publiques dans l'intérieur de Paris. M. Baudry, qui avait
établi déjà des *omnibus* à Nantes, obtint, après force difficultés, de faire circuler des voitures semblables sur les
boulevards de la Bastille à la Porte-Saint-Martin. L'entre-

prise, d'abord prospère, périclita et le service des omnibus
ne fut organisé véritablement que vers 1840.

Des Compagnies concurrentes s'établirent alors à côté de
l'*Entreprise générale des omnibus*, dirigée par M. Moreau-
Chaslon, et, en 1854, les *Parisiennes*, les *Dames citadines*, les
Batignollaises, les *Tricycles*, les *Béarnaises*, les *Gazelles* et les
Excellentes, se livraient à des courses acharnées dont les
pauvres passants étaient si souvent victimes qu'il fallut
réglementer le service.

Le préfet de police proposa la concession d'un privilège
en s'appuyant sur les raisons suivantes : « Il y a, dans une
grande capitale telle que Paris, un immense besoin de
transports à bas prix. Il existe entre tous les quartiers une
étroite solidarité de relations de toute nature; le régime de
la concurrence, qui rencontre de grandes difficultés dans
l'état de la voirie, ne donnerait pas satisfaction à cet intérêt, puisqu'il desservirait certains quartiers et pas d'autres.

« Le mieux est donc de constituer une seule compagnie
qui, avec de moindres frais généraux, produira le transport
au plus bas prix; qui, par unité de direction, établira la
solidarité dans un service appelé à rayonner en tous sens et
qui sera en mesure d'exécuter, dans une certaine proportion,
les transports onéreux que réclamera l'intérêt public. »

La Ville de Paris concéda donc pour trente années, du
31 mai 1854 au 31 mai 1884, le droit exclusif de faire circuler, *en stationnant sur la voie publique*, conformément aux
règlements, les voitures destinées au transport en commun
des voyageurs dans Paris. La nouvelle compagnie absorba
toutes les entreprises alors existantes.

Mais en 1860, l'annexion des communes de la banlieue
obligea la Ville à modifier ce traité afin de faire desservir les

quartiers nouveaux de Paris. La nouvelle convention, qui est actuellement en vigueur, part du 18 juin 1860, et expirera le 31 mai 1910. Cet arrangement prévoyait la création de lignes nouvelles, — le nombre des lignes étant de 31, — le partage de l'excédent, entre la Compagnie des omnibus et la Ville, des bénéfices réalisés au-dessus d'un dividende de 70 francs (soit 14 p. 100 par action de 500 francs), l'observation d'horaires déterminés, etc.

En échange de son privilège, la Compagnie paie, pour droit de stationnement de ses voitures sur la voie publique, pour 500 voitures, un droit annuel de 1 million de francs. Pour chaque voiture excédant 500, la Compagnie doit payer 2 000 francs.

Le préfet de la Seine a le pouvoir, après s'être entendu avec le préfet de police, de prescrire toutes les améliorations dont les voitures seront reconnues susceptibles et d'imposer tout nouveau mode de locomotion qui présenterait des avantages.

C'est ainsi qu'en 1878, lors de l'Exposition, on obligea la Compagnie à mettre en circulation des voitures-omnibus à 40 places, pourvues d'impériales accessibles aux femmes et traînées par trois chevaux. Ce type de voiture tend de plus en plus à se substituer aux anciens omnibus.

En 1860, la Compagnie possédait 506 voitures et 6 716 chevaux ; elle transportait alors 76 150 000 voyageurs.

En 1867, le nombre de ses voitures en service s'élevait à à 640, celui de ses chevaux à 7 425 et elle transportait 102 500 000 voyageurs.

Depuis 1873, l'effectif des chevaux s'est maintenu dans les environs de 9 200 ; mais le développement des lignes de tramways a accru beaucoup la cavalerie. Voici, du reste, les

chiffres donnés par le rapport du conseil d'administration
pour l'exercice 1889 :

Le nombre maximum des voitures omnibus mises en service en 1889
a été de 639.

Chaque voiture omnibus a parcouru par jour, terme moyen.
88511 metres. Les 639 voitures, employées journellement, ont fourni
54787 kilometres par jour et 19997420837 mètres pendant l'année
entière.

L'effectif moyen des chevaux présents dans les écuries et affectés aux
voitures omnibus a été de 9257 par jour.

Les voitures omnibus ont transporté 121157979 voyageurs, soit
331940 par jour, 536 par voiture et 37 par course.

Sur ces 121157979 voyageurs, 71125431 ont pris l'intérieur de là
voiture, et 50032548 sont montés sur l'impériale ; et 10552332 voyageurs
ont fait usage de la correspondance.

Depuis une dizaine d'années la Compagnie des omnibus
s'est mise en complet désaccord avec la Ville sur un grand
nombre de sujets, et la lutte est devenue assez vive pour
que le Conseil municipal ait été jusqu'à demander au préfet
de la Seine de prononcer la déchéance de la Compagnie.

S'appuyant sur certains articles de son traité, la Compagnie des omnibus, en effet, a refusé d'établir des lignes
dont la création, réclamée par les quartiers excentriques,
avait été votée par le Conseil municipal; elle a également
soulevé mille difficultés à propos du calcul des bénéfices à
partager, et une série de procès sont pendants entre la
Ville et elle à ce sujet comme à celui des horaires.

Il est à souhaiter que cette lutte cesse au plus tôt, car le
public souffre de cet état de choses.

L'agrandissement continuel de Paris, le mouvement sans
cesse croissant de la population, la tendance des habitants
à délaisser le centre de la Ville pour la périphérie, ont
rendu des réformes nécessaires.

C'est à bon droit que le public réclame, non seulement

des lignes nouvelles, mais surtout l'amélioration du service sur celles qui existent actuellement : *la réforme des horaires et l'augmentation du nombre des voitures à certaines heures de la journée.*

Nos boulevards extérieurs sont suffisamment larges pour permettre un système de locomotion mécanique : ne pourrait-on enfin passer de la période des timides essais à celle d'exécution ?

Nous n'ignorons certes point que, de son côté, la Compagnie des omnibus a de lourdes charges et que beaucoup de ses lignes, surtout les nouvelles, sont improductives. Aussi sommes-nous fort peu partisan de la déchéance de la Compagnie pour en venir au système de l'exploitation libre prôné par de nombreuses personnalités; ce qui résulterait de plus clair d'un pareil acte devant être de priver de voies de transport les quartiers excentriques, peu populeux, et par conséquent improductifs.

Mais nous pensons que la Compagnie des omnibus n'a pas compris le rôle qui lui était réservé et qu'elle a eu le plus grand tort d'apporter tant de raideur et d'intransigeance dans ses relations avec la Ville et avec la population.

Les Tramways.

I

Les Parisiens qui, il y a quarante ans environ, voyaient fonctionner la peu confortable ligne de tramways allant de Sèvres à Vincennes, ne se doutaient certainement pas de l'extension considérable que prendrait plus tard ce mode de locomotion.

Ce n'est, en effet, qu'à partir de 1873 que les tramways reçurent le grand développement que nécessitait l'accroissement de la population parisienne.

L'établissement de ces voies ferrées à traction de chevaux a eu lieu en vertu de décrets rendus en Conseil d'État.

Le premier, en date du 9 août 1873, les déclare d'utilité publique et leur donne le droit d'expropriation. La concession desdites voies ferrées est accordée au département de la Seine et à la Ville de Paris avec la faculté de passer des traités avec des compagnies particulières pour l'exploitation et l'établissement des différentes lignes.

Vient ensuite le décret de rétrocession du 18 octobre 1873, approuvant les traités passés par le département de la Seine avec la Compagnie des omnibus et avec la Compagnie des tramways extérieurs du Nord.

Deux années plus tard, en 1875, la Compagnie des omnibus rétrocède à la Compagnie des tramways-sud une partie des lignes qu'elle venait de recevoir (les plus mauvaises).

Il existait donc alors trois compagnies exploitant le réseau entier des tramways de Paris et du département de la Seine.

Nous ne fatiguerons pas le lecteur du récit de tous les démêlés de ces compagnies.

Disons seulement qu'en 1884, les tramways nord et sud sont mis en faillite et remplacés par deux nouvelles compagnies : 1° *Compagnie des tramways de Paris et du département de la Seine* (Nord); 2° *Compagnie d'exploitation de tramways* (Sud). Mais de même qu'il avait refusé déjà de reconnaître la cession des réseaux tombés en faillite à la

Compagnie des omnibus, le Conseil général ne voulut pas approuver davantage leur cession aux deux nouvelles compagnies de tramways. Il déclara vouloir exploiter lui-même et décida en outre la construction de nouvelles lignes avec pénétration dans Paris.

La Compagnie des omnibus, qui était en complète hostilité avec le Conseil général, s'opposa au projet en déclarant que les lignes indiquées empruntant les mêmes voies étaient en concurrence avec les siennes.

Le Conseil d'État donna raison à la Compagnie et refusa au département le droit d'exploiter lui-même.

Le Conseil général eut alors l'idée (1889) de créer quatre grandes lignes de tramways n'empruntant aucune ligne existante ni le sol d'une voie nationale. Le projet avait cet avantage que la Compagnie des omnibus n'y pouvait plus faire aucune opposition, et que le département pouvait se passer de l'État pour concéder les lignes.

Le ministre des travaux publics déclara la chose impraticable en s'appuyant sur l'avis du conseil général des ponts et chaussées.

Enfin, dans une délibération du 31 mars 1890, le Conseil général invita l'administration à faire les démarches nécessaires pour obtenir du gouvernement la substitution des nouvelles compagnies de tramways aux anciennes ; mais en outre demanda pour le département la concession de onze nouvelles lignes de tramways destinées à compléter les réseaux Nord et Sud, ces lignes devant être retrocédées aux deux nouvelles Compagnies de tramways, à l'exclusion complète de la Compagnie des omnibus.

Un décret du 6 août 1890 approuva seulement la première partie de la délibération.

Embarrassé par les revendications de la Compagnie des

23

omnibus, le Conseil d'État ne s'était pas prononcé sur la création de nouvelles lignes.

Cependant, devant les réclamations incessantes de la population, le ministre des travaux publics a proposé la transaction suivante :

Les onze lignes visées dans la délibération du Conseil général le 31 mars 1890 sont divisées en trois groupes :

1º La ligne Saint-Denis-Châtelet qui ne comporte que la construction d'un terminus de 250 mètres. Elle doit faire l'objet d'un traité de traction entre les deux Compagnies des omnibus et des tramways du département de la Seine, de manière à assurer un service continu et sans transbordement ;

2º Les lignes dont les prolongements dans Paris sont la continuation de l'exploitation au dehors ;

3º Les lignes situées à l'intérieur de Paris et dont les pénétrations dépassent comme importance les rayons extérieurs.

Dans ces conditions, l'avis du Conseil propose d'attribuer :

A la Compagnie des tramways de Paris et du département de la Seine, les lignes suivantes : Courbevoie-Madeleine. Neuilly. boulevard du Château, Madeleine-Asnières ;

A la Compagnie générale des tramways, les deux lignes Villejuif-Châtelet et Choisy-le-Roi-Châtelet.

Il revient à la Compagnie des omnibus les lignes intérieures d'Auteuil-Saint-Sulpice, place de la Nation-gare de Sceaux et les trois lignes Pantin-Opéra, Charenton-place de la République et Montreuil-Châtelet.

En conséquence, le ministre des travaux publics a adressé à la Compagnie des omnibus un projet de convention portant concession des cinq lignes ci-dessus énumérées.

La Compagnie des Omnibus accepta ce projet.

Mais en 1893, revint la question, si souvent discutée en vain, du *remaniement général des itinéraires d'omnibus* et des réformes à apporter dans le fonctionnement de cet important service public.

Le rapport sur cette affaire concluait à :

1º La création de 6 lignes nouvelles de tramways;

2º La modification de 2 lignes anciennes ;

3º La création de 10 lignes nouvelles d'omnibus;

4º La modification de 11 lignes anciennes;

5° La revendication pour la Ville du droit de concéder toutes les lignes de tramways;

6° L obligation pour la Compagnie :

a. — D'augmenter le nombre de ses voitures de 20 p. 100 en avril, mai, juin et juillet;

b. — De fixer son premier départ à six heures du matin;

c. — De couvrir ses impériales, et de les rendre accessibles aux femmes et aux enfants;

d. — De chauffer ses voitures en hiver.

Dans le cas où la Compagnie refuserait de s'exécuter, le préfet de la Seine est invité à prononcer sa déchéance.

Enfin, l'administration devra étudier un projet de réseau de lignes spéciales allant du centre de Paris à la périphérie entre quatre heures et demie et huit heures du soir et dresser un tableau de services du matin à prix réduits.

Le Conseil a adopté ces conclusions et un article additionnel aux termes duquel la Compagnie sera contrainte d'accepter et de donner la correspondance à tous les points de contact ou de croisement. Le droit d'imposer à la Compagnie cette obligation a été reconnu tout récemment par un jugement du tribunal de première instance.

Nous ne savons si la Compagnie des omnibus acceptera cet important ensemble de modifications et nous doutons que l'administration prononce sa déchéance si elle n'obtient pas l'intégralité de ces améliorations.

Voitures de place.

I

L'industrie des transports par voitures particulières resta libre jusqu'en 1817; mais à partir de cette époque l'administration municipale devient juge du nombre de voitures nécessaires au public, et ne permet d'en mettre de nouvelles en circulation qu'après autorisation et moyennant le paiement d'un droit de stationnement.

Dès le début, il se forma des compagnies dans le but d'exploiter plusieurs numéros réunis.

Malheureusement, en 1862, on fut conduit à concéder à la Compagnie Ducoux le privilège exclusif du stationnement de ses voitures sur la voie publique.

Mais le public s'étant plaint énergiquement de ce monopole, un décret de mars 1866 vint de nouveau permettre la concurrence. Malheureusement la concession avait été accordée pour cinquante ans ; aussi la compagnie put-elle résister et finit par obtenir qu'une indemnité annuelle de 360 000 francs lui serait payée pendant les quarante-sept années restant à courir. Cette fausse manœuvre a coûté à la Ville près de 17 millions.

Actuellement, tout individu a la faculté de mettre en circulation dans Paris des voitures de place ou de remise destinées au transport des personnes et se louant à l'heure ou à la course, sous la condition d'en faire la déclaration à qui de droit, de payer les droits de stationnement, d'exécuter les conditions prescrites par les règlements de police, et de se conformer au tarif des prix de transport arrêtés par la Préfecture. (Arrêtés du 24 juin 1866 et suivants.)

II

Cette année, une nouvelle catégorie de voitures, dites de première classe, a été autorisée à stationner sur la voie publique.

Elles acquitteront un droit de stationnement plus élevé que les autres voitures de place (1 fr. 50 par jour) ; elles auront un numérotage spécial et peu apparent, et jusqu'à nouvel ordre occuperont les quatre emplacements de choix suivants :

Rue Scribe;
Place de la Madeleine (côté de la rue Basse-du-Rempart)
Rond-point des Champs-Élysées:
Rue Halévy.

Jusqu'ici ces voitures, destinées à un public tout spécial et riche, encombraient la partie des grands boulevards située entre la Madeleine et la rue Drouot; c'était un véritable obstacle à la circulation, et maintes fois les habitants s'étaient plaints de la tolérance de la Préfecture.

Aussi l'administration a-t-elle décidé de créer les quatre stations dont nous avons parlé. Elle avait également étudié un tarif auquel seraient soumises ces mêmes voitures (2 fr. 50 c. la course et 3 francs l'heure); malheureusement, il n'a pas été mis en pratique, de sorte que les voitures de place de première classe ont obtenu les meilleurs emplacements de Paris et ne sont soumises à aucun tarif : elles prennent ce qu'elles veulent.

III

Nous donnons ci-contre, à titre d'exemple, les résultats de l'année 1889 pour la plus importante des compagnies de transports par voitures de place existant à Paris : la Compagnie générale des voitures.

Voici le nombre de voitures en circulation en 1889 :

	Voitures.
Coupés deux places.	3 385
Milords.	3 143
Voitures fermées à quatre places.	88
Diverses.	25
Voitures de grande remise.	1 184
TOTAL.	7 825

Qui ont fait 1 228 442 journées de travail, et ont produit 23 758 710 francs de recettes (environ 19 fr. 50 par jour et par voiture).

CAVALERIE

En 1889 le nombre des chevaux pour le service de la place seulement a été de 10 154.

910 chevaux ont été achetés la même année au prix moyen de 847 francs par tête. — 1 372 chevaux ont été réformés et vendus en moyenne 76 francs par tête. — 610 chevaux sont morts et ont donné un produit de 28 francs par tête.

Le service de grande remise compte 258 chevaux, le prix d'achat des chevaux en 1889 a été de 1 200 francs en moyenne.

Les quelques chiffres suivants pourront paraître intéressants :

	Francs.
La consommation des fourrages a atteint le chiffre de.	6 143 491
La ferrure.	311 000
Le personnel a coûté à la Compagnie.	2 063 032
L'éclairage des voitures et des dépôts.	164 831
Les droits de stationnement.	1 158 956
Le chauffage des voitures et des dépôts.	22 835

LES TARIFS, LES COMPTEURS

Depuis quelque temps, une certaine agitation s'est produite dans l'esprit des cochers, du public et de la presse sur la question du loyer des voitures de place. Modification de tarif, tarif au quart d'heure, à la minute, à la distance, compteur horaire, compteur kilométrique, compteur horo-kilométrique, tout a été agité.

Il est certain que les tarifs actuels ne sont pas logiquement établis au point de vue de la juste rémunération du service rendu. Le tarif est trop cher pour les petites distances, trop bon marché pour les grandes. Que la voiture parcoure un demi-kilomètre ou 7 kilomètres, il n'est que de 1 fr. 50 c. Aussi a-t-on cherché diverses combinaisons :

Tout d'abord, quant au système anglais, nous l'écarterons immédiatement; les cercles concentriques teintés indiquant le nombre de kilomètres d'un quartier à l'autre étant trop compliqués pour la majeure partie des habitants.

Et nous passerons de suite au *compteur horo-kilométrique* indiquant : au voyageur la distance parcourue et le prix qu'il doit payer, et au loueur le total des sommes remises au cocher par les différents voyageurs.

En outre, la voiture n'allant pas toujours à la vitesse, s'arrêtant même à une porte, il faut que le compteur indique une troisième chose ; c'est que, étant admis que la vitesse réglementaire des voitures de place est de 8 kilomètres à l'heure, il ne marque jamais moins de 8 kilomètres à l'heure, que la voiture marche au pas, au trot ou stationne à la porte d'une maison.

Si la recherche d'un tel compteur n'est pas simple, cela ne veut pas dire que la question de sa découverte soit inso-

luble. Elle exerce les esprits les plus subtils depuis bientôt
trente ans. La Compagnie y a consacré déjà pour son compte
près de 300 000 francs sans résultat.

Mais la plus grande difficulté est celle-ci : il faut que *le
cocher l'accepte*, qu'il consente à le faire marcher, à ne pas
le casser et qu'il ait intérêt à son bon fonctionnement, car
sans cela plus de compteur possible.

Le compteur en effet ne marche pas automatiquement, il
faut que le cocher tourne la manivelle chaque fois que le
voyageur monte et chaque fois qu'il descend, sans cela le
compteur ne marque rien.

Or, les cochers l'accepteront-ils? C'est douteux. Il faut
ne pas connaître le cocher qui travaille, pour croire qu'il
acceptera facilement l'idée d'avoir constamment à côté de
lui un contrôleur brutal qui rende compte, mètre par
mètre, de ce qu'il aura fait et de l'argent qu'il aura reçu.

La commission technique nommée par le préfet de la
Seine à la demande du Conseil municipal, pour étudier les
divers modes de compteurs, a fonctionné depuis le mois de
juillet 1889. Elle a arrêté le programme des conditions que
doit remplir un compteur pour être accepté par la Ville, et
elle a déclaré qu'il faudrait de dix-huit mois à deux ans
pour la fabrication et que par conséquent l'usage du compteur ne saurait pratiquement être obligatoire avant le
1er janvier 1892.

Les Bateaux.

Ce n'est qu'en 1864 que des études ont été commencées
pour l'organisation complète à Paris d'un service public

de bateaux à voyageurs, études qui ont abouti en 1867 à la création des bateaux-omnibus de la Seine au nombre de 20, avec 15 stations d'embarquement et de débarquement.

De 1867 à 1877 la flottille des bateaux-omnibus a été portée successivement à 50 bateaux et, en 1877, la Compagnie des bateaux-hirondelles, qui avait été autorisée en 1873 à faire un service similaire avec 16 bateaux (chiffre porté ensuite à 20), fusionna avec celle des « mouches » au point de vue du fonctionnement du service.

En 1885, une nouvelle compagnie, celle des bateaux express, mit en circulation 25 nouveaux bateaux à voyageurs; mais le 15 avril 1886, cette dernière Compagnie fusionna avec celle des bateaux-omnibus et la nouvelle Société prit la dénomination de Compagnie générale des bateaux-omnibus, qui comprend aujourd'hui 105 bateaux et 50 stations.

CHAPITRE XIV

L'ADMINISTRATION CENTRALE
LE CONSEIL MUNICIPAL ET LES MAIRIES
DE PARIS

Le régime municipal. — L'autonomie communale. — Le projet de loi de
M. Constans. — Le Conseil municipal. — Le service des mairies.

Maintenant et pour conclure, voyons qui gouverne Paris,
qui dirige son administration centrale, qui est chargé d'assurer la marche des nombreux services que nous venons de
passer en revue, qui doit surveiller leur fonctionnement?

La réponse à ces questions est extrêmement difficile, si

compliquée et si ardue que, depuis 1837, nos législateurs n'ont pas encore osé la formuler dans une loi.

Le régime actuel résulte de la combinaison des lois des 18 juillet 1837, 25 mars 1852, 24 juillet 1867 et même de celle du 16 septembre 1871.

A Paris, au lieu d'apercevoir, à la tête de l'administration locale, comme dans toutes les autres grandes villes de France, un maire dirigeant les services municipaux, on voit une diversité d'autorités gouvernementales, départementales et communales dont nous allons essayer de débrouiller le mécanisme compliqué.

La principale autorité de la Ville de Paris est le *préfet de la Seine*. A Paris, le préfet de la Seine, au lieu d'être, comme dans les autres départements, un représentant de l'État chargé tout simplement d'administrer le département, a un triple caractère. Il est à la fois *représentant politique de l'État, administrateur du département* et, d'après la loi de 1837, *maire de Paris.*

Si habile soit-il, le préfet éprouvera de véritables difficultés à concilier, dans certaines circonstances, ces rôles différents, et, dans les cas nombreux où il se trouve que les intérêts de l'État ou du département de la Seine sont opposés à ceux de Paris, il est certainement impossible au préfet-maire de faire complètement abstraction de son rôle de mandataire de l'État, pour ne se souvenir, vis-à-vis des ministres, ses supérieurs hiérarchiques, que de son devoir de défenseur des intérêts municipaux de Paris. C'est là le principal inconvénient de cette centralisation excessive.

Mais ce qui vient encore compliquer la situation légale

1. Voir, pour les questions d'administration, l'excellent ouvrage de MM. Block et de Pontich (Guillaumin, éditeur).

vraiment exceptionnelle faite à la Ville de Paris, c'est que l'administration est également exercée, pour certaines parties, par le préfet de police, qui peut parfois agir en qualité de maire de Paris sans consulter ni son collègue, le préfet de la Seine, ni le Conseil municipal.

A Paris, l'administration est donc entre les mains de deux délégués du pouvoir central : le préfet du département de la Seine et le préfet de police, lesquels sont *assistés* d'un *Conseil municipal* élu à raison d'un membre pour chacun des quatre-vingts quartiers.

Les délibérations de ce Conseil ne sont exécutoires qu'après approbation du préfet; elles peuvent être annulées par décret du Président de la République.

Comme il est impossible de centraliser dans un bâtiment unique toute la vie municipale d'une aussi grosse population, on a divisé la ville en vingt arrondissements municipaux, dans chacun desquels le préfet délègue un maire d'arrondissement et un certain nombre d'adjoints [1] nommés par décret. L'administration centrale est à l'Hôtel de Ville, l'administration locale est dispersée dans les vingt mairies des arrondissements.

Par suite d'une nouvelle anomalie, Paris, ainsi divisé en vingt arrondissements, n'a pas de conseils d'arrondissement.

Enfin, la Ville de Paris n'élit pas, à proprement parler, de conseillers généraux; le Conseil général du département de la Seine est, en effet, composé des quatre-vingts conseillers municipaux de Paris, membres de droit, et de huit [2] représentants des cantons de la banlieue.

1. De trois à cinq suivant l'importance de l'arrondissement.
2. Un projet de loi en ce moment soumis aux Chambres propose d élever ce nombre à vingt.

Dans toutes les autres communes de France, un maire, élu, gère les intérêts de la localité et représente l'État dans certaines circonstances; il est assisté d'un Conseil municipal dont il doit faire partie et qui, par sa composition et ses attributions, est parfaitement distinct et séparé du Conseil général du département.

Paris, au contraire, est placé sous un régime d'exception et de tutelle extrêmement strict.

Les partisans de cette organisation exceptionnelle défendent ce régime en disant que Paris n'est pas seulement la plus grande *ville* de la France; que tout y aboutit et s'y concentre; qu'il est à la fois la résidence des grands corps de l'État, du chef du gouvernement, et des représentants des gouvernements étrangers; qu'à ce titre, le pouvoir central doit avoir la haute main sur son administration, sur la police de ses rues et sur sa sécurité morale et matérielle.

Les adversaires de ce régime de tutelle gouvernementale ont demandé à maintes reprises dans les Chambres et dans les assemblées départementales ou communales comme dans la presse, pour le département de la Seine le retour au droit commun[1]; pour la Ville de Paris, l'*autonomie communale*.

En novembre 1880, le Conseil municipal de Paris a même adopté un *projet d'organisation municipale* présenté par M. Sigismond Lacroix, qui proposait un certain nombre de réformes profondes que nous allons rapidement analyser.

Tout d'abord, au lieu d'élire un conseiller par arrondis-

---

1. Depuis quelques années, on a fait dans le langage politique parisien une confusion entre ces deux expressions, ce qui a encore obscurci une question assez difficile déjà par elle-même. L'immensité des intérêts de la Ville de Paris ne nous paraît pas compatible avec le droit commun pur et simple.

sement, ce projet dispose : *Chaque arrondissement comptant 80 000 habitants ou au-dessous élit quatre conseillers; les arrondissements comptant plus de 80 000 habitants élisent en sus un conseiller par 20 000 habitants ou fraction de 20 000.*

Le Conseil validerait l'élection de ses membres qui, à l'heure actuelle, est validée par les tribunaux administratifs : Conseil de préfecture et Conseil d'État.

L'administration centrale serait confiée à un Conseil de mairie composé du maire, élu par le Conseil municipal, et de huit adjoints; chacun de ces adjoints étant placé à la tête d'un service municipal : finances, travaux, police, enseignement, etc.

Les maires et adjoints d'arrondissements seraient nommés par ce Conseil de mairie qui nommerait et révoquerait également tous les employés de la Ville.

L'administration municipale dirigerait tous les établissements municipaux d'enseignement et les programmes seraient arrêtés par elle; elle dirigerait et arrêterait à son gré les services et le personnel de la police municipale et de l'assistance publique.

Voilà les lignes essentielles de ce programme.

Ce projet, soumis à la Chambre en 1883, ne fut pas admis par la Commission qui a préparé la nouvelle loi municipale de 1884, et Paris est toujours dans l'attente d'une loi réglant définitivement son organisation communale. Cet état provisoire est certainement fâcheux et est la cause de bien des agitations qu'une bonne loi éviterait. Tout récemment un projet a été élaboré par le ministre de l'intérieur, M. Constans; mais il ne consisterait guère, si l'on en croit les indiscrétions, qu'à accorder quelques attributions de représentation aux membres du Conseil municipal, sans diminuer en rien la tutelle de l'administration supérieure.

C'est ainsi que ce projet régulariserait l'allocation de 6 000 francs que les conseillers touchent annuellement pour les indemniser des frais qu'ils peuvent avoir à supporter du fait de leur fonction ; que le président du Conseil aurait une indemnité de 20 000 francs lui permettant de faire face aux frais de représentation qui incombent forcément au représentant élu de la Ville de Paris, etc. Pour le surplus, le *statu quo* serait maintenu presque intégralement.

Il est douteux, au surplus, que ce projet vienne bientôt en discussion et il est fort probable que l'organisation actuelle durera, sauf événement grave, encore bien longtemps.

L'autonomie communale, très discutable comme conception théorique, se heurte, dans la vie municipale d'une capitale comme Paris, à des difficultés d'exécution très graves avec lesquelles il est impossible de ne pas compter. La principale est certainement l'absence de responsabilité effective d'un corps élu, dégagé de tout contrôle, et administrant un budget de trois cents millions.

Mais le cadre de cet ouvrage ne nous permet pas de nous étendre davantage sur les deux théories en présence.

Le Conseil municipal.

Les conseillers municipaux de Paris, au lieu d'être élus au scrutin de liste, comme leurs collègues en province, sont élus au scrutin uninominal, à raison de 1 par quartier, quelle que soit la population du quartier, ce qui fait que le conseiller de Clignancourt représente 19 000 électeurs et celui de la Roquette 16 000, tandis que le conseiller du Bel-Air en représente 1 900 et celui de la Santé 1 600.

Ils sont nommés pour trois ans au lieu de quatre comme

le sont ceux de province; enfin ils sont en même temps
conseillers généraux de la Seine. A Paris, le pouvoir municipal exécutif est exercé, non par un maire et des adjoints, pris dans son sein et nommés par lui, mais par les
deux préfets de la Seine et de Police.

Les conseillers municipaux de Paris touchent, chaque
mois, sur le budget municipal, une somme de 500 fr., qui
leur constitue en fait une véritable indemnité.

Cette allocation n'est pas légale, mais le gouvernement
n'a pas cru devoir la supprimer : M. Constans l'avait régu-
larisée dans son projet de loi.

Dès sa première séance, l'Assemblée communale nomme
son bureau et ses commissions. Le *bureau* se compose d'un
président, de deux vice-présidents, de quatre secrétaires et
d'un syndic. Ce dernier n'est pas prévu par la loi, mais sa
fonction est consacrée par la tradition; il possède à l'Hôtel
de Ville à peu près les mêmes attributions que les ques-
teurs du Sénat et de la Chambre.

Le Conseil se divise par élections faites dans ses bureaux en six grandes commissions permanentes correspondant à chacun des principaux services municipaux.
Tous les membres du Conseil font partie d'une commission
permanente et ne peuvent faire partie que d'une seule.
Cette organisation permet la spécialisation des conseillers
et l'esprit de suite dans l'étude des affaires. Il y a également une foule de commissions temporaires.

Les six commissions permanentes se répartissent ainsi :

Ire. — Finances. contentieux.

2me. — Administration générale. police.

3me. — Voirie, voie publique, promenades, éclairage, transports en
commun.

4me. — Enseignement, beaux-arts.
5me. — Assistance publique, Mont-de-piété.
6me. — Eaux, égouts, assainissement des habitations.

Les troisième et quatrième commissions, qui sont les plus chargées, comptent seize membres; les autres, douze. Le Conseil nomme, en outre, lorsqu'il le juge à propos, des commissions spéciales pour l'étude de certaines questions déterminées. Les affaires sont réparties entre les commissions par les soins du président. Ces affaires ont trois origines différentes; elles émanent, soit de l'administration, soit des conseillers, soit enfin du public.

Dans le premier cas, elles arrivent au président sous forme de *Mémoire* préfectoral ordinairement accompagné d'un dossier comprenant toutes les pièces — rapports, plans, devis, avis de commissions administratives — dont l'étude peut éclairer la commission.

Dans les deux autres cas, elles forment ce que l'on appelle, en langage administratif, les *propositions* lorsqu'elles émanent d'un conseiller et les *pétitions* lorsqu'elles émanent du public.

Avant de les examiner, la commission à qui elles sont soumises les renvoie souvent pour étude préalable à l'administration et ne prononce que lorsque cette étude leur a été fournie.

Une fois devant la commission, les affaires suivent la même marche que dans toutes les Assemblées délibérantes.

Remises à un rapporteur qui les étudie en détail, elles font l'objet d'un rapport suivi de discussion devant la commission; celle-ci prend des conclusions, que le rapporteur est ensuite chargé de défendre devant le Conseil en séance publique.

Un très grand nombre d'affaires sont traitées par voie de

24

rapport verbal: on ne présente de rapport imprimé que pour les questions importantes ou délicates.

Bien que la Ville de Paris ne jouisse pas de la loi de 1884, les séances du conseil municipal sont publiques. Il en tient à peu près 80 par an. On examine environ 14000 dossiers annuellement.

Chaque mairie a, à la tête de ses services, un secrétaire chef des bureaux, auquel il faut toujours avoir recours en cas de difficultés.

Les mairies sont chargées notamment :

De la réception de tous les actes de l'état civil (naissances, décès, publications de mariage, mariages et divorces). En qualité d'officiers de l'état civil, les maires sont placés sous l'autorité du procureur de la République ;

De la légalisation des signatures des habitants de leur arrondissement et de la délivrance des certificats de vie de leurs administrés ;

De l'établissement et de la révision des listes électorales, municipales ou consulaires ;

De la confection des tableaux de conscription et de la réception des engagements volontaires ;

De la surveillance de l'application des lois scolaires ;

De plus, les maires doivent présider les bureaux de bienfaisance et les diverses commissions établies dans chaque arrondissement.

LE PERSONNEL DES MAIRIES.

Si nous prenons, par exemple, un arrondissement populeux, le XIe, nous pourrons nous rendre facilement compte de l'importance des services de nos mairies parisiennes Le personnel y est composé de :

Un secrétaire chef des bureaux, en permanence à la mairie, où il est logé;

Un sous-chef de bureau;

Deux commis principaux, dont l'un est spécialement chargé des actes de l'état civil;

Deux rédacteurs;

Dix commis expéditionnaires;

En moyenne cinq employés auxiliaires et huit à dix gagistes, garçons de bureau, hommes de peine, concierge, etc.

La somme de travail dans ces grandes mairies est incroyable, et si l'on se rend compte de l'ingrate besogne qui leur incombe, on arrive à être indulgent pour les accès de mauvaise humeur des pauvres employés, en rapports constants avec un public parfois fort difficile à servir et à satisfaire.

Nous devons, du reste, dire que le chef du personnel est très strict sur ce point, et que la moindre plainte du public reconnue fondée attire à l'employé grincheux une forte punition qui peut aller jusqu'à la suspension avec retenue de traitement.

Mais les vieilles traditions des ronds de cuir d'antan, constamment hargneux et disputeurs, ne se sont pas maintenues, et si les garçons de bureau sont rarement aimables, les employés sont en général d'une politesse suffisante avec le public; ce qui leur manque davantage, c'est la complaisance pour expliquer aux habitants embarrassés comment ils doivent s'y prendre afin d'éviter des courses inutiles et des pertes de temps.

A ce propos, on devrait charger, dans chacune de nos administrations parisiennes, un ou plusieurs employés de fournir les renseignements dont le public peut avoir besoin, comme cela se fait déjà dans la plupart de nos gares de chemins de fer.

TABLE DES CHAPITRES

CHAPITRE VII

LA SÉCURITÉ

CHAPITRE VIII

LES TRAVAUX DE PARIS

CHAPITRE IX

LES EAUX ET LES ÉGOUTS

CHAPITRE X

LE MONT-DE-PIÉTÉ

CHAPITRE XI

LA PART DES PAUVRES

CHAPITRE XII

LES MORTS

CHAPITRE XIII

LES TRANSPORTS

CHAPITRE XIV

L'ADMINISTRATION CENTRALE ET LES MAIRIES DE PARIS

———————

Paris. — Typ. Chamerot et Renouard, 19, rue des Saints-Pères. — 27065

www.ingramcontent.com/pod-product-compliance
Lightning Source LLC
Chambersburg PA
CBHW071619270326
41928CB00010B/1697